藤原書店

私の学問を概観する——序にかえて

岡田英弘

私は昭和六（一九三一）年の生まれで、二〇一七年一月二十四日には満八十六歳になる。十八年前の一九九九年四月、六十八歳のときに脳梗塞をわずらい、左脳の言語中枢に血液がつまって、喚語障害という、記憶は残っているが、それが言葉にならない失語症になった。コンピュータで言えば、データを読み込むソフトウェアがこわれたようなものである。

半年間のリハビリのおかげで、読んだり書いたりすることはできるようになったが、話すのはたいへん下手になったので、六十二歳で東京外国語大学アジア・アフリカ言語文化研究所を退職したあと、三年間の無職生活を経て六十五歳から勤めていた水戸の常磐大学は退職し、人前で講演することもほとんどなくなった。それで、世間的には過去の人間になったと思われていただろうし、私自身もそう思って、隠居生活を過ごしていた。

ところが、二〇〇七年末に駒込の岡田宮脇研究室を訪問した藤原良雄社長は、一九九二年に刊行した拙著『世界史の誕生』を読んだときから、いつか私と一緒に仕事をしたいと考えていた、と告白し、現代中国を理解するために、清朝史研究会をスタートしてほしいと、私に依頼したのである。

しかし、その年の春、私は心筋梗塞を起こして入院し、心臓を止めて人工心肺に血液を循環しながら、五カ所の心臓バイパス手術と、僧帽弁にリングを埋め込む、九時間におよぶ開腹手術を受けたあとだった。もう何もできないから断ろうと思ったが、私の最良の弟子であり妻でもある宮脇淳子が、私の学問が認められて世に残ることを喜んで、実務を引き受けたので、二〇〇八年一月から、ほぼ毎月一回、藤原書店の催合庵で清朝史研究会が開催され、二〇〇九年五月、私の監修による『清朝とは何か』が、別冊『環』16として刊行された。

この本の主旨を簡単に説明すると、清朝は、これまで一般に「秦漢以来の中国王朝の伝統を引き継ぐ最後の中華王朝」と見なされてきた。しかし一九一二年に崩壊するまで二七六年間続いた清朝支配層の言葉はアルタイ系言語である満洲語であり、広大な領土の四分の三は漢字漢文を使用する土地ではなかった。清朝統治下では、モンゴルやチベットや新疆などを含めた帝国全土に通用する言葉は満洲語のみで、清朝の公用文書の大部分は、満洲語か満漢合璧（並記）で書かれていたのである。

中華民国成立後、ほとんど死語となってしまった満洲語が清朝史研究に大いに役立つことを発見し、熱心に研究を続けてきたのは、私を含めた日本人学者のグループだった。

従来のようなシナ王朝の一つとしての清代史ではなく、満洲人とモンゴル人と漢人の合同政権としての大清帝国、チベット・中央アジアを版図に入れた経緯、ロシア・日本・ヨーロッパとの関係までを視野に入れ、世界史のなかで清朝を理解することを目指した本書は、その目的を十分に達することができたと自負している。

この『清朝とは何か』の成功を受けて、藤原書店は、今度は私を監修者とする「清朝史叢書」を刊行する計画を立てた。その第一弾として、二〇一三年一月には、三十四年前の一九七九年に中公新書として出版された拙著『康熙帝の手紙』の増補改訂版が刊行された。これは、二〇一六年三月に『大清帝国隆盛期の実像――第四代康熙帝の手紙から 1661-1722』と改題されて再版されている。また、二〇一〇年十一月には、文部科学省から出版助成金を断られた私の最初の学術論文集『モンゴル帝国から大清帝国へ』も、社長の英断によって、藤原書店から刊行された。

「清朝史叢書」の第一弾『康熙帝の手紙』は、二〇一四年五月に韓国人学者南相亘氏によるハングル版が刊行され、『モンゴル帝国から大清帝国へ』は、二〇一六年八月に『従蒙古到大清』という題名で、台湾人学者羅盛吉氏による、きわめて精緻な繁体字漢語訳本が台北の商務印書館から出版された。

大病をわずらったあとの高齢になってから、自分の学問研究が、日本のみならず、中国人や韓国人学者たちに受け入れられるのを見ることができて、今はただ自らの幸運に感謝の念しかない。

今回はまた、二〇一六年七月に『岡田英弘著作集』全八巻が完結したのを記念して、本書のような書物の刊行を企画してくれた藤原書店には、恩返しの方法もないので、このような駄文をしたためている次第である。

私の学問の概観については、著作集第一巻『歴史とは何か』第Ⅴ部「わが足跡」に「私の学者人生」を書き、『モンゴル帝国から大清帝国へ』の末尾には、宮脇淳子による解説「岡田英弘の学問」があるので、それらを参照してもらえば、付け加えることはもう何もないのだが、最近になって、日本の出版界で「世界史」と題した本が増えたことに対して、藤原社長が、拙著『世界史の誕生』の主旨は、それら世界史教科書のエピソードをなぞるような諸本とはまったく異なり、日本の世界史教育そのものに疑問を呈したのみならず、日本から世界に発信した哲学的思想であるから、これをぜひ強調してほしいという意向を私に示したので、ここで簡単に触れておく。

戦後の日本の世界史教育は、戦前の西洋史と東洋史を合体させたものだが、西洋史の基礎となった地中海文明における歴史の父ヘーロドトス著『ヒストリアイ（歴史）』と、東洋史の基となったシナ文明の最初の歴史書、司馬遷著『史記』の世界観はまったく異なる。ヘーロドトスが創り出した地中海型の歴史では、今は大きな国でもやがて弱小になり、今は小さな国でもやがて強大になることがある、定めなき運命の変転を記述するのが歴史だということになっている。これに対して司馬遷の『史記』は、皇帝という制度の歴史であって、皇帝が「天下」つまり世界を統治する権限は「天命」すなわち最高神の命令によって与えられたものだということになっている。天命の正統に変化があっては皇帝の権力は維持できないから、シナ型の歴史では、現実の世界の変化はないことにする、つまり変化を無視して記述しない特徴がある。

同じ歴史といっても、文明によってじつは枠組みも世界観も異なる。そのために、世界史の総合的な理解が困難なのである。それで、地中海世界とシナ世界を直接結びつけた十三世紀のモンゴル帝国から本当の意味の世界史が始まると、私はかねてから提唱してきた。十五世紀からのヨーロッパの大航海時代は、モンゴル帝国時代の大々的な人と物の交流に刺激されて始まったと言える。

拙著『世界史の誕生』は、二〇〇二年にハングル版、二〇一二年にモンゴル語版、二〇一三年には台湾から繁体字漢語版が刊行された。

二〇一五年四月二十三日、中国の国家主席・習近平の側近の王岐山が、中国共産党指導部の招待で北京を訪問した、日系アメリカ人のフランシス・フクヤマと青木昌彦両氏に、私の学問について延々と語ったということで、中国のネットには「王岐山説的岡田英弘是誰？」という記事も流れた。王は二〇一三年に台湾で刊行された『世界史の誕生』を読んだのに違いなく、モンゴルから世界史が始まり、資本主義が始まったという言説を気に入って、私を激賞したという。

それ以来、日本で刊行された私の書籍はどれも中国の出版社から翻訳依頼が殺到している。藤原書店が刊行した全八冊の著作集まで中国語訳の依頼が来たそうで、シナ式の歴史学に真っ向から挑んだ辛口の論考である私の清朝史研究や現代中国論に、これから先、中国人がどのように影響されるのかを想像すると、たいへん愉快な気分になる。

藤原書店が著作集を編み、座談会やシンポジウムを企画してくれたおかげで、私の学問と学者人生について、昔からの友人だけでなく、年若い学者たちの評価を聞くことができたし、日本人だけでなく多くの外国人があれこれ語ってくれた。私が長生きしたおかげで、このような本一冊になるほどのお褒めの言葉を生きている間に聞くことができたのは、僥倖としか思えない。
みんなどうもありがとう。

二〇一六年十一月

モンゴルから世界史を問い直す　目次

私の学問を概観する――序にかえて……岡田英弘 I

I 岡田史学をどう読むか

1 〈鼎談〉岡田史学をどう読むか

〈鼎談〉岡田史学をどう読むか……倉山 満 宮崎正弘 宮脇淳子 〈司会〉編集長 19

I 問題提起
血肉になるまで岡田史学を読みこんだ……倉山 満 21
ジャーナリストとして見てきた「中国」と、岡田史学におけるシナ……宮崎正弘 26
新しいものがたくさん詰まった著作集……宮脇淳子 31

II ディスカッション
「知る人ぞ知る」岡田英弘
『満文老檔』解読という原点――学問的基礎体力が詰まっている
外国語の習得はなぜ重要か
皇帝一族の記録『満文老檔』
満洲学は欧米でも重要な学問
『満文老檔』研究の経緯
康熙帝の手紙を全部読んだ
なぜ満洲族がこんなに増えたか
新しいことを学ぶと、全体を組み直す
岡田英弘は歴史の疑問にすべて答えてくれた
初めに全体を俯瞰させてくれたこと

「中国」「シナ」をめぐる言説
一九七〇年代から現在までの中国
岡田史学は、人間を見ている
史料を大切にしない日本の近代史
つまらない公文書を読み込む大切さ
自国史のみで歴史は描けず
「世界史」の定義は、歴史家によって違っていい
モンゴルの馬と食
歴史における概説の大切さ、元号と国家
時代区分をどう考えるか
日本にはアカデミズムがない
どうすればきちんとした日本史を書けるか
横文字は何でもありがたがる日本
岡田史学の継承に向けて
日本の未来には絶望していない
おわりに——岡田史学の「姿勢」に学ぶ

2 〈発刊記念シンポジウム〉岡田史学とは何か …… 杉山清彦　木村　汎　倉山　満　田中克彦　〈司会〉宮脇淳子 93

I 問題提起

中央ユーラシアの立場からの世界史の構築 …… 杉山清彦 94
モンゴルの影響を大きく受けたロシア …… 木村　汎 101
望遠鏡と顕微鏡をあわせもつ、骨太の岡田史学 …… 倉山　満 106
岡田史学を学問の中で育てていきたい …… 田中克彦 111

II　ディスカッション
ロシアのアイデンティティとは何か
「中国」と「シナ」を区別する
日本は十九世紀に世界史に「巻き込まれた」
——アジアとヨーロッパ
もう「アジア」はやめよう
会場からの質問
おわりに

3 〈完結記念シンポジウム〉今、なぜ岡田史学か？

今、なぜ岡田史学か？……S・フレルバータル　楊海英　古田博司　杉山清彦　〈司会〉宮脇淳子　145

I　問題提起
モンゴル国民への大インパクト……S・フレルバータル　148
『蒙古源流』の地から……楊海英　153
直観が降ってくる学問……古田博司　159
『満文老檔』研究の意義……杉山清彦　165

II　ディスカッション
弟子入り三十八年の思い
論文の「注」のこと
モンゴル人の文化的事実の重要性
モンゴルは今、自分を探している最中の国
なぜ今、中国では岡田史学を勉強するのか
「翻訳」をめぐる問題

4　岡田史学を読む……193
「国民国家」と同君連合帝国としての清朝……楠木賢道　194
歴史を見る眼と歴史から見る眼……杉山清彦　199
中国問題をどう考えるか……新保祐司　205
「日本」の問い方を深く見直させる好著——『著作集Ⅲ　日本とは何か』……鈴木一策　212
現代中国が見た岡田史学……福島香織　218

II　岡田史学で世界を読む……岡田英弘・宮脇淳子
1　歴史は文化の一種　229
2　民族も国民もネイション　230
3　インドは歴史のない文明　232
4　なぜ中世が必要なのか　233
5　シナの歴史文化は正統史観　235
6　歴史の父へーロドトス　236
7　ゾロアスター教の二元論　238

8 歴史のないアメリカ文明 239
9 歴史を重んじないイスラム文明 241
10 日本の世界史教科書の問題点 242
11 歴史を捨てた現代中国 244
12 日本人がつくる世界史 245

III 岡田英弘——人と学問

ポッペ先生の相弟子として …… ジョン・R・クルーガー 249
岡田英弘教授との縁 …… バーバラ・ケルナー＝ハインケレ 252
モンゴルの重要性 …… アリシア・カンピ 256
岡田英弘教授とモンゴル・満洲学 …… ルース・ミザーヴ 259
世界でも傑出したモンゴル学者 …… エレナ・ボイコヴァ 263
岡田先生との出会い …… T・ムンフツェツェグ 266
岡田先生との出会い——弟子の先生に寄せる思い出 …… マーク・エリオット 269
岡田英弘——個人的な思い出と歴史上の反響 …… ニコラ・ディ・コスモ 273

私が模範としたい人……タチアーナ・パン 277
岡田英弘とモンゴル学――感謝を込めて……クリストファー・アトウッド 281

＊

日本の漢学研究への、全く新しい視点……渡部昇一 284
日本人が学ぶべき岡田史学……日下公人 288
挑発をつづける歴史家……川田順造 292
岡田史学と『国民の歴史』……西尾幹二 296
新たな東洋学を創出した哲人……黄文雄 299
文字資料中心の歴史は歴史ではありえない……田中英道 303
岡田英弘の衝撃……三浦雅士 307

＊

岡田史学に圧倒される……山口瑞鳳 310
岡田英弘教授にことよせて……湯山 明 313
歴史家岡田英弘の新しい顔……田中克彦 316
子供の頃の兄 英弘……岡田茂弘 320

岡田英弘の人と学問 …… 菅野裕臣 323
深い洞察に基づく岡田先生の台湾研究 …… 鄭欽仁 326
「よい歴史」と「悪い歴史」——歴史家岡田英弘がめざしたもの …… 間野英二 330

＊　＊

最善を目ざして徹底的に努力する …… 志茂碩敏 333
「野尻湖クリルタイ」での岡田先生 …… 樋口康一 336
天才と巫女の稀有な著作集 …… 古田博司 339
まるで透視能力者 …… 斎藤純男 342
苦しいとき、そばに岡田先生の本があった …… 楠木賢道 345
ステップ史観と一致する岡田史学 …… 楊海英 348
「師事」なお遠くとも——私淑から親炙 …… 杉山清彦 351
学者としての基礎体力と世界観に学ぶ …… 倉山　満 355

岡田英弘　略年譜（一九三一〜　）358
岡田英弘　著書一覧 370

モンゴルから世界史を問い直す

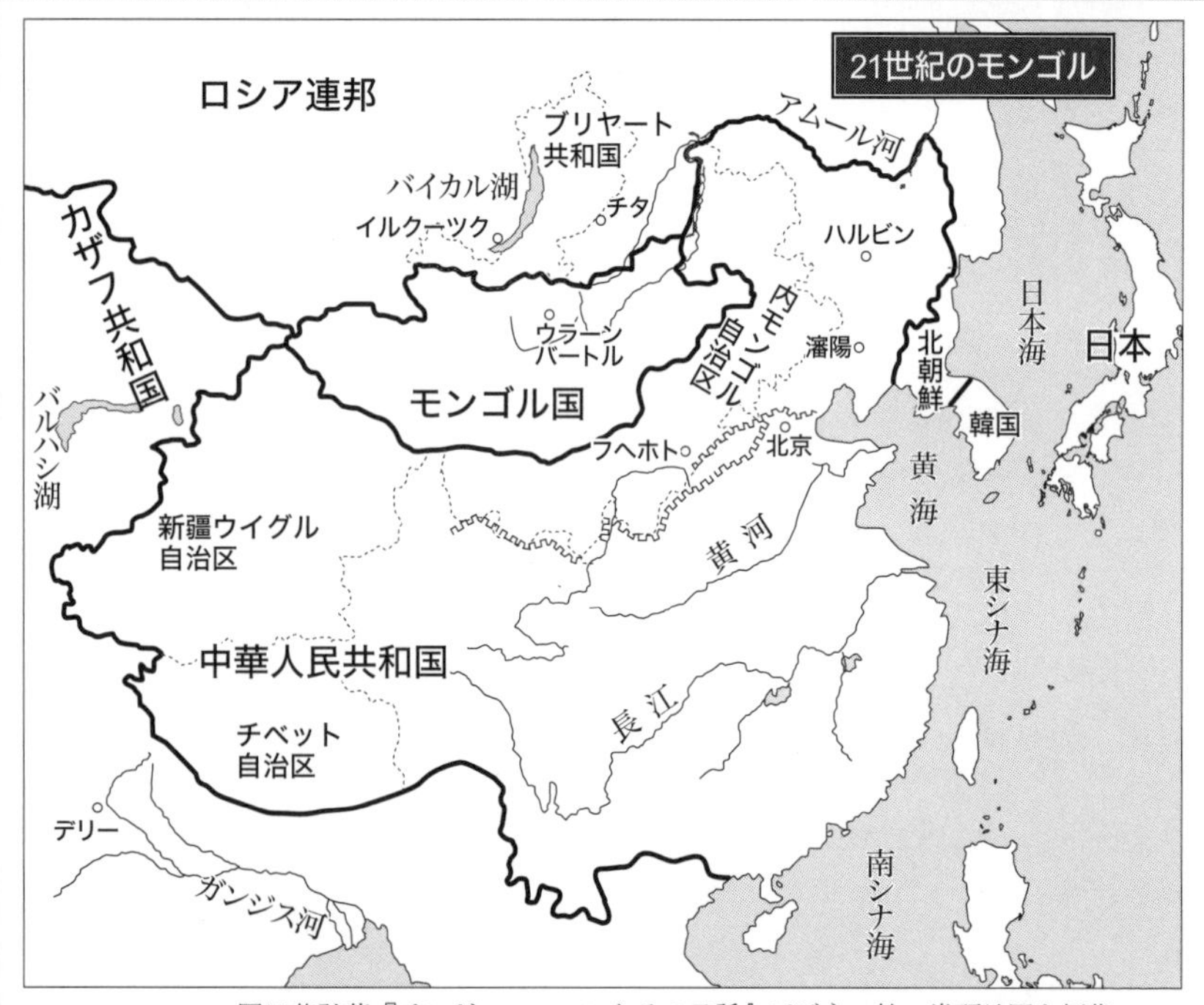

岡田英弘著『チンギス・ハーンとその子孫』ビジネス社、巻頭地図を編集

I 岡田史学をどう読むか

本部所収の鼎談、シンポジウムは、下記の通りである。

1 **鼎談**

二〇一三年八月十四日　於・藤原書店

『環』五五号　二〇一三年秋号に掲載

2 **『岡田英弘著作集』発刊記念シンポジウム**

二〇一三年十一月四日　於・山の上ホテル

『環』五八号　二〇一四年夏号に掲載

3 **『岡田英弘著作集』完結記念シンポジウム**

二〇一六年六月十八日　於・山の上ホテル

1

〈鼎談〉岡田史学をどう読むか

倉山　満
宮崎正弘
宮脇淳子

〈司会〉編集長

I　問題提起

司会（藤原良雄）　本日は、『岡田英弘著作集』全八巻の発刊を記念して、鼎談を企画いたしました。戦後、歴史学研究会（通称歴研）を中心とする、いわゆるマルクス主義歴史学の時代が長かったと思います。私もちょうど一九七〇年前後に学生時代を送ったものですから、そういう状況の中で、どういうふうに歴史を見ればいいのか、現在の社会、世界を見ればいいのか、手当たり次第に手探りしたんですけれども、マルクス主義歴史学に代わるものは見つけられませんでした。そのときは、岡田先生と出会えなかったんですね。出版界に入って何年かして、『歴史のある文明　歴史のない文明』という、のちに本にもなったシンポジウムで岡田先生の発言を聞いて、そこで「岡田史学」というとてつもないものと出会うことができたわけです。

その岡田先生の著作集について、今、最も活躍しておられる三人の方に、歴史とは何か、岡田英弘とは何かということについて大胆に発言していただきたいというのが、今日の狙いです。まずは、倉山さんからお願いします。

血肉になるまで岡田史学を読みこんだ

倉山満　私は今、憲政史家として仕事をしています。憲法と政治と歴史です。もともとは昭和初期の歴史を研究していたのですが、憲政の常道に興味をもち、政治外交史に行きました。今、大学では憲法を教えていますが、主な活動としては、憲政史という私の専門に基づいた言説を発表しています。私の言う憲政史とは、財務省の領域にまで広がっていますが、財務省の話を抜きに、憲政史は語れません。こう見えて、自分の専門は真面目に守っているつもりではあるんです。

日本政治外交史が専門ですから、昭和史を語るのに、中華民国のことがわからなければ話にならない。「中国というものに関して、常識になっているのは一体何か、ということをまず知らねばならない」ということです。そして、メンター（師）のような樋口恒晴さん（常磐大学准教授）に、岡田先生の本を紹介されました。私は、気に入った先生の本はとりあえず全部読むようにしているので、所属していた中央大学の図書館にある岡田先生の本は、全部読んだわけです。それで、自分の仕事の前提として、中国に関して一番信じられるのは岡田先生だろうと思ったんです。

岡田先生の本を全部読んではいたんですが、改めて『著作集』第一巻を読んで、加筆修正などがあって新しい発見もありました。でも、例えば憲法論なら、美濃部達吉はこれをどこで言っていたかということが思い出せないぐらい、血肉になっているようなところがあるんですね。岡田先生の本もそれと同じで、ノートをとって注の何ページのどこに書いてある、みたいなレベルではなくて、岡田先生の基本的な歴史を見るときの骨格というのは、根本的に自分のものになるぐらいまで読んだつもりです。だから、出典を聞かれると逆に困るんです。大したことのない人の本だったら、一生に一回だけいいことを言った人なんていうのは、「あの本の何ページに書いてあります」と覚えられるんですけど(笑)、岡田先生に関しては、それは無理です。

岡田先生になぜこれだけのめり込んだか。高校で世界史を習いますが、高校までの歴史というのは、結局、根本的につまらないんです。私は、世界史には高校時代まであまり興味がなかったんです。私が歴史学の世界に行ったのは、昭和史を読んで――山川の教科書というのは、意外と左っぽいことを書いていなくて平板な記述なんです。ただ、何となく、日本にどうやら「ミスター軍部」という誰だかわからない「悪い人」がいて、中国を侵略した、ということらしいと(笑)。では「侵略」とは何なのか、ということで、だんだん言っていることがおかしいなと気づいてくるんです。そして中国とは何者なんだ、という疑問にぶつかりました。「中国」と「支那」の違い、それから「中華民国」と「中華人民共和国」の違い、それから歴代王朝のそれぞれも全部違う。岡田先生は、清朝を、漢民族ではなく、多民族帝国だということで、ハプスブルク帝国に例えられていましたが、そういうことは、日本人には一番わかりにくいところではないでしょうか。

それから、国民国家論の問題があります。藤原社長が最初に言われた「歴研」に行くと、「国民国家というものは打倒すべきものである、悪いものである」ということが前提の議論しか許されないんです。国民国家に肯定的な言説を言うと、「それは学問じゃない」と言われる。それに対してまともに議論で反論すると、「言論弾圧だ」と。「おまえは言論弾圧だ」という言論弾圧をされる、そういう世界がある。

そこで、岡田先生の著作や、西洋史では、近代だと中山治一さん、前近代だと阿部謹也さんなども読んでいたので比べてみると、日本近代史の人はほとんどイデオロギーの塊だということに気がついたんです。岡田先生、宮脇先生は、とにかくイデオロギーを脱しようとされています。

岡田先生は「歴史は文学だ」と仰っていますが、一人の人間が「歴史」を描くとき、膨大な森羅万象の中から、どの事実を切り取って、どういう文章で書くかということ自体に主観が入るからこ

倉山 満（くらやま・みつる）

1973年香川県生。憲政史研究者。1996年、中央大学文学部史学科を卒業後、同大学院博士前記課程を修了。在学中より国士舘大学日本政教研究所非常勤研究員を務める。日本近現代史の泰斗である鳥海靖教授に師事し、鳥海教授の退任に伴って同大学院を退学。国士舘大学体育学部・21世紀アジア学部講師（当時）。著書に『誰が殺した？　日本国憲法！』（講談社）『検証　財務省の近現代史』（光文社）『嘘だらけの日米近現代史』『嘘だらけの日中近現代史』『嘘だらけの日英近現代史』（扶桑社）『国際法で読み解く世界史の真実』（PHP研究所）『大間違いのアメリカ合衆国』（KKベストセラーズ）など。

そ、事実に関しては客観的にならねばならない、という姿勢を学べたのが、岡田先生の本です。例えば、靖国神社や教科書問題が話題になっていますが、中国史の常識「指桑罵槐（桑を指して槐を罵る、兵法の計略の一つ）」という言葉を教えてくれる日本近代史家は、一人もいなかった。岡田先生の本で初めて、「これは指桑罵槐なんだ」ということがわかったんです。日本が中国を侵略したと言いつつ、その指桑罵槐の論理がわからないと、蔣介石と蔣介石政権内部で何をやっているかということが見えてこない。それを「中華民国」と呼ぶか、「中国」と呼ぶか、「支那」と呼ぶか、「蔣介石政権」と呼ぶか、「国民党政権」と呼ぶかによって、まったく意味が違ってくる。「歴史は文学だ」というのは、結局、そういう厳密な論理を乗り越えたものでなければならないということだ、と学びました。これはまったく違う世界観が開けた、という感覚でした。まさに出会いでしたね。

蛇足ですが、下世話な話になりますけど、「岡田先生は十四カ国語ができ、二十六歳で日本学士院賞をとった」までは知っていたんですが、私が一番衝撃を受けたのは、「それでも就職口がなかった」ということです（笑）。一体何なんだろう、日本のアカデミズムは。日本史から見れば、中国史を中心とする東洋史、それから西洋史はまともな世界に見えたんですよ。でもやっぱりそっちもおかしい。この二十年近く、「学会」といわれるものの中に入ったり、外から見たりしている中で、日本の人文科学はおかしいと思う。岡田先生を会長にする学会が未だに一つもない。「岡田学会」をつくってもいいんじゃないかと思うんですけど。日本の歴史学の、特に日本近現代史の人たちは、結局、活動家が教授を名乗っているだけなんですよ。岡田先生がこれだけ誰も文句を言えない実績を上げておいてこれというのは、日本社会そのものの貧困ですね。それは戦争に負けるわな、と。師匠を超えるような研究をやってはいけないということでは、学問が劣化するのは当たり前です。

シンクタンクを例に挙げると、社会科学系、自然科学系のシンクタンクは山とあって、それなりに役に立っている。ところが、人文科学系のシンクタンクはまともにない。かろうじて満鉄調査部と総力戦研究所でしょうか。自然科学、社会科学というのは、すぐに役に立つものだから、どこの国でも当然お金を投資して研究させる。日本は、そういったすぐに役に立つ応用部分は、確かに強い。でも、人文科学のような基礎分野中の基礎分野は破綻している。日本の大学には軍事学部がないといいますが、歴史学部も哲学部もない、これで総合大学を名乗っている。文学部の中に歴史学も宗教学も全部ぶち込んで事足りるという貧困です。

それでは、歴史とは何か。岡田先生は、「歴史とは、ありとあらゆる史料を用いて、事実を再現することである」と言われます。現在の中国史がつまらないのは、漢文だけ読んでいる人たちが中国史を書いて、一から百まで土地制度史で終了しているという、中国の中でもマイナー分野にすぎないからです。どうして土地制度史が中国史のすべてになるかというと、偉い先生方が漢文しか読めなかったからという、それだけの下らない理由しかない。

中国というのは、岡田先生も書いていますが、徹頭徹尾、日常生活まで「妻も敵なり」みたいなことから始まる。とにかく政治というものを理解しなければ、ということです。歴史学の中心は政治史であって、土地制度史という周辺だけやって事足りるものではない。

岡田先生は、「中国の歴史は皇帝の歴史である」と仰っている。これは衝撃的なことです。考えてみれば、中国共産党の党総書記も、「皇帝」と言いかえたら、まったく同じなんです。中央軍事委員会委員長か、党総書記かの違いだけであって、国家主席が必ずしも皇帝ではないという、そういう応用はあるんですが。

私も歴史学者の端くれとして、奇を衒うことはやめようと思ってきました。一番ど真ん中の本質を突いたら、驚かれるんだということです。岡田先生の足元にも及ばない人間ではありますが、私の中での正しい歴史学の基準が岡田先生です。

——ありがとうございました。では宮崎さん、よろしくお願いします。

ジャーナリストとして見てきた「中国」と、岡田史学におけるシナ

宮崎正弘　私ほど、アカデミズムに無縁の人間はおりません。私は、昭和四十年入学組で、たちの悪い団塊の世代です。大学に入ってまず巻き込まれたのが、早稲田大学紛争です。私は金沢の田舎から出てきたものですから、右も左もわからない。「三歩下がって師の影を踏まず」という教育のもとで育ちましたから、大学で先生を学生が殴っている現場をみると、何なんだこれはという素朴な疑問がわきました。『早稲田大学新聞』が「大学新聞」というのはまったくの嘘で、革マル派の機関紙です。「私のこの投書を載せてくれ」と押しかけて言ったら、載せるわけにはいかない、と。

言論の自由がないんですよ。

鬱々たる日々を過ごしていましたが、大学の左翼の跳梁に反対している学生がたくさんいることに気付きました。彼らと学園正常化運動、学生良識派運動から始まって、いろいろやっているうちに、初めてマルクス主義の間違いや、いろんなことがわかってきたんです。このままではいけないと保守派の学生運動を始めていたら、学園ではまったく孤立しているんだけれども、学外からすごい応援団がどんどん出てきました。林房雄先生から三島由紀夫先生から、アッという間に外堀が埋まりました。

「学生運動に日の丸派」とマスコミに書かれ、——毎日大学には行っても、教室には行っていない。そんな時間はない。結局、大学には七年おりましたけれども、卒業もできず、大学時代の七年間、学生新聞の発行と運営に忙殺されて、私の頭の中は空っぽでした。

さて、社会に出ると、どこにも就職口がない。今の中国の学生みたいなものですね。林房雄先生が『浪曼』という雑誌をやるというので、何とかそこに拾われて、編集の仕事をしながら、初めていろんな勉強をしたというのが実情です。

『浪曼』は不幸なことに、その後潰れました。今の日本の社会は、大学を出ていないと上場企業の受験資格がない。大学が英文科だったので、英語で身を立てる以外にない、と始めたのが貿易会社です。十年やっているうちに、非常に調子はよかったけれど、一ドル二四〇円時代が一ドル一七七円になり、儲かっているのに為替で損をしている。それで、ハッと思ったんです。机上の学問で、経済学なるものはまったく役に立たない、と。
会社は相棒に譲って、それからいろいろ物を書き始めたんですけれども、最初に行き当たったのが中国です。私は最初に取引関係で台湾に行きました。そのうちに、どうもおかしいな、と思い始めました。昼間会って公式的な話をしていると、国民党支持で、蔣介石の評価をする。夜、飲み出して仲間が来ると、一八〇度違って、蔣介石をクソミソに言っている。当時、台湾にまったく言論の自由はありませんでしたからね。

一九七二年以降、この二重人格のような——政治的な訪問をすれば、下へも置かぬ大歓迎で——その不思議な、中華民族、中国人におけるホスピタリティの二重性に遅まきながら気がつきました。台湾に通っているうちに、中国も改革開放を始め、アメリカやヨーロッパ、日本にどんどん留学生を出すわけです。最初は監視つきで身動きもとれなかったけれど、一九八二年に王炳章が「自由、民主、法治、人権」の四つのスローガンで、ニューヨークで「中国之春」を立ち上げました。この話を聞いたとき、まずこの男の話を聞こうということで、ニューヨークに行ったんです。王炳章と話をしていたら、西側の人間とまったく価値観が変わらない。共産主義国家から留学して、たった三、四年ぐらいでこんなに自由になるのか、それとも基本的に共産党の下でも学問というのは別途に吸収できる素地があるのか——あるいは、何でもかんでもすぐれて咀嚼できる能力のある人が中国人の中にもいるのか、という驚きがあったんです。

私が最初、かなり大々的に始めたのは、中国から亡命した人たちの取材ですが、その中で、例えば万里副首相にテニスを教えた胡娜も追いかけてサンディエゴにも行った。王炳章は医者ですが、その彼に教えた先生が中国からカナダに留学して、それからアメリカにわたって、台湾に亡命した。ドイツから亡命したレーザー工学の先生や、多士済々、あきれるぐらいの中国人インテリが政治亡命して、台湾に来ていました。だから、台湾にかなり集中的に行って、七十人ぐらいにインタビューして、『中国の悲劇――中国経済はなぜ失速したのか』という本を書いたのです。これは非常に売れて、注目されているはずなのに、新聞は一切書評をしない。なるほど、これが日本のジャーナリズムの正体か、と感じて、そこから逆に発奮した。それでは、面白いから中国に取り組んでみようか、と。

宮崎正弘（みやざき・まさひろ）

1946年金沢生。評論家、作家。早稲田大学中退。『日本学生新聞』編集長、雑誌『浪曼』企画室長を経て、貿易会社を経営。82年『もうひとつの資源戦争』（講談社）で論壇へ。国際政治、経済の舞台裏を独自の情報で解析する評論・ルポルタージュに定評。中国ウォッチャーの第一人者。文芸評論家でもあり、『三島由紀夫「以後」』『三島由紀夫の現場』（並木書房）など三部作がある。中国に関する著作は五冊が中国語に翻訳。代表作に『拉致』（徳間文庫）『中国大分裂』（文藝春秋）『出身地で分かる中国人』（PHP新書）等。最新作は『日本が全体主義に陥る日――旧ソ連邦・衛星国30ヵ国の真実』（ビジネス社）など。

もう一つは、中国人と商売をしているうちに、当時は香港と台湾ですから英語で事足りたけれども、合間に彼ら同士で話している言葉は全然わからない。ちょっと待てよ、ひょっとして俺がこの言葉をわかるようになったら、向こうはどんな驚きをするだろうかと、独学で勉強を始めたんです。そういうときに、岡田先生に出会ったんですね。公式にも原理にも、学閥にも、まったく捉われない自由な発想をして、中国人を語る人がいる。中国史というのは司馬遷の『史記』が基本になっているけれども、そのときに殷も周も夏も全部その中に入れてしまった、という、ここは非常に面白い。それから、東夷・西戎・南蛮・北狄なんていうのは、すべて漢の周りの話であって、日本や周辺国の話をしているわけではない。これは、目から鱗でした。「歴史とは何か、それは文学である」というのは、大賛成です。そもそも日本も、『古事記』以来『神皇正統記』『大日本史』に至るまで、これは創作でもある。

そういう意味で、『著作集』の第一巻を大変興奮しながら拝読し、なおかつ第二巻以降の発刊を、今、楽しみにしております。

岡田先生の文章を考えると、やさしい文章というのは、非常に大事なんです。みんな本質を語ろうとして試みてだめになるんだけれど、難しく書こうとするんですよ。平明に、しかし力強く書くというのは、これはわざなんですよ。匠（たくみ）と言ってもいい。難しい小説を書いている人は、売れない。難しいボキャブラリーで衒（てら）ったように書いている、例えば高橋和巳とか。そういう意味で、岡田先生の文章は非常にわかりやすくて、しかも適切なボキャブラリーを選んでおられると思います。

――ありがとうございます。それでは宮脇淳子さん、よろしくお願いします。

新しいものがたくさん詰まった著作集

宮脇淳子 私はもう三十年以上、岡田の弟子から始めて、途中からは妻も兼業しています。岡田の著作を、最初は、面白いと思ったものから読みました。とても全部はついていけないんです。自分の専門に関係するところだけ感動して、残りは、日本古代史は面白かったですが、あまりに多すぎて「まあ大変」という感じでした。秘書業のためにコピーをとってファイルするときに、斜めに見たことはある程度で、知ってはいたけど読み込んでいない、というものが随分ありました。今回、『著作集』のために全文献に目を通し、古い『月曜評論』や『世界日報』などの現物が研究室にたくさんあったので、ジャンル分けするために、一つ一つ取り出して順番に並べたりもしました。『著作集』を編むに当たって、昔の文章をていねいに読み直していますが、全部が本当に面白いですね。

岡田英弘の学問は、どうしてこれほど世の中に受け入れられなかったのか。私の少し先輩の学生運動世代にとって、学生運動というのは「秩序を壊していい社会にする」ための運動だったはずです。それなのに、それをした人たちは私に「岡田英弘だけ持ち上げたら秩序が壊れる」と言いました。「学会の秩序のためには、そういうわけにはいかない」というような言い方で、権威だけを重んじていました。では、その人たちは何か立派な仕事を残したかというと、人間関係を大事にしただけです。だから私が、三十年前に岡田に弟子入りするときには既に、弟子入りしたら就職できない、仲間が一切いなくなる、孤立するだろうということはわかっていました。案の定そうでした。そして、『著作集』まで刊行されることになっても、いまだに世の中はあまり変わっていない。

でも、日本の東洋史学界に今、衝撃が走っていると思います。岡田英弘の学問が結局、こんなふうに生き残って評価されているのですもの。日本が敗戦し、それまであった外地がなくなった。その外地こそが東洋史の学問の対象だったわけです。戦前、私の先生の先生は現地に留学したり、現地で仕事をしたりしました。私の直接の先生は現地には行けず、戦争で立派な人がたくさん亡くなっ

宮脇淳子（みやわき・じゅんこ）

1952年和歌山県生。京都大学文学部卒業。大阪大学大学院満期退学。博士（学術）。東洋史専攻。大学院在学中から、岡田英弘よりモンゴル語・満洲語・中国史を、その後、山口瑞鳳（現東京大学名誉教授）よりチベット語・チベット史を学ぶ。東京外国語大学アジア・アフリカ言語文化研究所共同研究員、東京外国語大学非常勤講師、東京大学非常勤講師等を歴任。主著に『モンゴルの歴史』（刀水書房）『最後の遊牧帝国』（講談社）『世界史のなかの満洲帝国と日本』（ワック）『真実の中国史』『真実の満洲史』（ビジネス社）『韓流時代劇と朝鮮史の真実』（扶桑社）『教科書で教えたい真実の中国近現代史』（柏艪舎）『日本人が教えたい新しい世界史』（徳間書店）等。

て、「あの人が死ななかったら僕は教授になれなかったよ」なんて言いわけをする。私の先生の世代は「損をした、貧乏くじを引いた」と言いました。出世できると思って、卒業したらすぐに現地視察官——日本にはイギリスのような植民地総督はないわけですけれど、現地の統率官のような政治家になるつもりで東洋史を選んだのに、卒業してみたら、行くところが何もなくなっていた、と言うんですよね。それどころか、要らない学問にされてしまった、と。

そういう、出世したいとか、金もうけの手段のために学歴が欲しい人と、本当に何かを知りたい、自分の人生を意味あるものにしたいと思って学問する人と、人間には二通りあるんだなということが、はっきりわかりました。東洋史が戦後だめになったのは、戦前に羽振りがよかった、飛ぶ鳥を落とす勢いだったから、東洋史に入った人たちがいっぱいいたせいだったということです。

でも、岡田英弘は、羽振りが悪くなってからわざわざ東洋史を選んで、絶対に行けなくなったから朝鮮史をやって、もうなくなったから満洲語をやって……という、逆行の精神を貫いてきたので、すごいと思います。

岡田が初めに朝鮮史を選んだときの先生は、京城帝大から引き揚げてきた末松保和という偉い先生でした。そもそも、他人がやらないからやる、たくさんの人がやっているところはやりたくないというのが動機です。

それから、なぜアメリカに行ったかというと、当時世界で一番のモンゴル学者が、ロシアからアメリカに亡命していたからです。たまたま日本に来ていたそのドイツ系ロシア人と知り合って、この人は本物だと思ったので、この先生のもとで勉強したいということで、その先生がシアトルで教えていたので、ワシントン大学へ行ったんです。

そして、西ドイツに留学したときの先生は、オーストリア人で、戦前はヒトラー・ユーゲントになり、ドイツ人としてモンゴル調査に行って、そのままモンゴルの専門家になった人です。モンゴルの歴史、年代記に関しては、世界で指折りの先生でした。

そういう経歴ですが、日本の東洋史学界では、岡田のことを、あんな先生は嫌だ、いつまでたっても自分が偉くなれないから、というんですね。同じ人を見ても、尊敬して、この人の何分の一でも似たいと思うのと、自分はああいうふうになれないからいないことにするというのは、最初から考えの向きが逆で、とてもマイナスな生き方だと思います。

本当のことをずっと言い続け、書いてきた岡田英弘に、反発する人がいまだにいるのは、結局、面子と、それから一旦言ったことは引っ込められないというだけのことですね。今の日本にあるのは、自分が選んだ派閥や、自分がやっていたやり方をそのまま多数決で押し通せという、いびつな、歪んだ気分ではないでしょうか。

学校教育も、本当のことを知りたいという、生徒の素直な欲求を満たせないようなものになっています。集団教育で、言うことを聞けとか、俺の言うことに従えとか、小学校でも中学校でも、いじめがふえたでしょう。体罰も問題になっているということは、先生も余裕がない、自分の能力に生徒が感心してついてきてくれるのではないからでしょうね。

今回の『著作集』で、何といっても一番感動したのは、一九七二年十月の「日中国交正常化」の三ヶ月前に、『文藝春秋』の対談で、「もうすぐ何か変なことが起こる」と岡田が言っていることです。その理由は、最近日本の悪口が中国の新聞に目立って出始めた。資本主義で日本はこんなに悪くなっていると長々と説明している。これまでそういうことはなかった。日中で何か逆転の手打ちがあるかも……と言っているんです。それは、何かあったとき、それぐらい大物で、悪いやつと手を握ったと弁解できるためだ、と言っているのを読んだときに、鳥肌が立ちました。ずっとウォッチしているから、変化がわかるんですね。前と何か違うぞ、と。今、宮崎さんはそういうことを継続してやっていらっしゃいますね。

岡田英弘は病気になって、この十何年、新しいものを書くことがぐんと減りましたから、もう過去の人と思われていたでしょう。でも、『著作集』を始めて、岡田の弟ですら、礼状に「これまでのものを集めただけかと思っていたら、読んだことのない新しいものがあってびっくりした」と言ってきたんです。成功したなと思いました。各巻に必ず、誰も見たことがなかったものを収録した、ということが非常な強みです。その都度その都度、本当にきちんとしたことを言ってきたのに、誰も取り上げなかったとショックを受けてほしい。断片的なものは、探すのも大変で、岡田宮脇研究室にしかなかったものを本の形で残せば、今たとえ千人しか読まなくても、埋もれたままにならずに残るわけですよね。どんなに後になっても、本で残せば読めるということで、本当にありがたい、と心から思っています。

『著作集』は、今まだ書店に並んでいる新書、文庫からは、基本的にとらない方針です。一冊の本にするとき、筋道を立てるために漏れるものがあります。新書になるときにカットした部分なんかも結構あって、そういう文章をたくさん拾ったので、楽しいと思います。講演記録や討論会や対談などで、重要なことを述べているものも入れました。もちろん、新書や文庫に入っている文章でも、どうしてもこれだけはないと話がつながらない、というのだけは拾って、入れています。

——ありがとうございました。それでは、討論に入りましょうか。

Ⅱ ディスカッション

「知る人ぞ知る」岡田英弘

宮脇 私はずっと岡田英弘について勉強してきたので、一体どの立場で物を言ったらいいのだろうかと、さっきから悩んでいるところなんです。

宮崎 大所高所から、御主人を客観的に突き放して論評してみて下さい。

倉山 私は、思い切り密着した立場で言ってほしいんですけど。

宮脇 では、両方やりましょう。岡田の文章はもともと、非常にプロ好みだったと思います。嫌いな人は岡田の何が嫌いかというと、迎合しないこと、少しもわかりやすく言ってくれないこと、そしてポピュラリティーを嫌うところ。

宮崎 大塩平八郎なんて、ものすごく人当たりの悪い人だったらしい。弟子にもものすごく厳しい。ところが、学識と人徳があるものだから、それでいいんですね。

宮脇 それから、二十六歳で日本学士院賞をとった、というのはマイナスでした。

宮崎 それは、周りの嫉妬を生みますね。西尾幹二さんも同じで、若くしてデビューすると、みんなが足を引っ張るから。

宮脇 人口に膾炙している岡田の著作は、『歴史とはなにか』（文春新書）や『倭国』（中公新書）ですが、岡田英弘という名前が非常にポピュラーかというと、ポピュラーであるようなないような、微妙な立場だと思います。「知る人ぞ知る」的な。

どの本も、受けようと思って書いていない。その割には、ある一定の人たちには喜ばれています。言いたいことが読者にストレートに届くような努力をしてきたので、これまでの本も生き残ってきたといえるでしょう。

倉山 今の東洋史家、特に中国史家は、岡田先生の『著作集』第一巻の目次を見ただけでは、意味がわからないと思いますよ。「中国は国民国家たり得るか」って、何を言っているのか、おそらくわからないと思います。

宮脇 問題の立て方が根本的すぎるんですよ。

倉山 国民国家は、打倒しなければいけないものではないのか、中国が国民国家になれるかって、それは賛成したらいいのか、反対したらいいのかすらわからない。

『満文老檔』解読という原点——学問的基礎体力が詰まっている

倉山 岡田先生は、本当の意味で学際的なことを、一人でおやりになられたということを言いたいんです。日本史、中国史、満洲史と並べた場合、それぞれ専門の人が自分の専門のことを言っているだけで、自分の専門のことを攻撃させないみたいな姿勢があったわけですが、それらをすべて一人でやることで、その壁を乗り越えているんです。何人いようが、自分と違う方法論を受け入れなかったら、それは並べているだけ、学際的にはならないですよね。本物の学問は岡田先生の方なのは明らかです。

比較というのは、まったく違うものでは比較はできませんが、中国を中心にぐるりと周辺を全部やっているので、比較ができている。朝鮮から始まって満洲、モンゴル、イスラム、チベット、そして日本に戻ってきて中国を見るということをやっているので、方法論として真の意味で学際的で

あったということです。

それから、『満文老檔(まんぶんろうとう)』の話です。これは、満洲語で書かれた文献の翻刻からの仕事ですよね。いきなり応用に走るのではなくて、若いときにそういう基礎的な文献学、歴史学、文書学の実績があるということが大切です。もちろん満洲語を読むには、十代の頃から一日三冊漢文の本を読んでいたみたいな、普通の人にはできない素養があったのでしょうが。

『満文老檔』のお仕事は、チームでやっていて最年少だったということですから、この頃はまだ孤立はしていないですよね。

宮脇 『満文老檔』研究会で日本学士院賞をもらうに当たって、一番最年少の二十六歳の彼を外せなかったのは、誰も読めないところは岡田英弘が読んだからだというんです。十歳年上の人たちは普通の秀才で、実際にがんがん読んだのは最年少の岡田だったというんですね。だから推薦してくれた和田清先生の秘蔵っ子になったわけです。和田先生が東大を辞めて国際基督教大学に行ったとき、大学を卒業したばかりなのに助手で採用してくれました。それもやっぱり恨まれる原因よね。

そして和田先生が学習院に移ったら、そちらにも助手で異動させた。和田清先生の本を出すときに、モンゴル文字や満洲文字の転写は、全部岡田英弘が担当しています。若い弟子で、最後の弟子だったけれど、とてもかわいがられたんです。

和田先生は本当に偉い先生だったけれど、残念ながら六十代で亡くなったんです。そこから孤立が始まった。

倉山 文字を読むというのは、そこには絶対にイデオロギーは入らないですよね。そのイデオロギーが入らない世界で、基礎体力が恐ろしく詰まっている。ここを無視して、岡田先生は語れないと思うんです。『歴史とは何か』には、みんなが面白がるような内容がいっぱいありますが、その前提がすごい、恐ろしく基礎体力が高い。方法論と基礎体力です。

宮脇 そう。でも、いかにも簡単に結論を出したり、大きな話をしているように見えたんですよね。本当は、その前の、人に隠れた学問の蓄積がものすごかったのだけれど、最終的にはとてもわかりやすく、普通の人にも理解できるように抽出したので、基礎は無視して、最後だけまねようという人が結構出てきたんですよ。

倉山 学問というのは何かというと、ある一つのテーマ、主題があって、それに関して全体像を提示できるということだと思うんです。それが小さければ小さいほどいいみたいな風潮がありますが、岡田先生は大きいですよね。今回の『著作集』の各巻のタイトルも、『歴史とは何か』、『世界史とは何か』、『日本とは何か』というように。例えば坂本龍馬という対象ひとつとっても、生まれてから死ぬまで年表ができるみたいな人であって、それはそれで一つの学問なんですが、岡田先生の場合はその幅、対象が恐ろしく広い。その一番最初には、満洲語の『満文老檔』という清朝初期の文献、古文書を解読したということがある。あれは、言ってみればロゼッタストーンです。だからもう何でも言えるという。

宮脇 そうです。私もそうなりたいと一所懸命勉強しました。自分は絶対にそこまで行けないということはわかっていたけれど。

外国語の習得はなぜ重要か

宮脇 誰にも負けない自分の専門を持つということが大事です。世界で一番私が知っている、これに関しては私に聞けという分野を、深く掘り下げる。でも、それが全体の中でどういう意味を持つかを知るためには、できるだけ広く、浅くでもいいから、歴史学とは何かから始まって、根本的な哲学の問題も含めて、読めるものは全部読む。マクロとミクロの視点を持つ必要があります。

外国語は、必ず一つは自分で読めなければいけない。なぜなら、翻訳は翻訳にすぎないから、原文との違いをわかるためには、少なくとも一つは自分で実例を持っていなければならない。英語でも何でも、外国語を知らないと、表現の仕方のギャップ、ずれが見えてこない。自分で苦労して、こつこつと一つ一つ読んで初めて、二つの言語の相違が肌でわかる。そうすると、たとえ日本語の翻訳でも、読んだときに、原文の類推がつきます。

だから自分で苦労して汗を流して、人によって学問は違うけれど、本当に地べたをはうような地味な仕事で時間をかけて、一からわからない言葉、わけのわからない文字と格闘して、それを日本語に置きかえるときに、どんなに無理が生じるか。完璧な翻訳はあり得ない中で、何とか他の人に伝えなければいけない。

そうすると、次に他人の翻訳作業の結果だけを読んでも、この人は真面目な仕事をしているかしていないか、これだけするにはどんなに大変だったろう、ということがある程度わかってくる。

それは岡田英弘の学問のやり方で、私もそれは絶対に必要だと思います。自分が人の知らない文字を読んで書くからには、嘘はいけない。そこで自分がごまかしたら、全員がだまされるわけでしょう。私しか知らないんだから。それは学者の良心にもとるというか、不正義なことである。もしわからなかったら、この文章とこの言葉は私にはどうしてもわかりませんでした、という但し書きをつけるぐらい真面目に提示する。そうしたら、私の提示した第二段階の日本語翻訳でも、安心して使ってもらえる。一度でもごまかす仕事をした学者は、その後信用されません。

私はモンゴル語や満洲語を、岡田英弘ほどは読めるようにならなくて、単語を覚えていないので、いちいち一つずつ辞書を引かないと読めない。岡田は、一度覚えた単語を絶対に忘れない。頭の中に全部入っている。

英語も非常に上手で、今は病気で話せなくなったけれど、ネイティヴのような発音で話しました。耳で聞いたら同じ発音でも、英語ではスペルが違うこともあるじゃないですか。RとLのちがいは、日本語にないから、どっちだったっけと迷いますでしょう。でも一切間違ったことはないんですよ。それで、一体どうやって覚えたんだと本人に聞いたんです。そうしたら、目の前をスペルが流れるんですって。つまり、自分が話しているときに、同時に綴りが流れる。塊(かたまり)で覚えるんですね。だから音とスペリングが、映像のように記憶されて、「自分がしゃべっているときに、スペルが目の前を流れている」と言ったんです。

映画のように、画面として本を覚えているみたいですね。だから、脳梗塞を起こして失語症になって、OSが壊れて話ができなくなっても、質問すると『満文老檔』の何ページの何行目」などと言うんです。ソフトウエアを動かすところがだめになっても、データのストックが頭の中に残っている。突然、変なことを思い出したりもします。昔読んだページが出てきたり、辞書を読んでるときも「あの辺」と言って、場所を覚えているというんです。それはもう神わざで、本当に言葉に才能があったなと思います。ですから、今でも『満文老檔』は、単語もスペルも意味も、ほとんど全部出てきます。二十代の頭でした仕事だから、ストックがしっかりあるらしいんですね。

皇帝一族の記録『満文老檔』

倉山 今回、『満文老檔』そのものの紹介はありますか。

宮脇 それはありません。『満文老檔』自体が、あまりに専門的な本なので、紹介が必要ですね。

倉山 『満文老檔』とは何かということを、岡田先生を応用だけの評論家だと勘違いしている人が多いと思うので、しっかり言っていただいた方がいいと思います。

宮脇 清朝は満洲人の王朝ですが、満洲人は文化的事業をたくさんしていて、偉いんです。乾隆帝時代に古い時代からの漢籍を整理して集めた『四庫全書』をつくり、手で写したコピー版七つを、大きな図書館それぞれにおさめました。自分たちの話し言葉を書くために、縦書きのモンゴル文字を借りた文字を満洲文字と言いますが、この文字はそもそもシリアのアラム文字を起源としています。アラム語はイエス・キリストが話した言葉で、アラム文字は、現在のアラビア文字やキリル文字、ローマ字のアルファベットと同じ文字からスタートして分かれたものです。紀元前後に、中央アジアに広がったアケメネス朝ペルシアが、当時の共通文字としてアラム文字を政治や経済文書に使ったので、中央アジアに伝わり、宗教を広めるときには教典が必要なので、教典も書かれました。タシュケントやサマルカンドに住んでいたソグド人が、この文字を借りて自分たちの言葉を書くようになったのがソグド文字です。これをまた遊牧民が借りて突厥文字、ウイグル文字となり、これをチンギス・ハーンが便利だというので借りて、それでモンゴル文字になったんです。もともとアラビア文字と同じく横書きで、右から左に書いていました。

チンギス・ハーンより前のウイグル時代に、草原の遊牧民に漢字や仏教がシナから入り、ネストリウス派キリスト教が西方から入り、マニ教も入って、宗教文献を漢字まじりで書くようになりました。漢字は必ず縦に書くので、ウイグル人が文字を縦にしたんです。それをチンギス・ハーンが借りてモンゴル文字にし、一五九九年から、これを満洲人が借りて、自分たちが話す言葉を、そのまま発音通りに満洲文字で書くようになりました。

一六四四年に満洲人がシナを支配するようになって漢字の文献が増えるんですが、一六三六年に清朝ができたときには、公用語は満洲語とモンゴル語と漢語の三つで、これを「三体」と言いました。清朝はそもそも三つの種族の合同連合国家です。自分たち一族の話を満洲文字で書いたものを、『満文老檔』というんです。奉天には、漢籍もたくさんあったのですが、この満洲語で書いた文献もたくさん残っていました。

奉天の図書館で『満文老檔』を見つけたのは、のちに京大教授になった内藤湖南です。一九〇五年、日露戦争も終局を迎えたとき、当時大阪朝日新聞の論説記者だった湖南は、外務省嘱託の身分で満洲の文献調査をしました。このとき奉天の宮殿にある図書館で、たくさんの満洲語やモンゴル語の本を見つけたのです。

翌年ふたたび満洲に渡り、文献を筆録したり写真撮影したりしました。湖南先生は、自分では研究しなかったけれども、モンゴル文字や満洲文字の知識があったので、どれが大事かということがわかり、分類したんです。『蒙古源流』は大きなものではなかったので、すぐに写真を撮って持ち帰ったのですが、『満文老檔』は百八十巻と大著だったので、出直すことにしました。「満洲文で書いた古い檔案」という名前をつけたのも湖南です。

京都帝国大学教授に就任したあとの一九一二年になって、講師だった羽田亨先生（のち京大総長）と一緒に奉天に行き、『満文老檔』約四千三百枚、『五体清文鑑』約五千三百枚を、自分たちで重いガラスの乾板に一枚ずつ写真を撮って帰ってきたんです。

宮崎 接写技術は大変ですよ。じつは私もカメラはプロ並みの腕（笑）ですが、接写はできない。

宮脇 そうなんです。自分たちで写真を撮る技術も学んで、行って、それで図書館に入り込んで一枚ずつ撮影した。内藤湖南が調べに行ったのが一九〇五年ですが、誰も読まないまま、死蔵していたんです。清朝時代には「満漢合璧」といって、満洲文字と漢語で同じことが書いてある文献が非常にたくさんあります。それは日本人でもシナ人でも漢字で類推がつくから簡単に読めるんですけれども、この『満文老檔』に関しては漢字がついていなくて、本当に満洲文字だけです。

満洲学は欧米でも重要な学問

宮脇 その後、北京でも『満文老檔』が見つかりました。清朝は北京が首都で、奉天は副都だったので、同じものが二つあったんです。北京のものは、支那事変の最中、蔣介石が南京に持っていき、重慶に持っていき、戦後、軍艦三隻で運んだ宝物とともに、台湾に持っていきました。北京版は、台湾の故宮にあるんです。

宮崎 台湾には、それを読める人がいないんでしょうか。

宮脇 少しはいます。清朝研究は国策ですから、台湾にも満洲学者はいます。岡田はその人とも親友です。満洲学者の数は非常に少ないですが、イタリアにもいるし、ベルギーにもいるし、アメリカにもいるし、きちんとした学問分野になっています。

もともとヨーロッパ人の宣教師が清朝にやってきたとき、彼らは漢字が難しくて読めないので、満洲文字から学んだんです。アルファベットですから、勉強しやすい。満洲文字が読めるようになってから、漢字を勉強する人たちが多く出たので、満洲学はヨーロッパでも大変重要な学問分野なのです。

岡田が関わった『満文老檔』研究というのは、百八十巻を共同研究で全部読み、すべての満洲文字をラテン文字に転写して、単語を一語ずつ日本語訳し、頁の下段に、まとめて読みやすい日本語をつけて、注がついているというもので、財団法人の東洋文庫から出版されています。一語ずつ、きわめて正確に訳されています。中国や韓国の学者はそういう基礎がなくて、嘘ばかり言っている。三次史料を使えばましなほうで、何も史料がなくて言うのが歴史だと思っている。でもそれはイデオロギーにすぎないんですよ。

岡田のスタートが文献学だというのは、非常に大事なことです。ヨーロッパ人は、これを信用するんです。実証史学というのは、今では違う意味に使われていますが、そもそも書いたものをまず公にするということです。この時代に、こんなふうに書いたものがあります、ということだけは、嘘をつかずに出す。もちろん、原著者が嘘をついていることはいつでもありますけれど。

『満文老檔』研究の経緯

宮脇　内藤湖南先生が持ち帰った『満文老檔』は、京都大学では研究は進まず、唯一読める今西春秋先生も、毛沢東の事件で北京に抑留されたまま、戦後、長く帰国できなかったんです。それで和田清先生が京大と相談して、「東大で研究会を始めてもいいか」と聞いたら、京大は「どうぞ」と言ったんです。そのころは東大と京大の東洋史は仲がよく、頻繁に交流もありました。

それで、二冊目が刊行されたときに日本学士院賞をとり、受賞後も七冊まで刊行され続けました。奨励賞だったんですね。和田先生に実力があったので、自分が言って始めさせた仕事だけど、満洲語は何の役にも立たないから、頑張って続けさせるために文部省に推薦して、学士院賞が出たんでしょうね。学問って、昔はそういうものだったんですね。

岡田はそのとき、満洲語の語彙がほとんど全部頭に入るわけです。そのあとモンゴル語の話を聞いたときに、今度はモンゴル語を勉強しないとだめだということがわかった。それでモンゴル語を勉強しに、アメリカに行ったということなんです。

倉山 普通の人間は、そこでやめて、一生食っていくんですがね。

宮脇 そう、ほかの共同研究者は、全員が死ぬまで満洲学者だったんです。でも岡田英弘は、『満文老檔』を読んだら、あとは満漢合璧(がっぺき)で、漢字で書いてあるのと同じことしか書いていない。もっと勉強するにはどうしたらいいか、もとになったモンゴル語という新しい言葉をやろうというので、モンゴル学者に移動した。そうすると、満洲学会では、「自分たちの仲間から外に出た人」ということになるわけです。

倉山 今の話で非常に大事なことは、満洲語をひたすら単行本六冊分ぐらい読んでいるぐらいの、はっきり言って何の役に立つかわからないつまらない作業をやっているから、御褒美としてそのホンタイジの面白い話とかが出てくるというのが歴史学だ、ということなんですよ。いきなり面白い話を求めても出てくるものじゃないんですよ。

宮脇 そうです。一生出てこない人もいる。考古学も、発掘し続けても何も見つからない人もいる。

『満文老檔』が面白いのは、満洲人にまだ支配階級としての自覚が足りなくて、とても正直に書いたということなのよ。つまり、日本人とよく似た人たちがシナ支配をしてしまったという歴史なんです。とくに漢字が出てくる前の、満洲語だけで書いている部分はとても率直で、やりとりした台詞がそのまま入っている。すごく面白いんです。例えば、ヌルハチが明軍と戦ったときに、朝鮮人が明軍と一緒に戦って、紙の鎧を着ていた、なんていう話が入っているんですよ。朝鮮軍は弱くて、自分たちの中にいる明軍の兵隊を殺して、万歳して満洲に降ったとか、そんな話も出てくるほど正直なんです。支配層だからこう書かなければいけないという意識が少しもない。その後、だんだんつまらなくなるんですけれどね。『満文老檔』は、本当にまれな、面白い文献だったということは言えます。

康熙帝の手紙を全部読んだ

宮脇 さらに、『満文老檔』になる前の『原檔』というのが、台湾で見つかったんです。そうすると、『満文老檔』にするときに削った部分がわかるんです。第二代のホンタイジが位を継承するに当たって、どうしてその兄ではなくて彼だったかという問題で、兄が女性問題で失敗した話を削った部分が見つかったんです。手書きの、線を引いて消してあった文章など、元版が見つかっているんです。だから、その裏話がわかった。それが『モンゴル帝国から大清帝国へ』(藤原書店)の第四部の「清の太宗嗣立の事情」という学術論文です。

倉山 『康熙帝の手紙』でも、方法論は一緒ですね。康熙帝の手紙をひたすら全部読んでいるので、全体像がわかるので、その中から面白い話を本にすると。

宮脇 はい、そうです。康熙帝の手紙も、満洲語で書いたものが非常にたくさん、大著二冊分はあって、それを全部読んだんです。そんなもの、普通は全部読まない。必要なところだけしか読まない。ところが、全部読んでみたら、並べ方の順番が間違っていることがわかった。日付が間違っていたり、日付のないのをひとまとめにしたりして、手紙を順番に並べていない。それが「清朝史叢書」第一弾の『康熙帝の手紙』になりました。面白いところを日本語訳してありますが、まず全部読まないと、全体がわからない。

宮崎 適当に読んで、想像力だけで書くと、司馬遼太郎の世界になる。

倉山 しかも、間違っている。

宮崎 司馬遼太郎は「歴史の講釈師」です。

宮脇 ところが岡田英弘は、そんな苦労をしたというのを見せない。簡単に書いてしまう。それが、学者には腹の立つところなんですね。学問をやっている人は、その大変さはわかるわけです。自分たちがこんなに大変な研究を苦労してやっていると言いたいのに、一番大変なことをした人が一番大変でなさそうに書くので、嫌われる。

康熙帝の手紙そのものは、台湾で見つけられ、公刊もされましたが、それを全部読んで研究した人はいません。日本人も岡田以外、誰も読まなかった。内モンゴルの研究者が一人、熱心に読んだ人がいます。その人は、「岡田英弘は偉い」と、岡田の英語や日本語の研究結果をすべて引用しています。

なぜ満洲族がこんなに増えたか

宮崎 今のシナでは、満洲人が満洲語をまったく話せない。五人も話せないんじゃないかと思います。

宮脇 新疆のシベ族だけは今でも使っていますけど、満洲語を読めるのは、日本人が圧倒的に多いです。

宮崎 チベットの若い世代も、多くがチベット語を話せなくなっているという恐るべき現実があります。

倉山 鳴霞さんは、満洲語を話せないんでしょうか。

宮脇 話せません。習ってもいないでしょう。彼女は満族ですが、そもそも軍事専門家ですからね。一九八〇年代に満族つまり満洲人は四三〇万人と言われたんですが、今は、一千万人を超えているんですよ。どうすればそんなに人口が増加するかというのを、『清朝史叢書』研究会でもめたことがありました。

宮崎 一番の問題は、満族に戸籍を変えたら二人産める、ということですね。

宮脇 そうです。一九八〇年代になったら、満洲人はもう何の政治的な力も持たないから安心、安全だ、だから観光に利用しようというので、満族村をたくさんつくりました。それで、満族村なんだからみんなで満洲人になろうと、住んでいる人は全員満洲人ということになった。それで一気に人口が倍以上になったというわけです。

宮崎 それから、雲南省あたりのトンパ文字でも、解読できるのはイギリスの大英博物館の学者と日本の専門家だけらしい。

新しいことを学ぶと、全体を組み直す

宮脇 岡田英弘が「文化を超えた真実というものはあるのか、あるとすればどうしたら到達し得るか」と考え続けて、ヘーロドトスの『ヒストリアイ』と司馬遷の『史記』に行き着く。どうしてそこまでたどり着いたかというと、気になることを絶対にやめないで考え続けているからだと思います。一つでも引っかかったら、どうして引っかかったかということを、コンピューターが二十四時間動いているみたいに、ずっと考え続ける。普通なら、面倒臭いし、もうこの辺でいいやと、ある程度でやめるところを、やめない。もともと理系の人なので、整合性のないことを絶対に諦めないで、考え続けた。だから、どこかで引っかかったら、十年でも二十年でも、いつまでもそれを引っかかったままにして、勉強したことを組み込んでまた計算し直すような人生でした。

新しい刺激があったり、新たな学問をしたりしたら、それを組み込んで、これまでの自分の考え方や世の中の見方との整合性がつくように、全部一遍整理し直すんです。国際会議や何かで昼間誰

かと会ったりすると、夜中、コンピュータがブーンとうなっているような、ものすごい勢いで頭が動いていて、寝室中が熱くなるんです。その日の刺激を整理しているんです。新しい知識は、普通だったら、これまでの知識と無関係に上に積んでいきますよね。そうしないで、それを一度、脳のすみずみにまで浸透させて、これまでの世界観や哲学を、新しい知識を加えた上で組み直しているというのがわかるんです。わきで見ていて、いつもすごかったですね。

だから、ずっと年をとらないで、いつでも研究途上という感じでした。常に新しいことに気がつくし、これまでの経験に頼らず、今までの知識や蓄積に甘えたりしないで、いつも一から考え直す、新しい状態に合わせて組み直すということをずっとしていました。だから、人の見ないものを見つけたと思うんです。でないと、みんなと同じものを読んで、それをただ自分の中で蓄積しているだけなら、同じレベルですよね。

そして、組織に属していない、弟子もほとんどいない、研究所勤めで、自分の時間がいっぱいあったということが幸いした。人づき合いはいいように見えていました。大らかに仲よくしてるように見えたけれど、実際は非常に自閉症的なところがあるんです。

岡田英弘は歴史の疑問にすべて答えてくれた

宮崎　宮脇さんも理工系の出身ですか?

宮脇　高校卒業までは数学の成績が一番よくて、歴史が悪かった。わけがわからないのが嫌いで、丸暗記が頭に入らないんです。理系に進学しろとか医者になれとか言われたけれど、血を見なければいけないから医者は嫌いだし、数学は、言葉がないから嫌なんです。言葉で説明したい。

わけのわからないことがあまりに多かった。小学校、中学校、高校のとき、先生がきれいごとばかり言っていて、本当のことを言っていないというのが、聞いていてわかる。何か変なのに、誰も言ってくれない。質問したら怒る。京大東洋史に入ってすぐ、たくさん疑問があったので、先輩を質問攻めにするけれど、自分のわからないことを聞かれると先輩は怒る。「それは終わった」「もっと年をとればわかる」「もう過ぎたことだ」とか、「東洋史はそんなんじゃない」「しきたりになっている」とかしか言わなくて、誰も答えてくれない。学生運動の直後に入学したので、殺伐としていました。大学の教室に行くと、まだ赤ヘルが来てワアワアやっている。東洋史に進級しても、先輩たちはただ威張っていて、私の質問がうるさくてしょうがない。何も教えてもらえないまま卒業しました。

それで岡田英弘に二十五歳で出会い、二十六歳で弟子入りして、モンゴル語を教えてもらい始めたんですけれど、ついでに東洋史をちょこちょこ教えてくれる。私は山のように質問したんです。それに一つずつ全部、ものすごく丁寧に答えてくれた。目から鱗でした。それなら納得できる、と。東夷・西戎・南蛮・北狄が中華になるという説明も。だから、もうついていくしかありませんでした。それまでいろんな先生に会ってきて、京大でもすてきな先生はいたけれども、ここまでじゃなかったですから。

結局、私は京大の大学院に行かず、というか行けず、ウマが合わなくて、それで阪大の大学院に行きました。阪大は東大系の先生ばかりで、誰もモンゴル語を教えられる人がいません。それで、阪大の山田信夫先生が岡田の十年先輩で、岡田と仲よくしていたので、「岡田君に紹介してやるから、勉強しておいで」ということで、国内留学しました。でも最後に「岡田英弘の方がいい」と言ったら、猛烈に怒りましたね。二、三年外で修業させて、女の子だから自分が秘書というか、無給助手で使おうと思って楽しみに待っていたら、行ったきりになったというので、すごく怒ったんですね。

宮崎 最澄が空海に一番弟子を送ったら、空海のほうへ転向したというのと似たような話だ。

宮脇 今思うと、私にも岡田と似たところがあって、わからなくて変なことは、引っかかったまま消えないんです。数字が合わないのも嫌いです。本を読んでも、計算が間違っていたり、「何年前」と書いているのに、違っていたりすると、「何歳のときのはずなのに」、というふうに気になるんです。だから私は、歴史の本で地図と系図のない本は軽蔑しています。どれぐらいの距離だとかどこに行ったとか書いてあるのに、地図がついていない本って結構あるんです。きちんと証拠を見せてくれてないと気持ちが悪いんですね。

ところが、世の中わからないことだらけ。自分で説明する言葉も持ち合わせない。最高学府まで行けば、私の言っていることをわかってくれたり、同じようなことを考えてくれる人がいるかしらと思って京大に入ったけれど、選んだ東洋史はその体たらくだし。探し回って岡田英弘まで行き着いて、精神はすっきりしました。そういうことだったんだ、それならよくわかると、全部氷解しました。自分の専門を持つこと、外国語をしっかり勉強すること、史料を読み込むことを徹底的にしごかれました。

初めに全体を俯瞰させてくれたこと

宮脇 年が二十一も違う上、こんな天才の隣にいて私はアップアップです。周りからは嫉妬の渦です。「就職もすぐだろう」とか「岡田先生が書いてるんだろう」と最初は言われました。

私が初めて、岡田の『康熙帝の手紙』の書評をしたとき、こんなにいっぱいいろんなことを何の注もなくいきなり書かれたら、次はどうやって勉強したらいいかわからん、「不親切だ」と文句を言ったんです。そうしたら岡田の方は、初めて自分の仕事についてきそうなのが見つかった、急いで自分と同じぐらいにしようと、ものすごい詰め込み教育を始めたの。

二ヶ月間の奨学金をもらって大阪から東京に出て、昼間の勉強が終わってビジネスホテルに逃げ帰るのですが、昼間にあんまりいろんな刺激を受けるので、夜中気持ちが悪いんです。くたびれて、もう何もできなくて、すぐ寝るんだけれど、目が覚めると吐き気がする。知恵熱だということがわかって、無断で大阪に帰りました。「すみません、今大阪です。今日は行きません」と電話した。何日間か避難して、少し元気になってまた行く。

残り十ヶ月を大阪で消化して、また次の夏に呼んでもらって二ヶ月間、東京で勉強しました。私はとてもこんな天才になれないし、英語が上手すぎてついていけないけれども「できるだけ理解するようになるから、私の足で歩かせてくれ」「論文は書き終わるまで見ないで」と、ストップをかけました。途中で何か言われたら影響されるから。あと十年ぐらい待ってくれないととても追いつかないから、もう少しペースダウンしてくださいとお願いしながら、自分で書いたものを最後に見せる。すごく大変だったですね。

倉山 実際に見せたら、どういう反応なんですか。

宮脇 もうぼろくそね。いっぱいチェックが入る。それから、途中で一緒に暮らすようになったら、もっと大変なのは、私は奥さん役もあるので、対外的には対等な顔をしていなくてはいけないこともあるけれど、学問に関しては完全な弟子なので、公私混同しないようにしないといけない。コーチとスポーツ選手のような関係だと自分では思っていましたが、私のペースを大事にしてくれないと私がちゃんと育たない、と文句を言って干渉をやめさせて、それをずっと続けたんです。

それでも国際学会に行くときは、下駄をはかせてくれるんですね。私の書いたものを立派な英語にしてくれて、読む練習をつけてくれて。もちろん書いたものは私の研究だから自信はあるんですが。でも、いま思うと、いつでも本当のことをまず最初に教えてくれたこと、それから岡田英弘が知っていることを最初に全部教えようとしてくれたこと――例えて言うならば、空の上に吊り上げられて、遠い向こうまで全部を俯瞰して、あそこが最終ゴールだ、こういう世界がある、あそこが見られる、と最初に教えてくれたというのはとても大きいことでした。

それでまた地上に戻って、自分の足で歩くんですけれども、一度全体を見たということは、ものすごく役に立ちます。あそこに行くんだ、山を幾つ越えたらあそこに行けるんだと、頭の中にビジョンができるわけです。ですから、迷いなく、楽しく、どうしようもない文字を辞書を引きながらこつこつ読んで、一個ずつタイプして見せると間違っているとか直されながら、少しずつ読んでいくんですけれど、系図をつくったりして。だけど全体を知っていると、とてもやりやすかったですね。それは英才教育だと思う。「あそこに連れて行って」と言ったら、おしまいです。自分の足で歩かないとだめだけれど、前もって見たというのは強みだった、といま思うんです。だから、学界で孤立していようが、全然寂しくなかった。

それから、毎年の国際学会に連れて行ってくれたことが、今度の著作集にしっかり全部入るので本当にうれしく思っています。毎年同じ人に会って、その人たちに研究発表をすると、終わった途端に来年の発表のために勉強しないといけない。あの人たちがああいう質問をしたんだから、今度はこれをちゃんと勉強しておかないと次の論文が書けない。それを十何年続けました。あとの十一ヶ月は、そのための準備期間です。だから、他のことが目に入らない。日本で何を言われても気にならない。そういう世界の中の一流に最初に会えるというのも英才教育ですね。すごい教育を受けました。

でも、本当なら岡田が東大教授になり、岡田の弟子がたくさんできていたら、日本の中国学は絶対に世界一だし、中国からあれこれ何も言われないで済んだのにというのは、残念です。こんなに立派な先生を私がひとり占めしている。ドアは誰にもオープンだったので、私は飛び込んだんですけれど、他の人たちは来なかった。本も論文も出しているし、学会に全然行かないわけではなかったのに。

倉山 勇気がない、というくだらない理由が一つ。そして、世の中の歴史学の史料にはしょうもないものもあって、読んでてもしょうもないものしか出ませんでしたという話があって、それを正当化するみたいな人がいっぱいいるんです。だから、顕微鏡をずっと見ているけど、顕微鏡で見た結果を体系化できる人がなかなかいないんです。

でも、そこで勇気がなかった人は、自分の顕微鏡で見た世界体系を正当化するだけで終わっている。歴史学というのは、顕微鏡で見る作業がほとんどすべてなんだけれども、望遠鏡も時々見ないと、わからないんです。歴史学者の自分の立ち位置というのが。日本史、東洋史、西洋史の関係なく、自分が何キロ地点を走っているのかわからずに、マラソンをやっているような人が多い。

「中国」「シナ」をめぐる言説

宮崎 例えば今の中国ウォッチにしても、あれだけたくさん日本人の特派員が北京、上海、広州そのほかにおりながら、どうして日本の中国報道がこの体たらくかというのは、やはりそこなんです。もう半分諦めている。こんな努力をしたって、本社に送ったらボツだ、と。それから自分が書いた記事を勝手にデスクがくるっと逆に変えたり。だから、真面目に仕事をしようという気が起きないでしょう。それなら情報誌に匿名で書いた方がいい、ということになりがちでね。アカデミズムを超えるのがジャーナリズムだ、なんて言われたこともあるけれど、もう両方沈没だね。

私が初めに言ったことだけど、中国の亡命者をインタビューして本にしたんです。みんなそれを読んでいるはずなのに、パーティーに行ったって知らん顔をする。それが一九八九年六月四日以降、突然みんなが私のところに来て「やあ、宮崎さん」と握手をし始めた。あのとき、日本の新聞は同じ新聞かと思ったぐらい、日本の北京特派員たちが突然中国批判になったんだね。天安門事件の時です。こんな風に、極端から極端へと変わる。赤が黄色になったような感じです。それは学界だって、京都大学だって変な人もたくさんいらっしゃいましたからね。

倉山 今の歴史学者は、よくわからないけど誰も使っていないような史料を見つけてきて、その読書感想文を書いて終わり、みたいな人が教授になっているんです。挙げ出したら切りがないくらい。

だから、これが全体像である、というふうにまず望遠鏡で見て、あとは全部一文字漏らさずに顕微鏡で見ていく。これが学問なんですね。ここには一切イデオロギーが入らなくて、そこで御褒美で何か事実があって、それを論文にして面白く加工する。その背景にはこれだけの土台がある、ということをわからないといけない。表面的な評論の部分だけ見て評論家扱いするのは、絶対やめてほしいことです。

宮脇 本当にそう。だから岡田の一般書は「シナ（チャイナ）とは何か」ということから始まるけれど、それもたくさん経験があって、たくさんの人と会って、ということがあるから言える。

倉山 でも、どうして中華人民共和国以前まで、今まで「中国」と言っていたのでしょうか。

宮崎 それは出版社の要請だった。「中国」でないと出してくれなかった。それで二年前に『シナ人とは何か？』という本を出したら『産経新聞』以外広告を載せてくれませんでした。

宮脇 ずっとそうでした。やっと今、「中国」をやめても「そうだよね」となってきた。向こうのおかげですね。

倉山 よくよく読むと、岡田先生は実はシナの意味で「中国」を使っているんですね。読みかえられるようにしているんです。

宮脇 ちゃんと限定をつけてやってはいるんです。だから今、書きかえるのは楽です。

倉山 過去の岡田先生の本を読むと、漢民族の塊のこととか地名のこと、シナに当たるものを「中国」と呼んでいて、中華帝国に当たるものは全部王朝名で呼んでいますね。

宮脇 そう。だから十九世紀以前は、今、『著作集』のすべての文章で「中国」を「シナ」に変えております。

倉山 昔は「シナ」と呼ぶから俺は保守だ、みたいな変な人がいっぱいいたじゃないですか。

宮脇 今の中国まで「シナ」と呼んではいけないんですよ。

宮崎　その前は、「中共」と呼ばなければいけなかった。台湾に行ったら「台湾」と言ってはいけなかった。「中華民国」と言わなければいけなかった。

倉山　そういう表層的な、結論だけで言う人があまりにも多い。

宮脇　歴史を政治とみなすというのが、中国、韓国ではあまりにも当たり前で、日本の中でもあちらに迎合して、歴史と政治は一緒じゃないか、と思っている人が多いのが問題だと思います。

倉山　政治の最終的勝者は歴史を好き勝手に書く特権があるという、それがまさに中国においては皇帝にあるということですね。

宮脇　「勝てば官軍」どころじゃないということなんです。それを歴史だと勘違いしているので、歴史が嫌いになってしまう。歴史というものに対するアレルギーがありそうですね。

宮崎　いや、戦後の歴史教育といったらアウグステイヌス帝やローマ五賢帝、一四九二年のコロンブス……カードで年号を覚えるような、あれしかない。日本の教育には「物語」が完全に欠如しているわけですよ。「歴史は物語である」と教育者が言ったら面白いだろうね。人物、英雄伝を中心にしたりしていけば。子供が興味を持つのは、その辺だからね。ほんとに間違えました。戦後そのものが間違いなんだけれど。

宮脇 そうなんですよ。どうやったら変えられるんだろう。

一九七〇年代から現在までの中国

宮脇 ところで、宮崎先生にお伺いしたいことがあります。先生は長年、現代中国と中国人を見続けていらして、がっかりしないのでしょうか。嫌になることはありませんか?

宮崎 最初のころ、中国旅行にはビザが必要な時代でしたから、団体ツアーに紛れ込むか、香港からの外人ツアーに紛れ込んで広州あたりまで見に行きました。一九七〇年代です。深圳では肉を天日で売っていて、ビールは冷えていなかった。人々はまずしい食事をしていたし、工事現場は囚人服が主でした。

道ばたには家財道具の不要品をバザールのように持ち寄って住民が恥ずかしそうに売っていて、ほほえましいとさえ思った。

八〇年代から近代的な工場などで働いて収入が上がりだすと、射幸心が急激に燃え上がる。九〇年代には日本企業の本格進出が奏功して、もっと高度成長が加速され、中間層がでて、都会が摩天楼だらけになるのに二十年かからなかった。しかしそれでも九〇年代初頭、カラオケバーへ行っても女性は絶対に陪席しなかった。怪しげなマッサージなど風俗産業は表通りには見かけなかった。

豊かになると、即物的になる中国ですから、その頃から中国人の対日観が「下からの目線」が「対等目線」になり、上海、北京あたりへ行くと見下ろす視線に変化したんですね。ちょうどGDPが日本を抜いて世界第二位となった二〇一〇年あたりからでしょう。顕著な対日観の変化は。

さて、純朴そうだった中国人が日本人に露骨な闘争心を燃やし、狡猾な反日に転ずる時点で、北京五輪がありましたので、暴動にまで発展することはなかった。「文明運動」があった。中国語の文明はモラル、エチケットの意味ですから、地下鉄で席を譲られる場面に何回も出くわしたり、付け焼き刃のモラル向上運動でした。その一方、テロを警戒して北京では胡同（フートン）ごとに自警団が組織されていた。

五輪でナショナリズムが沸騰したころから、中国人は傲慢になりました。とくに北京人の日本人への態度は傲岸不遜に変わった。私はその頃、ヴィザが必要な時代でしたから、まず香港へ行って電車で国境の羅府へ行き、ここで半年有効の数次ヴィザを申請していました。待つこと十五分くらいで発行されるのです。ただし、料金は二万五千円ほどかかる。ヴィザを買うという感覚です。また海南島へ行くとアライバル・ヴィザが例外的に認められていて、日本人は二十ドルでした。このヴィザは、一ヶ月有効で中国国内どこへでもいける。そういう裏口専門で入国していたのですが、そのうち、日本人はヴィザが不要になって、いつでも表玄関の北京からも入れるようになった。そのうえ格安航空券も競争時代になり、ホテルは建てすぎで定宿もガラ空き、しかしレストランは満員、デパートでも高級品が飛ぶように売れるバブルが五輪前から二〇一二年まで持続しました。習近平の反腐敗キャンペーンでようやく贅沢が収束しかけてはいますが、庶民は共産党幹部とは異なる行動を取ります。ファミレスは今も満員です。

さて現代中国人への失望ですが、スノビズムの蔓延、拝金主義にはついて行けない。あれは軽蔑に値するし、誰も哲学的議論をしなくなりましたね。むしろ文革時代に秘かに廻し読みされた小説作品に良いのがあるけど、鄭義（ていぎ）にしても、アメリカ亡命以後は、光る作品がありません。いやになるのは、あのカネにまつわる打算でしょうか。露骨な計算による人生観には人格を疑います。

岡田史学は、人間を見ている

倉山　ひたすら『満文老檔』にこだわりますけど、岡田先生の本は、無味乾燥な世界に行きながら、それでも人間を見ているんですよね。ホンタイジはこんな人で、とか。

宮脇　だって、歴史の担い手は人間ですからね。最終的には、昔の世界をなるべくそれらしく、あったようにみんなに説明する、見せるというのが歴史家の宿命、使命だと思います。その時代に立ったように、「ＳＦのように」と岡田が書いていますよね。歴史はＳＦとよく似ている、と。

倉山　ヒストリアンの領域になるとそうなって、その前のアーキヴィストの領域だと、翻刻や、歴史学以前の文献学的解釈の立場を守っている。

宮脇　文献学的な見方がなければ、歴史は成り立たないですね。

倉山　そこは宮脇先生、岡田先生が理系的だというのはそのとおりで、もう完全にロジックの世界なんです。しかもこれは、実質合理性に入る前の形式合理性の世界で、普通の人が見たらどっちでもいいことにこだわる。

宮脇　そうです。書いたもの、歴史文献についてはしつこく語彙にまでこだわって、一年早いか一年後かということは、非常に大事なことで、それはゆるがせにしてはいけない。ヨーロッパの歴史学者はほとんどそうですね。文献学にきちんと立脚していない人を歴史家とは呼ばない。ヨーロッパ人はこれに非常に厳しいんですが、アメリカに行くと崩れますね。

倉山　日本では、もっと崩れる。

宮脇　韓国、中国にはイデオロギーしかないわけですが。

史料を大切にしない日本の近代史

倉山　日本史の事情を言っておくと、古代、中世の分野では文書の数が限られていて、全部読んでいるのが研究者のスタートで、そこでどういうふうな読み方をするか、崩し字をどう読むか、これは何年何月に誰がつくった文書なのか――そういう話に関しては、私は共産主義の人とも仲よくできるんです。ゆるがせにできない事実があるから。近世になると、日本は識字率が異様に高くて農民まで字を書けるから、普通の国だったら字が書けない人まで書いてしまうので、全部は読み切れない。武家文書は基礎としてみんなが読んでいて当たり前で、農民が書いたような地方文書は全部は読み切れないという、そこに新史料発見というのがあるんですね。

ところが近代になると、全部の史料を読めない、という大前提に甘えて、共通の方法論となるべき文書学がない。例えば、「天皇の戦争責任」というのは、簡単に解決する話です。国立公文書館に「昭和十六年十二月八日の詔書」が残っています。対米英開戦の詔書ですが、その作成者は誰かというと内閣なんです。御名御璽があっても、内閣が副署しないと効力を発しないので、作成者は内閣です。となると、天皇の戦争責任を追及する人は国立公文書館、日本でもっとも権威のある文書館に抗議して、それを書きかえろという話をしなければいけないはずです。ところがそんな話は一切していないし、天皇に戦争責任がないと言う人も、日本で最も権威がある国立公文書館の目録でこうなっているのを、それを超える論拠があるのかと反論した人はいない。

どうしてそうなるのかというと、内閣に所蔵されていたので、機械的作業で全部内閣に分類しているだけだからで、文献学の裏付けがないからです。単に内閣に保管されていた文書は、全部作成者は内閣です、と、雑にもほどがあるようなことをやっているからで、ではこの文書は誰がつくったのか、だれが署名することによって効力を発することになっているかという、そういう話がないんです。古代、中世はある。近世は半分はある。近代はない。この話をすれば、天皇の戦争責任なんて一発で解決するんです。

ノモンハンの話では、ソ連崩壊後に史料が出たと言ったら、ロシアは国立公文書館の館長を出してくるんです。日本は半藤一利さんが行くしかない。どうしてかというと、当時の国立公文書館の館長は総務省の天下りだから、そんな人と対等に話ができない。日本で一番ノモンハンに詳しい人は半藤さんという。まさにヨーロッパの人はそういった議論を踏まえた上で、その中で一番すごい人がしかるべき機関の長になってくるんです。日本の場合、歴史学者も半藤さんもそこらの物知りも、対等なんですよ。だから日本の近代史学者というのは、実はものすごい物知りの素人さんにほいほい負けてしまってもおかしくないんです。古代、中世というのは最低限のルールがあって、これを超えたら教授だろうが市井の研究者だろうが専門家です。さすがに教授でそれを超えていない人は一人もいません。

宮脇 今の話でわからなかったのは、文書は内閣が全部つくったことになっている、それは、そういうこと自体を議論していないということね。

倉山 それが内閣なのか、総理大臣なのか、各大臣なのか、何とか省の文書だったらその作成責任者は誰か、局長決裁まで含めて全部内閣にしてしまった。信じられない話だと思います。怠慢です。そういうことを研究するのが面倒臭いの一言です。

宮脇 そうすると、文書を大事にしていないということになるわけね。

倉山 まったく大事にしていない。

つまらない公文書を読み込む大切さ

宮脇 日本は法律をくそまじめに守る奴――「法匪」と言われたのにね。大体、中国と韓国は法律を守らないいんです。彼らが日本人のことを何と文句を言うかというと、「法匪」と言うんですよ。

倉山 そう。日中国交正常化のときの条約局長の高島益郎ですね。組織プレーではなくて、高島さんみたいに個人プレーなんです。例えば大蔵省は、明治十八年に松方正義が号令をかけて、比較的整理はされています。

宮脇 日本人が中国人を非難するときは、法治のない「人治国家」、それに対して日本は法治国家だというんです。日本では天皇陛下でも憲法を守るということがよりどころなんです。ですから、法律文書に関してはきちんとしないと、日本の落ち度ですね。

倉山 内閣法制局は、内閣法制局文書自体を出しませんし、その情報の操り方も、彼らの中の組織だけで、個人主義です。だから強い。でも、外には絶対出さない。どういう内容かというのは、ますます出しません。中国でアーカイブがすごいのは、「檔案」が個人履歴書、戸籍兼履歴書兼ファイリングになっているんです。秘密警察の伝統のあるところは、すごいですよ。

宮脇 そうです、もちろん人を支配するために持っているわけですけれども。

倉山　岩倉使節団が図書館と博物館を持ち帰りましたが、文書館は持ち帰らなかったんです。国立公文書館ができたのは、昭和四十六年です。とんでもない落ち度ですよ。

宮崎　そう。参議院議員だった岩上二郎が、昭和四十何年でしたか、それも二十年ぶりかの議員立法で通ったんですよ。それで日本に初めてアーカイブができた。

倉山　だから、司馬遼太郎が歴史家にされてしまうんですよ。

宮脇　紅葉山文庫や、江戸時代の文書もたくさんあると聞きますが、それほど整理もされていないわけですね。それは文献学は日本では学問として成り立っていないということですね。

倉山　外交史料館、防衛研究所は、公開も遅いですね。伊藤隆さんはひたすら山県有朋や伊藤博文の私文書をかき集めて、翻刻していった。ヨーロッパでは基本が公文書、有名な事件の有名な史料は特に公文書を読んで、誰もが絶対わかっている事実から基礎をやっていくのですが、日本の場合は伊藤博文や山県有朋に宛てた手紙みたいな、非常に応用的なところから入っていくという。伊藤隆さんははっきりと偉人だと尊敬していますが、ひたすら私文書をかき集めた人ということです。

宮脇　文学に似てる。私小説だね。

宮崎　龍馬が姉に書き送ったおびただしい手紙で全集ができる国なんだから。結局、私小説がはやるのも日本だけですね。

倉山　実際、私文書の方が面白いんですね、裏話がいっぱいあって。公文書というのは、「勲章をあげます」みたいな下らないものがまず並んでいるもので、つまらないんですね。

でも岡田先生は、『満文老檔』のつまらないところを全部乗り越えていって面白いものを出している、その部分を強調した方がいいと思います。

自国史のみで歴史は描けず

倉山 歴史学の方法論の話をしますと、普通、国の戦史というのは、現代に役立てるために、昔の戦訓を抽出する。このとき、自分の国の戦史を研究するため、自国側の史料と相手側の史料と、できれば第三者の史料を突き合わせる。例えばこちらの戦史では何人倒したことになっているが、向こうの被害状況を見て突き合わせるということをやっているはずなんです。それを日本では、例えば日露戦争研究なら、日本の外交史料館と防衛研究所だけで事足りると思っているし、ロシア側もロシアの史料館しか見ない。それを突き合わせるというのが、まず国際軍事史学会で出ないんですよ。それを突き合わせて、初めて学際的なはずですね。それを東洋史の世界に置きかえると、漢文の世界だけで事足りる、日本の中国研究者は外交史料館の日中関係史の史料しか見ないということになってしまう。日中を突き合わせた人がいるかというと、まずいないんですよね。岡田先生の方法論が真に学際的だと思うのは、一人で全部を見ている。中国とその周辺を全部見て、突き合わせている。それをやられると、片方だけで食べている人は困るんですよ。

宮脇 そう、だから、仲間じゃないとか、外の人だとか、専門家じゃないというふうにしてしまうんです。専門家というのを、一分野しか研究していない人としてしまうんです。

宮崎 視野狭窄の人を、専門家と呼ぶ風潮があります。

倉山 でも、本当に一つのことを究めようと思うと、周辺を見ようと思いますよね。私だって、アメリカや中国を知らなければだめだと思ってやっていましたもん。

宮脇 そうでないとわからないですよね。

倉山 逆に、ヨーロッパは、そうでないと歴史を描けないですからね。自国史だけで歴史を語るというのは、相当に難しい。

宮脇 岡田英弘が日本史にまで口を出したのは、日本史が海の中だけで事足りているのは変だという考えからなんです。

倉山 日本では、一度も世界史を教えたことがないんですよ。中国史の漢文の世界観を正当化しているのが東洋史で、イギリス史とフランス史とドイツ史を並べたものが西洋史で、その二つをつなげたものを世界史と言っているだけなんですよね。アメリカ史すらおまけというのが、日本のいわゆる「世界史」の現状です。

宮脇 名前だけ「世界史」なんですよ。ロシア史もない。岡田英弘がその理由を書いたんです、「歴史は文化だったから」と。だから、全然違う筋書きで書いている、と。日本では、東洋史をやる人はヨーロッパのことを知らないし、フランスとイギリスをやる人はまったく中国のことに興味がない。日本史をやる人は外国語を読めない、だから三本柱になってしまった、と。

「世界史」の定義は、歴史家によって違っていい

倉山 私は、「世界史」というのを、いろんな捉え方をしてもいいと思うんです。よく日本人が世界史に登場しないというと、進んだ世界史の中での遅れた日本みたいなイメージで言いますね。例えば、ロシアの教科書には十九世紀まで日本は登場しないと言われると、日本は遅れた国だと思う人が多いと思うんです。半面、それは正しいと思いますが、では世界史とは何かというと、ユーラシア大陸とその他もろもろの殺し合いの歴史であって、そこに日本は関わらなくて済んだというのも、また事実のはずです。どちらの事実をも突き合わせていないと、インターナショナル、国際人にはなれないはずです。そこで絶対に引かないだけのアイデンティティがないと、話にならないと思っているんです。

私は、日本が十九世紀まで世界史などというよくわからないものと関わらなくてよかったという日本国史の立場です。ヴィルヘルム二世がバルカンのもめごとを三国干渉でしてくれたので、そこで世界史ができたという一つの立場をとっています。でも、岡田先生がおっしゃる、モンゴルで世界史が誕生したというのも正しいと思っているんです。事実関係に関しては、どちらも同じものを指していて、評価として違っているだけなんです。「世界史とは何か」というのは、すべての歴史

家によって定義が違ってもいいと思います。千人宗教学者がいたら、千の宗教の定義があるように。だから、何をもって世界とするか。例えば三国干渉でも、その見方では南米は入っていない。ではそれは世界史か。第二次世界大戦と言うけれど、中南米は入っていない。では冷戦には入っているかというと、日本は逆に消えてしまっているとか、いろんな見方があっていいと思うんです。

ところが、日本の、特に近代史家で、自分の中で世界史の定義を持っている人を、私はまず見たことがない。岡田先生は、モンゴルでもって世界史ができたという。そこに矛盾はない、世界を説明できているということで、一つの見方としてすばらしいと思います。阿部謹也は東洋と西洋の比較をしようというので、一番最初に中世ドイツの誰も知らないような村の文書だけをひたすら研究してどんどん広げていった、それもまた一つの世界史です。

私はその道で一番すごいという人の本を読んでいくようにしていますが、宮崎先生もそうです。まず歴史家は、世界史というものを考えるべきだろうと思います。自分の定義をテーマとして持っていないとだめでしょう。

宮脇 でも、日本の歴史学者のほとんどには世界史を考えるという精神がないですね。日本の学会は、平和のために人の領域に口を出すな、と言うでしょう。

倉山 そう、そこなんです。むしろ私の母校の中央大学文学部では、そういうことをやるなと教えています。

宮崎 通産省が財務省に口を出さないように、しかし通産がやっていることにアンタたちも口を出すな、と。

宮脇 そう、縦割りをして相手の分野には手を出さない。そうすると、世界史から離れてしまう。でも、我々みたいに中央ユーラシアの遊牧民を研究している人間には、それは不可能なんです。遊牧民は勝手に移動するから、そんなことを言っていたら、まったく歴史学が成り立たない。中央ユーラシア史は、国境のない世界ですから。

倉山 トルコ史といったら、国境なんか何十カ国も飛び越えなくてはいけない。

モンゴルの馬と食

宮崎 一度、本当なのか聞きたかったことがあるんだけど、チンギス・ハーンが遠征したとき、朝、馬の脇腹にカイワレの種を入れていくと、夕方キャンプするときにはもうちゃんと馬の腹にカイワレができていたというのは……。

宮脇 そんなこと、誰が言ったんでしょうね。遊牧民は、草を食べません。カイワレなんか、誰も食べない。野菜と草が同じ言葉で、人間が食べる野菜という概念がないんですよ。草は動物が食えばいい、我々は動物を食うんだから、草を食べているのと同じだと言います。ビタミンは、内臓を食べて、ミルクを飲んで摂ります。もちろん今は違いますよ。チベット仏教が入った十七世紀ぐらいから、お茶を飲むようになります。お茶でビタミンCを摂るようになります。

モンゴル人は、一人で五頭ぐらいの馬と一緒に走るんです。重い人間を載せているとさすがに馬が疲れるので、三時間ごとぐらいに、乗りかえていくんです。馬は群れを成す動物なので、人が乗っていなくても一緒に走ってついてきてくれる。疲れたなというところに馬を乗りかえる。おかげで、一日何十キロ、ずっと遠いところに行けるんです。もちろん、乗っている方も疲れますけどね。

宮崎 昔は日本の武将も、あんな重い鎧兜(よろいかぶと)は、戦場の近くまでは家来が持って走っていったものでしょう。

宮脇 そうですね。モンゴルの馬も、とても小さいんですけれど、耐久力があって、頑丈で、でもあまり速くない。だから漢の武帝は汗血馬が欲しくて、無理な遠征をした。それでちょっと大きな馬が来たと喜んだけれど、そのために二〇万人も死にました。

歴史における概説の大切さ、元号と国家

倉山 岡田先生は、どこで西洋史を勉強されたんですか。

宮脇 ワシントン大学では、ロシア研究所に所属しました。ユダヤ人もいたし、ロシア系の人もいた。うちの本棚には、ユダヤ教もユダヤ史も、ヨーロッパ史、ローマ史も、歴史と名のつくものはほとんど全部本があって、全部読んでいます。それから日本というのは、明治時代から、キリスト教やユダヤ教、小説などの翻訳がいっぱいあるじゃないですか。概説書は、山のように読んで

います。宮崎先生もそうだけれど、読むのが速い。今でもそうです。届いた本の何冊かは、その日のうちに読んでいます。活字となったら、全部読まないとおさまらない。

宮崎 そういう人、いるんですよ。

倉山 最近の歴史学というのは、概説を非常におろそかにしています。教えられる人がいないんですね。東洋史と西洋史はどんなマイナー分野でも一応概説は知っていますが、日本史の人は本当に知らない。

宮崎 この間、『西郷隆盛と明治維新』(坂野潤治著、講談社新書)が出ましたが、二ページ読んで捨てました。我が元号が入っていない。左翼の公式主義者が、歴史学者を名乗っているようなもんじゃないですか。

倉山 明治六年までは絶対に元号で書かないとだめという、掟があるんですけれどね。年も違ってしまいますから。実際、歴史学会で元号不使用運動というのがあったんですよ。

宮脇 中国史では、皇帝の名前を書かずに、下の名前を書くというのがあって驚きました。例えば、『中国の歴史』(中央公論社)では「康熙帝」と書かないで、「玄燁」と書く。

倉山 アメリカ人の言う「Hirohito」みたいなものですね。

宮脇 それに倣っているのでしょう。国民国家反対、国家は悪いという教育は、今でも非常に強くあります。国家は国民をしばる悪いものだからという考えです。

宮崎 国民のほうも、国民の義務を守らないで、国家にたかる発想しかない。

倉山 国家を打倒しろと言いながらたかる。

宮崎 韓国人と同じですよ。そういう日本人はみんな韓国の言い分に同調するじゃないですか。

時代区分をどう考えるか

宮脇 近世、近代、現代という時代区分について考えてみましょう。古代、中世、現代とか言い出したのは、マルクス主義歴史学です。下部構造が上部構造を決定するとかいう経済の問題と、あるいは政治の形態、古代奴隷制などを区分に用いていますね。

倉山 土地制度ですね。つまり、権威主義者は土地制度が大好きということですね。

宮脇 岡田英弘が書いているように、近世、近代、現代は全部英語で「モダン」です。

倉山 近世はアーリーモダンではないんですか。

宮脇 それは日本の影響もあって、後からできた言葉ではないですか。プリモダン、アーリーモダンと言い出すのは、近世をどうするかということから逆に英語がつくられたようなものなんですよ。

倉山 「近世初期」なんて英語に訳せないんですね。明治、大正は、「近代」の意味で「近世」を使っていますね。

宮脇 そう。現代につながる、ということで、基本的に「モダン」でしょう。中世はなぜ中世かというと、古い時代から今への「途中」という意味でしょう。そうすると、長いから区切った方が歴史が教えやすいだけの話で、意味は何もない。それにマルクス主義がくっつくと、かえってわけのわからないことになってくる。世界中の土地で、搾取しているかとか、封建化とか、政治形態を下部構造で区切ろうという間違った思想、イデオロギーが入ってくる。それぐらいなら、いま自分が知っているところが「現代」で、知らない、生まれる前は「古代」だ、という方が人間の本性に近い、というのが岡田英弘の意見なんです。

倉山 今の若い人はそれに近いですね。小泉純一郎も聖徳太子も「昔の人」なんですよ。

宮脇 アメリカ的な考え方に近い。世界中がそちらに向かっている。つまり、我々の生きている今のことで勝負をつけよう、決着をつけよう、我々が生まれる前のことは知らん、と。全部過去なんだから、過去の事例でしかないんだから、長さとか、どちらが古いとか、どこにあったとかいうことは、今の生活には関係ない、必要ない――それはアメリカという、歴史に重みを置かない人たちから出た考えで、アメリカ文明が世界を席巻している。

倉山 時代区分において歴史家が全員一致しなければいけない、というのがマルキシストの間違いなんです。岡田先生がそう言ったなら、他の人は別の区分をしたっていいと思う。千人の歴史家がいたら千人の時代区分がなければ、逆におかしいんですよ。

日本にはアカデミズムがない

宮脇 その定義をきちんとすればいいんですが、日本の学問では、特に文系では「定義」を非常に嫌いますね。情緒的、感覚的、文学的な方へ流れている。

倉山 それは非常に簡単な理由がありまして、言葉を定義すると、丸山眞男の権威を否定しなければいけないからなんです。丸山眞男は日本をファシズムだと言った。ファシズムと国家主義は絶対に両立しないから、「日本はファシズムで超国家主義だ」というんだけれど、では超国家主義と普通の国家主義はどう違うんだということが、彼には最後まで定義できなかったですね。実は、ファシズムの正体、定義も、彼はわかった上で黙っているんです。どうしてそれを言ってはいけないか。中国共産主義がファシズムだということを言わなければいけないから、そこはごまかしている。それを歴史学者までありがたがって、言葉の定義の徹底を嫌う。

宮脇 学問が成り立っていないということですね。

倉山 そうなんです。日本近代史関連の『史学雑誌』に掲載された論文なんかを見たら、もう学生の読書感想文と変わりませんよ。方法論がないんです。岡田先生の基礎体力のすごさを言いましたけれど、その百分の一でもやっている人がいますか。そもそも、そちらの方向を向いてる人がまずいない。きちんとアカデミズムをやっている学会があったら、私は入りたい。

宮脇 結局、日本の学会は人間関係と力の関係、閥で成り立っているだけ。誰でもできることではないから、みんなを救うためにそれを言うのはやめましょう、みたいになったんでしょうか。だから同業組合で、互助組織。

宮崎 ペンクラブもそうですね。

倉山 筒井康隆が『文学部唯野教授』で、論壇は売れたらいいという実力主義があるからまだ許せる、学界はそれすらないと言ったけれど、実態はどうなんですか。小説を書いていない作家は論壇政治に参加資格がないという、最後の良心が働くけれど、歴史学者に限らず学者の世界では、論文を一本も書いていなくても教授として威張れてしまう。だからペンクラブよりも救いがないと言ったんですが。

宮崎 今克明には思い出せませんが、ペンクラブというのは、本当の実力者が会長になったかと言うと、川端康成は別として、なっていないんです。芹沢光治良とか早乙女貢とか、皆さんが知らないような作家ばかり、首を傾げたくなるような人が出てくる。そして理事会は左翼がリードしている。声明、ステートメントを出すと、良識派は反対してやめていく。ある幹部に「インターナショナル・ペンクラブの規約では、五百キロ離れていればいいんだから、沖縄ペンクラブをつくりなさいよ」と言ったんだけれど、自分たちはエスタブリッシュメントだと思っているんです。今の文壇で言うと、文芸家協会のこのポジションが欲しいというようなのになるわけ。一番うまくやったのは江藤淳だね。彼は政治の人です。死ぬ十年ぐらい前から頭がよくなった（書くものがまともになった）けれど、それまでのものは読めたものじゃないと思うくらいです。

どうすればきちんとした日本史を書けるか

倉山 でも、岡田先生の著作集が出る時代になったんですね。個人技ですごい人はたくさんいるんです。個人にアカデミズムはあるんですね。でも群れているうちに、魂を売ってしまう人がいっぱいいる。戦前の日本史学でも、南朝が正統で北朝が逆賊で、それに合わせてすべての時代を語るというむちゃくちゃな歴史観です。桓武天皇が部下の嫁をとったのは、そのときの部下は夫婦生活が破綻していたからとか、吉田定房が後醍醐天皇を裏切ったが、本音はどうだったかとか、どうでもいいような。足利尊氏のことは思い出したくもないから学会で発表させないとか。平泉澄の『少年日本史』でも、菊池勤皇史、楠勤皇史と、楠、新田、菊池で何章も割きながら、南北朝合一から応仁の乱まで十ページですよ。だから、特に日本史には本当の歴史学があったのかと思えてくる。

宮脇 今、きちんとした日本史を書こうという運動はあるのでしょうか。

倉山 ミネルヴァ書房で、歴史家列伝みたいなのをやっていますが、昔の歴史学者にこんな人がいましたシリーズを読んでいても、この人はいったい評論家とどう違うんだろうと思えてくるし。

宮崎 新しい歴史教科書をつくる会がありますよ。

倉山 あそこもアカデミズムとはまた違います。

宮脇 やることはいっぱいあるんですよ。文化事業というのは国の根本ですから。

横文字は何でもありがたがる日本

倉山 夏目漱石は、日清戦争を勝ちに行くときから、この国が滅びるというのは見えていたんです。人文科学の弱さ、ヨーロッパのものは何でもありがたがって、大正末期になると日本語で書かれた一次史料よりヨーロッパの二次史料をありがたがる人が大量発生する。

宮崎 今も同じじゃないですか。アルビン・トフラーとか、『メガトレンド』を書いたジョン・ネイスビッツ、三流品なのに、日本で翻訳したら大ベストセラーになる。

倉山 まったくその末裔ですよ。ポール・ケネディとかね。

宮脇 岡田英弘への批判の一つが、横文字の引用文献がないというんです。ヨーロッパ人のものを引用していない、と。でもヨーロッパ人の言っている考えと違うんですから。自分の頭で出した考えだから、引用するものはないということ自体、日本の学会の中では信じられない。

宮崎 引用があって、番号がついていて、後ろに注がある——それだけが確立されたスタイルだという。ところがそれがないと、大学紀要などでは論文を戻される。

倉山 アジア歴史資料センターの初代センター長の石井米雄さん、タイ学のパイオニアで、タイ学を真面目にやっていた人です。石井さんの師匠世代は、英語やフランス語で書いたもので東南アジアを研究していたんですが、石井さんはタイ語などの現地の言葉で研究した第一世代が僕だと威張っていたんです。それは当然なんですが、ではそれ以前の人たちは何をやっていたんだろうか。

宮脇 横のものを縦にしていた。日本の帝国大学は、横のものを縦にするために生まれたというのが有名な話です。

宮崎 大江健三郎は、フランス語を縦に書いただけの人では？

倉山 彼の文章は、英語で読むとすごくわかりやすいですよ。いや、本当にその二次資料をありがたがって学問だと言っていた人たちというのは、一体何だったんだろうか。

岡田史学の継承に向けて

倉山 私は宮脇先生に、あえて雑な質問を、愚問賢答を期待してお聞きしたいんですけれど、岡田先生を百としたら、ご自身は数字でどれぐらいと思っていますか。

宮脇 考えたことがない。今回著作集を編んでいて思ったのは、私は最近少し売れてきて、ネットで講義したり本を書いたりしているけれど、ネタは全部この中にある、と。がっかりでした。みんなが感心してくれるけれど、元は全部岡田英弘だと改めて思ったんです。弟子だから、わきで見て、聞いて勉強してきたのでしょうがないんですけれど、血となり肉となってしまっていて、世界を岡田の史観で見ている。スポークスウーマンになっているというのは、忸怩たる思いです。みんなに伝える役は果たしているけれど、オリジナルではないというショックはあります。何だ、出典はこれだという。継承者でしかない。

ただ、私は岡田英弘より二十歳若くて、しかも元気な分、岡田史学を生き延びさせたということは私の功績だと思っています。それから、岡田は三度も大病をしているのに、日常生活で支えて、まだ生きているということも、私の功績だと言われています。それは、日本の東洋史学にこれ以上ない貢献をしたという自負心にはなりますが、点はつけられません。

倉山　逃げられた（笑）。じゃあ私は、宮脇先生は八〇点で、私は自己採点で〇・〇八ということで。宮脇先生は、ジュンガルの分野では、独自の世界を築いておられるでしょう。

宮脇　まあね。でも、まだそれをこなしてない。今の自分のジュンガル史は、まだ岡田の『満文老檔』翻訳の段階だと言っているの。まだ史料が残っている。

倉山　岡田先生は二十六歳ぐらいでそれをされたという。

宮脇　そうなんですよ。スタートが、バックグラウンドが違う。学者の家に生まれて、自閉症的に学問が好きで、漢籍から何からありとあらゆるものを読んで、大学に入って、漢籍に飽きたからというので違う文字を勉強しだした。あまりにも頭がいいので、読めば読むほど全部覚えて、片っ端から頭に入っていって忘れない。こんな人と誰も比較できないですよ。しかもそれでやめないで、それを使って考え詰めていく。昔、文藝春秋が著者を評する特集で、「学者らしくなく説得力のあるわかりやすい文章を書く」と褒めてくれたことがあったけれど、そういうふうに一般書も出せたということで、非常に幅の広い人生です。

私は二十歳年下でそれを継承して、まあまあ表現力がついて、岡田英弘と同じように話ができるようになったということは、オリジナルは岡田でも、自負心を持って実りがある人生だと思えるし、岡田史学を自分の血となり肉として口に出せる。

どうして学問をしたかったかというと、わけのわからないもやもやした気持ちを言葉で説明もできないまま鬱屈していたからだけれども、勉強して、文字と言葉と、自分の表現を身につけることができたので、精神衛生がよくなって元気な人間になれたんです。外に吐き出していくことによって、やっと整理をすることができた。還暦を過ぎて、ようやく最近、言いたいことを何でも言葉にできるようになった。だから、岡田英弘を読めば、自分なりに言葉にして表に出していく種がいっぱいあるだろうと思うので、そういう意味では著作集は若い子にも役に立つと思います。

倉山さんは私よりちょうど二十歳下ですね。優秀なのが出てきた、岡田英弘の継承者がもう一人できたと、本当にうれしかったです。似た体質なんですね。人と群れないで、自分の思ったことを突き詰める、考え詰める、それから自信を持って言う。本当にうれしかったので、岡田が使わなくなったネクタイを三十四本、全部倉山君にあげました。

倉山 はい、三十四本もいただいて（照）。頑張りますと言うのは簡単ですが、どれだけの裏づけで岡田先生がこの言葉を吐いたかということを知った上で、はい、同じことをやりますと言う勇気は、はっきり言って私にはありません。でも、岡田先生とまったく同じことはやれないけれど、自分の道で同じように努力しようという決意はできると思うんです。だから、本物の学問、本物の学者ここにあり、だと思うんです。最初の段階で本物を知るというのが大事だと思うので、この本を読んで、自分の道で岡田先生みたいに努力してみようという人が一人でもふえたら、これは成功じゃないかと思います。私も、自分の道で目標を決めて、それをやっていこうと思います。ただ私は、論文を書いたり講演したりするのは、実は大嫌いなんです。むしろそれよりもインプットするというか、史料を読んでいたり本を読んでいる方が好きです。

宮脇　それが本当の学者ですよ。

日本の未来には絶望していない

宮脇　宮崎先生のお書きになるものは、題材はあきれるほどひどくても、いつも明るい文章で、楽天的な気分になれるので助かります。日本の将来に対して暗澹とすることはないのでしょうか。

宮崎　日本の将来を絶望的な角度から眺めますと、まさに中国のネガ・フィルムでしょう。国家の防衛に無関心、自衛ができず多国に安全保障を依存している現実は危険です。

日本の最大のネックは、ソ連が崩壊した主因の軍事費ではなく、福祉・医療、年金、生活保護への過剰支出。介護保険、老人保健ですよ。生命維持装置だけの植物人間が病院で強制的に生かされている。それが長寿社会の実態でしょ。

かたや中国は医療保険、福祉制度がお粗末ですが、バブル崩壊、幹部の海外逃亡、農民の反乱、新興宗教の猖獗。これを弾圧するために軍隊、人民武装警察による武力弾圧、国家安全部によるネット監視で、当面体制を死守するでしょうが、軍の予算より、治安対策費用が多いという歪な構造がつづくかぎり、末路がみえてきたのではありませんか。

そうは言うものの日本の未来に関して言えば、絶望していないのです。日本は歴史上、危機のときに必ず草莽の志士が現れて危機に正面から立ち向かう。正気の回復があるのです。和気清麻呂、北条時宗、楠木正成、大塩平八郎、そして橋本左内、西郷隆盛、特攻隊、三島由紀夫と、突発的な日本的英雄がでてきて、天地を震撼させる行動をとるでしょう。中国には、こういう自己を省みないで国家のためにつくす英雄は不在です。なにしろ共産党トップの多くが「裸官」となって、妻子親兄弟を海外へ逃がしているじゃないですか。愛国心なんてひとかけらもない。

中国が尖閣で侵略的態度をとり、各地で日本企業焼き討ちをするなどの暴力をふるったのを日本人が目撃して、日本の論潮は完全に変わりました。安倍政権の登場は中国というファクター抜きでは実現できなかった。これぞ現代の「神風」と私は理解していて、神意を得た和気清麻呂が弓削道鏡の悪政をおさえたように、中国の横暴によって民主党の親中路線は壊滅した。我が師林房雄はいつも言っておりました。日本人を信じろ、未来は暗いように見えても、かならず日本人は事態を切り開く、と。ですから楽天的です。

おわりに――岡田史学の「姿勢」に学ぶ

倉山 自分の道で、本当に生きている人を目標にすることはあっても、ライバルにすることはありません。だから、岡田先生はすごいけれども、「モンゴルで世界史が始まった」とはまた違う世界史の定義を、自分の中でつくることが大事だと思っています。宮脇先生には、十七世紀ジュンガルに関しては世界一だという自負がある。岡田先生を踏まえた上で、自分の道を打ち立てることが大事だと思うんです。

私がいる憲法学会は、さんざんぼろくそに言われていますが、歴史学者に比べると真人間の集まりなんです。しょうもない学会、人の名前を散々挙げましたが、その人たちと自分を比べてどうだと言っても、まったく意味がない。歴史的に偉い人というのは、例えば憲政史という分野で井上毅と自分を比べてみると、刀を突きつけられて一ミリも動けません、みたいなレベルなんです。井上毅が帝国憲法をつくるために『古事記』『日本書紀』以下日本の古典を全部そらんじて、それで欧米の連中に対してこれが日本文明だと突きつけた、それと同じ努力をしているかというと、まだまだ私は足りない。自分の専門の憲政史の中で、その隣接する東洋史に岡田先生や宮脇先生がいらっしゃるので、そういう努力を参考にしつつ、自分の道で頂点を極めたい、ということしか、思っていません。

宮脇 私は、初めてのものを読んで、これまで知らなかったことを知るのが、一番幸せです。知的好奇心、知的興味を満たされる人生が最高に幸せなので、岡田英弘の仕事が全部わかったことは本当に幸せな人生です。史料を読んでいると、時間がたつのを忘れます。評価なんかと関係がないということが大事だと思う。

倉山 今実力がなくても、そういう道が正しいという姿勢を学ばせていただきました。永遠に学徒でいたいなと思います。

宮崎 学徒出陣だね。いや、私は学問ではなくて編集出身ですから、私の世界観というのは、大体ジャーナリズム的に見てしまうんです。どこが面白いか。アメリカはものすごく面白くて、毎年何回もアメリカに行っていたんですが、西暦二〇〇〇年から突然行かなくなったんです。その理由は、ああ、この国から学ぶものはもうないと思ったんです。突然、そう思ったのね。目を世界に転ずれば、燃えている面白い国がある。それからずっと中国に通ってきました。ですから、日本で出ている中国論ではなくて、行って、見た感じというのは、全然違うでしょう。日本の新聞記者が嘘を書いているわけではないんだろうけれども。日本の、特に学者は、いろいろ問題だね。そういう意味で、この十年間は、非常にエキサイティングな十年間だったんだけれども、中国ももう終わり。もう興奮するところがなくなりました。次は衰亡でしょう。では、次はどこだろう。今、アジアをずっと見て回っているんです。まだとてつもなく面白そうな国はないけれども。でも、部分的に今、アジアが面白いんです。

宮脇 東南アジアを回っていらっしゃるんですよね。

宮崎 アセアン十カ国とスリランカ、ネパールなど急発展している国々を。ですから、今日の岡田史学と無縁の話をして大変申しわけないんですが、強いて言えば、「自分の目で見、自分で感じたことを追求していく」というところだけは似ているということで。

——本日は、どうもありがとうございました。

2

〈発刊記念シンポジウム〉

岡田史学とは何か

杉山清彦
木村　汎
倉山　満
田中克彦
〈司会〉宮脇淳子

I 問題提起

宮脇淳子（司会） 本日のパネリストのうち、お二方――杉山先生と倉山先生は大変お若くて、木村先生と田中先生は岡田英弘の少し下ぐらい、大変な年齢の開きがあります。またご専門もまったく違う四名の方々にお集まりいただきました。「岡田史学とは何か」と題しておりますが、その枠にとらわれず、自由に問題提起をしていただきたいと思います。それでは、まず杉山先生からよろしくお願いいいたします。

中央ユーラシアの立場からの世界史の構築

杉山清彦 私は、岡田先生と同じ歴史学、東洋史学の分野を研究している立場からお話しいたします。私の専門は清朝史で、満洲語史料を使って清朝の歴史の見直しを進めています。

さて、このたび発刊された著作集の第一巻『歴史とは何か』の中で、岡田先生は「歴史とは、人間の住む世界を、時間と空間の両方の軸に沿って、それも一個人が直接体験できる範囲を超えた尺度で、把握し、解釈し、理解し、説明し、叙述する営みのことである」と、定義を与えておられます。そして、その定義に基づくところの世界史をどう考えるかを、第二巻『世界史とは何か』において、「モンゴル帝国は世界史をつくったのである」と断じておられます。

私は冷戦終結前後に高校・大学時代を過ごしましたが、ちょうど私が歴史学を学び始めた二十年前に、岡田先生が歴史とは何か、世界史とは何かということを一冊で展開された『世界史の誕生』（筑摩書房）が刊行され、一読してその明晰さ、斬新さに衝撃を受けました。そのときは、今の東洋史学はこういう水準なのかと驚きながら惹きつけられたのですが、勉強していくうちに、実はそうではなくて、岡田先生ははるか先を疾走されていたのであって、それが学界の通説というわけではなかったということがわかりました。しかし、岡田先生の学説を道しるべにして研究していきたいと思って、この道に進んだ次第です。そこで今日は、歴史学の立場から、岡田史学とは何かを、改めて私なりにまとめてみたいと思います。

それは、五つほどにまとめられます。第一は、岡田先生の学問には、根本的な問いを立て、それを根源まで突き詰めるという姿勢が貫かれているという点です。それは、著作のタイトルに『歴史とは何か』、『世界史とは何か』という、根源の極みのような表題を掲げていらっしゃるところからも明らかであると思います。

同時にそれらが、読者がついていけないほど膨大な史実や個別具体的な根拠に基づいているということも、大きな特徴であるといえます。チンギス・ハーンのように誰もが知る英傑の名にひかれて著作をひもといたところ、メルキト、タタル、ジャライル、フンギラト……何だかよくわからないようなモンゴルの部族名や地名が次々と出てきて、目が回る思いをしたのは私だけではないと思います。そのような膨大な論拠の蓄積に基づきつつ、しかもそれに埋没しないで、常に歴史事象の根本を問われているのです。

ですから、第二には、その壮大な議論が机上の空論ではなく、徹底的に史資料に基づいているという点が特徴として挙げられます。歴史家であれば当り前のようかもしれませんが、これほど細密に、また多言語・多分野にわたってそれを徹底することは、とうてい余人の及ばないことです。

杉山清彦（すぎやま・きよひこ）

1972年生。東京大学准教授。博士(文学)。専攻は東洋史。大清帝国の形成過程とその政治・制度・軍事について研究。2002年、内陸アジア史学会賞受賞。主な論著に『世界史を書き直す 日本史を書き直す』(共著、和泉書院)『北東アジアの歴史と文化』(共著、北海道大学出版会)『中央ユーラシア環境史2　国境の出現』(共著、臨川書店)『清朝とは何か』(共著、藤原書店)『大清帝国の形成と八旗制』(名古屋大学出版会) 他。

しかし、これまたやはり但し書きがありまして、そこまで史実・史料を知悉していながら、同時に史料に縛られていない。とりわけ注意を要するのは、中国の漢文史料の扱いです。中国の言論には、例えば昨今のテレビニュースでの中国外務省報道官の言い草や態度を見てもわかります通り、本音ではないこと、本音とはとても思われないようなことを堂々と語るスタイルがあります。歴史的な漢文――日本人が感動してきた「出師表（すいしのひょう）」や「正気（せいき）の歌」などは、実際には書いた本人もそう思っていないような文章ではないかと思うんですね。そういうスタイルで書くのが漢文である、というだけなのです。ところが、われわれ日本人はつい文字面を鵜呑みにしてしまい、感動したり腹を立てたりしがちです。

しかし、岡田先生は満洲語、モンゴル語、漢語、チベット語とさまざまな言語の文献を読みこなし、しかもその文献にいったん身を浸しながらも、けっしてその虜にはなってしまわない。だから、徹底的に史料を渉猟されつつ、それに呑みこまれないで、逆にその向うにある真実を見抜くことができるのだろうと感じています。

第三には、ご自身で定義された通り、歴史的事象についての説明を、時間軸に沿ってきちんと提示されているところが、あくまでも歴史家であるところだと思います。歴史を見る目というのは、例えば、現代に環境問題が発生したから環境の歴史を考える、というように、今生きている私たちの関心から出発すべきものです。けれども、そこで問題関心だけが先走ってしまうと、現在から溯った後づけの歴史、後知恵の解釈に陥ります。これに対し岡田先生は、歴史を語るときも常に現在を意識し、現実を見つめていながらも、あくまでも時間軸に基づいて説明を与えられているという点が、歴史学の立場から語られているゆえんです。ですから、一見古文献に沈潜しながら、ソ連の崩壊、あるいは中国の台頭などといった現代の事象を、常に的確に見抜いてこられたのだと思うのです。

第四には、一つのこと、一つの分野を、そのつど極められていることです。岡田先生は、満洲・モンゴル史家ということでモンゴル語文献を縦横に駆使されていることがよく知られていますが、かといって、けっして漢語文献をおろそかにはしていません。むしろ大半の中国史研究者よりもはるかに漢籍を読み込んでいらっしゃることは、著作を拝読していていつも感じることです。しかもそれを、満洲・朝鮮・モンゴル・チベットなど複数の分野にまたがってなさっています。私たち研究者は、一つの分野に没入するあまり、しばしば自分が専門とする民族や国家の解説者、ともすれば代弁者になりやすいところなのですが、そうならず、突き放した世界史を描くことができていらっしゃるのは、それゆえだと思います。

最後に、第五に、その結果、ヨーロッパ中心でもなければ、その裏返しとしてのアジア中心でもなく、まったく通念に捉われない歴史像を築いてこられたという点です。もちろん、ヨーロッパ中心主義に対する批判は、ずっと以前から繰り返し言われてきたことですが、代案を出すのはとても難しいことです。これに対し岡田先生は、ご自身の分野である歴史学に関しては、「だからこのようにすればよい」と、中央ユーラシアから見る世界史という自説を、明確に提示されています。この責任ある姿勢は、私たち後進が真似をすることはなかなか難しいのですが、倣うべきことと感じております。

具体的に申し上げると、岡田先生は、既成の世界史が「東洋史と西洋史の足し算」であると鋭く批判するとともに、それだけでなく、十三世紀のモンゴル帝国にそれまでの世界史の流れが流れ込み、そこで新しい世界史にミックスされ、そこから単一の世界史が再び流れ出すという、中央ユーラシアの視点からの世界史を提示されました。これは、しばしば遊牧民の歴史を描いたものと理解されることがありますが、それはまったくその通りですけれども、それにとどまるものではないことを強調しなければなりません。

岡田先生の業績は、それまで世界史上あまり注目されてこなかった、スキタイ・匈奴（きょうど）からモンゴル帝国に至る中央ユーラシアの遊牧世界の歴史を統一的に叙述しただけではなく――単にそれを世界史に附け足したというのではなく――、そこから世界史を見つめ直していくことをも提唱されたことにあります。そうすることで、中国という歴史的存在を見直すこともできるし、ヨーロッパ文明を問い直すこともできる。そしてそれらの間の東西交渉にすぎないと思われていたものは、その逆であって、ユーラシアの中央域から周縁部に力が及んでいったのであるという歴史像、さらにいえば世界史の解釈の仕方をも提起されたところが、真骨頂なのです。

私自身は、満洲語の史料を読み、清朝の歴史を見直していますが、常にその導き手と思ってきましたのは、岡田先生が提示されたそのような歴史像でした。「ラストエンペラー」という言葉に示されるように、清は、ふつう「最後の中華王朝」と思われていますが、実際には、岡田先生が早くから喝破されていたように、本来「モンゴル帝国の継承者が、中国大陸も支配した」という性格を持っていました。それが十九世紀以降、もはや騎馬軍団の時代ではなくなり、人口や経済力で上回る漢人の力量が強まってくると、モンゴルと手を組むのではなく漢人の方にすり寄るようになり、いわば「中央ユーラシアの大清帝国」が「中国の清朝」に変っていったのです。そして二十世紀にはその「清朝」さえ崩壊して「中国」が出現した、という流れがあるのです。私は、その前半期に当る、清朝本来の姿を明らかにしようと思って研究しています。

そのような観点から見えてくるのは、漢民族の社会と、国家としての中国とを区別して考えるべきであるということ、そして民族やそのまとまりは常に姿を変えていくものであって、これからも変っていくだろうし、したがって変化しない「中国」というものが存在するわけではない、といったことです。

そもそも、現代中国の前身となった清朝すなわち「帝国」と、まがりなりにも現代中国が標榜するところの「国民国家」とは、異なる存在です。にもかかわらず、領域だけ清朝から引き継いだ中国が、もはや帝国ではなくなっているはずなのに、帝国の領域にしがみつくところから民族問題が発生している――そのような構図も、やはり歴史から見えてくることです。

そのようなことを一次史料に基づいて自ら構築され、従来の通念に対する代案として自説を築き、独り提示してこられたのが岡田先生の歩みであったと思います。このたび、それらが非常にわかりやすい形でまとまったことは、たいへん喜ばしいと思っております。ぜひ一人でも多くの方にひもといていただきたいと感じています。

宮脇 杉山先生、ありがとうございます。杉山先生は今、東大教養学部の准教授で、岡田英弘の四十一歳年下ですが、岡田英弘の恩師だった東大の和田清（せい）先生は、やはり岡田の四十一歳年上だったんですよ。歴史学の継承と革新には、これぐらいの間隔が必要なのかと、私は思ったりしています。こういう方が出てきたということを、大変うれしく思っております。

では次に、ソ連／ロシアの研究者である木村汎先生、よろしくお願いします。

モンゴルの影響を大きく受けたロシア

木村汎 ロシア研究者として、岡田先生のロシア研究への御貢献を二点ばかり述べます。時間の関係で、とりあえず第一点だけ述べ、第二点は後にまわします。

モンゴルがロシアの歴史に一体どのような影響を与えたか？　この点に関して、世界の学界では二つの立場が対立しています。岡田先生の御研究の特色は、そのうちの一つの立場を、誰よりも明確にかつ説得力をもって、とっていらっしゃる点にある。

第一の立場は、例えば栗生澤（くりゅうざわ）猛夫氏（現在、北海道大学名誉教授、ロシア史専攻）、ロシア人では米国へ移住したリャザノフスキー教授（カリフォルニア大学バークレー本校教授、ロシア史専攻）が主張している立場。「ロシア史にたいするモンゴルの影響はそれほど大きいものではない」、つまり影響は少ないという見方です。

第二の見方は、いや、とんでもない、「モンゴルがロシア史に与えた影響は実に大きい」と説く。これが、岡田英弘先生の明確な立場です。ロシア人では、これまた後にアメリカに移住したヴェルナツキー（イェール大学教授）らがとっている説です。

まず、第一の立場から紹介します。リャザノフスキー、その他のロシア人学者、特に亡命ロシア人学者などのあいだで一般的な意見です。モンゴルがロシア史に与えた影響は想像されるほど大きいものではない。なぜか？　彼らは、五つ、六つの理由を挙げる。まず、宗教が違う。宗教が壁になって、モンゴルはロシアの内部へあまり浸透できなかった。次に、社会・経済体制も違う。モンゴル人は遊牧騎馬民族であるのに対して、ロシア人は単純化して言えば農耕民族である。

たしかに、政治体制は共通している。ともに専制主義だからです。しかし、栗生澤氏やリャザノフスキー氏はこう言う。「タタールの軛（くびき）」の二四〇年間――これ以前の時期からロシアは既に専制主義をとっていた。モンゴルが来たから専制へ移行したのではなく、ロシア人はその前から専制を実践していた、と。つまり、必ずしもモンゴルの影響を受けて初めて専制へと移行したわけではない、と。変な自慢の仕方ですね。悪いこと（専制）にかんしても、自分たちが先に悪いことをやっていた、モンゴルが来て初めて自分たちが悪くなったのではない（笑）。専制は俺たちの専売特許なんだ。こういわんばかりなんですね。

が、彼らも「モンゴルはロシアにネガティブな影響を与えた」とは言う。モンゴルはロシアのキエフ国家に始まる伝統的なライフスタイルを破壊した、と。ロシアにはルネサンスもなかったし、産業革命もなく、西ヨーロッパでのような民主主義を目指す政治革命もなかった。この点では、モンゴルのネガティブな影響がある程度あったのではないか。いわば程度問題で、モンゴルの影響も認めているわけですね。

結論として、この第一グループに属する学者たちは、「ロシアはアジアよりもむしろヨーロッパに近い」と主張したいのかもしれません。つまりリャザノフキーや海外に亡命したロシア人は、亡命先がアメリカやイギリスなどの欧米諸国ですから、亡命先の先進諸国にたいして多少おべんちゃ

木村 汎（きむら・ひろし）

1936年生。コロンビア大学Ph.D.取得。北海道大学および国際日本文化研究センター名誉教授。専攻はソ連／ロシア研究。主な著書に『ソ連式交渉術』（講談社）『総決算 ゴルバチョフ外交』（弘文堂）『プーチン主義とは何か』（角川oneテーマ21）『新版 日露国境交渉史』（角川選書）『現代ロシア国家論』（中央公論叢書）『メドベージェフvsプーチン』『プーチン――人間的考察』『プーチン――内政的考察』（藤原書店）他多数。

らをつかう気持ちで、「自分たちはモンゴル、つまり広い意味でのアジアに近いのではない。むしろ、ヨーロッパに近い。だから、私たちは亡命先の欧米諸国で生活して何ら違和感を感じないし、大学教授のポストにも就くことが可能だったのだ」。こう間接的に言おうとしているのかも知れません。ともあれ、こういったグループが有力なグループとして存在することは、間違いありません。

この第一グループの見方にたいして、第二グループの主導者であられる岡田先生は敢然と、真っ向から反対の立場をとっておられます。「勉強不足だ。何もわかっていない。モンゴルの影響は実に大きいのだ」、と。「タタールの軛」が二四〇年間とか言われているが、とんでもない、「実は五百年続いている」。先生の『著作集』第一巻の一二八頁に、そうはっきり書かれています。それから九三頁では、「ピョートル大帝が現れるまで、ロシアの生活はまったくモンゴル風だった」と断言しておられます。ロシアの専制君主は〝ツァーリ〟と呼ばれます。「プーチンは現代版のツァーリだ」なんて私共も誇張して書く。この〝ツァーリ〟というロシア語は、岡田先生によれば「チンギス・ハーン」の「ハーン」の訳語に他ならない。そのことからして、ロシアはモンゴルの影響を受けている。そして、ロシア人は、モンゴル人と混血した。二四〇年間、岡田説によると五百年間もタタール支配がつづきますと、自然に混血が行なわれます。

話がやや脱線するようですが、レーニンは背が低いんですね。私と同じぐらい。一六二センチしかありません。そして、あの顔は紛れもなくカルムィク系、すなわちアジア系ですね。ヨーロッパ風の顔ではない。それほど左様に、ロシア人はかなり混血をしている。岡田先生はこうおっしゃる。

そうして、このようにして、岡田先生は結論される。「ロシアはモンゴルの継承国家である」(一二五頁)、「継承政権である」(一五六頁)、と。九二頁では『ロシアは、モンゴル帝国の支配の外に超然としていた』というのは、嘘っぱちである」とまで仰る。説得力がありますね。二頁後では『ロシアがモンゴルに影響されたことはない』というのは、まったくの嘘である」。わずか二ページにわたる文章のなかに「嘘」という言葉が二度も出てきています。きつい表現のように響きますが、岡田先生の御本全体を読ませていただくと、なるほど当然とうなずかざるをえない。その根拠に説得力があるからです。

では、私はロシア研究者としてどちらの立場に立つか。私のような浅学な者は、それを判定する学問的史料を十分持ち合わせていないので、この点に関しては私は態度を保留させていただきます。大学教授がややもすると第一と第二の説のあいだの折衷説をとるからではありません。本当に私はこのことについては不勉強なのです。第二回目のプレゼンテーションでは、私は岡田先生の説にまったく賛成だという明確な態度をとりますので、そちらのほうを期待してください。

宮脇 木村先生、ありがとうございました。岡田のロシア研究への貢献についての保留の第二点については、本当に楽しみです。

ではまた若い方へ、今インターネットで大人気の、倉山満先生にお願いいたします。

望遠鏡と顕微鏡をあわせもつ、骨太の岡田史学

倉山満　本日は、「岡田史学とは何か」を日本史学の立場から語れという、非常に抽象的なお題をいただきました。司会の宮脇先生とは、年は離れていますが、国士舘大学で同僚としてお付き合いをさせていただいている関係で、岡田先生とも親しくさせていただいています。このネクタイも、岡田先生が昔使っていらっしゃったものを三十四本いただいたうちの一つなんです。今日は学会なので、こういう感じのネクタイがいいかなと思ってつけてきたんですけれども、どうですか（笑）。

私は、日本史の中でも憲政史という立場です。憲法と政治と歴史の中で、今は日本国憲法の教鞭をとっています。土台は歴史学の方法論だと思っております。修士論文が満洲事変ですので、一時は専門的には日本政治外交史に分類されているところから出発していますが、昭和の満洲事変を扱っているのに中国のことがわからないのでは仕事になりません。では中国については誰が一番信じられるだろうと、自分でいろいろ探しているうちに、岡田先生にたどり着きました。

当時私は中央大学の大学院生でしたが、図書館にある岡田先生の本は全部読みました。今でも覚えていますが、岡田先生の著書十六冊を全部借りて、二週間で読んだんです。私は、自分が本当に気に入った方の著書は全部読むところから出発しますので。古本屋で、全二十六巻セットを一巻五百円で売っていた『大世界史』シリーズ（文藝春秋）という概説書が、安かったので買ったのですが、

その中に岡田先生が若いころにモンゴル、元について書かれていた文章がありまして、こういうこともやっておられたのかと思ったものです。のちに泰斗となられる方々が若いころに書かれていたものが収録された巻でした。岡田先生は、常に孤高であり、しかし一度として魂を売った仕事をしたことがない方と、ご尊敬申し上げております。

岡田先生といいますと、現代中国の評論などで「指桑罵槐（桑を指して槐を罵る）」という言葉を広められた方、という印象が、私にはあります。教科書問題等々で、日本は中国にとやかく言われて謝ったけれども、実はあれは当時の鄧小平政権の、アメリカ、日本との協調路線に対して反対派が嫌がらせとして日本をダシに使っただけであって、実は彼らはいついかなるときも対外政策より

倉山 満（くらやま・みつる）

1973年生。国士舘大学体育学部・21世紀アジア学部非常勤講師。専攻は憲政史。主な著書に『誰が殺した？日本国憲法！』（講談社）『検証　財務省の近現代史』（光文社新書）『嘘だらけの日米近現代史』『嘘だらけの日中近現代史』『嘘だらけの日韓近現代史』『帝国憲法の真実』『保守の心得』（扶桑社新書）『間違いだらけの憲法改正論議』『増税と政局・暗闘50年史』（イースト新書）『本当は怖ろしい日本国憲法』（ビジネス社、長谷川三千子と共著）『朝鮮史の真実』（ビジネス社、宮脇淳子と共著）『反日プロパガンダの近現代史』（アスペクト）他。

も国内の権力闘争の方が重要である、などというようなお話を読んだときには、目から鱗という月並みな表現ですけれども、本当にそのとおりだなと感じました。こういう見方もあるのだと、岡田先生は本当に評論家としても超一流の方で、その影響力は絶大だと思います。

今回の著作集でも、『歴史とは何か』『世界史とは何か』『日本とは何か』と、かなり大上段なタイトルをつけられていますが、それだけの裏付けがある方だと思います。評論家というのは、他人とまったく違う華々しいことを言うことが仕事ですが、しかし岡田先生の真骨頂は、そういった華々しいところの裏にある土台の部分での、歴史学者としての方法論のすごさがある、と思っております。二十六歳で日本学士院賞を史上最年少でとられた『満文老檔』、これは本当に満洲語を一文字一文字翻訳、翻刻し、解明されていったそうです。宮脇先生にお聞きしますと、共同作業の中で最も若い岡田先生が非常に抜群のお仕事をされたので、二十六歳とはいえ外すわけにはいかなかったということです。プロ棋士は、棋譜を並べるときに、素人だったらさらりと並べるところを一手一手読んでいく。その一手を読むために百手、千手を読む。本当に十分で一万手読むと言われますが、岡田先生はそのとおりの方法論を、学問の世界でやられた方だと思いました。

歴史の、特に評論という分野で仕事をする人は、イデオロギー的にすぐ「右か、左か」と分類されると思われますが、岡田先生は右左関係なく「上」であることは間違いないと思います（笑）。

歴史学というのは、一文字一文字、史料一枚一枚を、丁寧に読んでいく。それがいつ、誰によってつくられ、誰に向けられたもので、どのような文書なのか、ということですね。そうやって読んでいくというのは、顕微鏡の世界だと思います。しかし、岡田先生のすごさは、その顕微鏡的な世界観を、他人の何倍、何十倍もやっておられる。語学だけでも十四カ国語を話される、読めるという方です。数だけでも圧倒的ですが、しかし顕微鏡と同時に、望遠鏡も時々見て、全体図を俯瞰している。顕微鏡的世界で言うと、文書の中から、一体何が起きていたのかということを、人間の営みを再現する、本当に退屈かつ膨大だけれども、しかし時々ご褒美がある作業です。同時に、地政学的な、地球儀全体を見るような、中国のみならず東洋、そして世界全体を見ていく。そして祖国である日本も見ているという観点です。

その望遠鏡と顕微鏡を、常に二刀流で使う。世間で注目されるのは望遠鏡の世界だけれども、しかし本当は、その背後にある顕微鏡の膨大な作業があるということですね。『康熙帝の手紙』（一九七九年中公新書、改題『大清帝国隆盛期の実像』二〇一六年藤原書店）という著書があります。雍正帝については、宮崎市定先生という東洋史の泰斗が書かれたものがありますが、その一代前の康熙帝も、実は非常に筆まめな方で、その中身の研究は、東洋史の中では岡田先生が最初になさいました。

我々は、岡田先生の著書という完成形を見るだけですが、しかしその完成形に至るまでに、康熙帝の手紙がいつ書かれ、どの順番に並べていくか、事実関係を客観的に確定していく、非常に孤独で孤高な作業があるのです。そこには、絶対にイデオロギーというものはない。右でも左でも、この手紙がいつ、誰によって、誰に向けてつくられたかに関しては、事実関係の議論においては一致できるわけですね。そこがまさしく歴史学の、文書学の方法論であって、岡田先生の真骨頂は、そういった方法論の部分です。膨大な基礎体力のすごさがすばらしいと思っていますので、私は遠く及ばないのですが、目標としています。

岡田先生は高校時代から一日に三冊漢文の本を読んで、最初の研究は朝鮮史で、そしてモンゴル、満洲、ウイグル、チベットと周辺をぐるりと回って、全部を見てから中国を見ておられます。よく「学際的」と簡単に言われますが、ほとんどがそれぞれ自分の専門を並べているだけで、全然交わっていません。岡田先生の場合は、一人で全部をやって、方法論が違うもの同士を比較しているのです。岡田先生が複数の方法論でもって、膨大な歴史学体系を打ち立てられた。そしてこのたびシンポジウムがこれだけ盛大に開かれるまで皆様方に支持、評価されていることは、喜ばしいことだと思います。

宮脇 倉山先生、ありがとうございます。彼は今論客としていろんなことを言っていますが、今日は「岡田史学とは何か」に絞って、学問的に話すと宣言されていました。倉山満先生と宮崎正弘先生と私の三人が「岡田史学をどう読むか」という長い鼎談をして、『環』五五号に掲載されています(本書所収)。

さて、田中先生は「僕の話は最後にしてくれ」とおっしゃいました。田中先生は、言語学者であると同時にモンゴル学者で、岡田英弘がボン大学に留学していた時から、もう五十年前からの知り合いです。「宮脇さんが岡田英弘に出会うより前に、僕の方が先に会っていた」といつもおっしゃいます。ここでパッと、破壊というか破裂というか、違う方へ向かうのではないかという予感がするのですが、先生、自由にお話しいただければと思います。

岡田史学を学問の中で育てていきたい

田中克彦　今日は、他のみなさんは歴史学の方です。僕も歴史に関係していないことはないけれども、言語学を肩書きにして世の中を歩いています。

今度の『著作集』第一巻の岡田英弘の伝記にありますが、彼が最初に東大に入って東洋史をやると決心したのが、一九五〇年でした。僕は一九五三年に東京外国語大学のモンゴル語科に入って、モンゴルの研究を始めました。岡田さんは最初朝鮮史をやっていた、これは有名なことです。ところがだんだん移っていって、清朝史のあと、モンゴルに矢を放ったということですが、僕の方はまっすぐモンゴル研究から始まった。

岡田英弘という人を見ますと、何でもできる人なんですよね。何でもできるけれど、専門としては清朝・モンゴルへ行った。僕はモンゴルという狭いところから入って、いろいろ広がっていったというところが違うんです。どうして広がっていったかというと、学問とは一体何だろうか、と。特に二十世紀後半の、戦争に負けた後の日本の学問というのは、どういう使命を持っているんだろうかという、熱い疑問を持っていたんです。

昨日、この岡田さんの伝記を読んだら、東洋史を選ぶ前に言語学科を選ぼうと思ったら、河野六郎という先生が「いや、東大の言語学だけはやめておきなさい」と仰ったと書いてありました。これは、とてもよくわかるんです。なぜか、その理由を岡田さんは説明していないけれども、僕の解釈によれば、今もそうですが、当時の戦後日本の言語学の伝統は、歴史を否定するところから始まっているんです。これはソシュール言語学のことを言っているのです。いわゆる「ラングィスティック・サンクロニック」です。――それによると、歴史的な知識を持っていると、言語の構造を発見するのに邪魔になる。歴史を無視しなければならないという、有名な言葉なんです。日本にはソシュール学者はたくさんいるけれど、こういう重要なことはあまり言わないんです。小さなところだけ読んで、ソシュールの学問を日本に引き込むことがどういう意味を持っているかを、ほとんど考えないでやっている。これは、言語学者の悪い癖です。世界中の言語学者がこんなあほなわけじゃないんです。日本だけが、学問にとっての意味という広い視野で考えない。だから岡田さんが言語学じゃなくて歴史学を選んだのは、まったく正しいことだった。

ところが僕は、言語学をどこから掘り崩したらいいか、というのが僕の使命だと心に刻んだんです。ソシュールの言語学はどこから来たか。十九世紀はヒストリスムスの完徹した歴史主義です。十九世紀の終わりから二十世紀の初めにかけて、フランスにコント、それからデュルケームが現れました。ソシュールは、だいたいデュルケームの焼き直しなんです。それを言語に当てただけの話なんです。そもそもの「社会的事実」という概念もね。日本の学問は、そういうことを、つまり思想の流れを全然歴史的に見ない。役に立つところだけを拾って、そこだけを虫眼鏡で観察しているというのが、言語学だけではありません、日本の学問全体に共通して見られる性格です。

それで、岡田さんというかけがえのない人材が、彼は何でもやれるのに、あえて日本であまり日の当たらない、儲からないモンゴルや清朝をやる。よくも神様がこういう天才をモンゴルに歴史家として与えてくれたものだと思っているんです（笑）。僕は、今は彼を褒めておきましょう。別の批判的な面もありますけれども……。少なくとも、言語学に行かなくてよかった（笑）。

岡田さんの本を読んでいて、多くの読者が疑問に持たれたことを、僕が代弁して、一つ、集約して言います。歴史というのは、人間がいて初めてあり得るものだと彼は言う。これは、僕は違うんですよね。戦後の東大に文化人類学科というものが初めてつくられました。石田英一郎先生です。

田中克彦（たなか・かつひこ）

1934年生。一橋大学名誉教授。博士（社会学）。専攻は言語学、モンゴル学。主な著書に『ことばと国家』『名前と人間』『エスペラント』『言語学とは何か』『ノモンハン戦争』（岩波新書）『漢字が日本語をほろぼす』（角川SSC新書）『差別語からはいる言語学入門』（ちくま学芸文庫）『「シベリアに独立を！」』（岩波現代全書）他。訳書にウノ・ハルヴァ『シャマニズム1・2』（平凡社）メンヒェン=ヘルフェン『トゥバ紀行』（岩波文庫）他。

石田先生は、僕のいた一橋大学に非常勤で来ていたけれども、昼過ぎから夜までずっと、アメリカの最新の文化人類学の理論書をいっしょに読んでくださったんです。その中の一つにレズリー・ホワイトの「サイエンス・オブ・カルチャー」があります。この本で新しい学問を提案し、それに『カルチュロロジー』という名前をつけたのですが、その中心的な主張の一つは、文化の研究からヒストリーという言葉を追放しようという。僕もこれには大賛成なんですよ。ヒストリーなんて、こんなわけのわからん言葉はないですよね。岡田さんによると、ヒストリーが誕生したのはヘロドトスの『歴史』と、司馬遷の『史記』だけだと。つまり、世界に普遍的な概念じゃないということですよね。

ところが、アメリカでは自然にも歴史があるという考え方があります。今日電車の中で考えてきたんだけども、日本では博物学というのがある。博物館と訳される言葉は、Museum of natural history です。自然史というのがある。この自然史、histoire naturelle というものを考えたのはフランスで、ビュフォンの自然史（『一般と個別の博物誌 Histoire naturelle, generale et particulière』）というのが、一七五〇年代から一七八八年でしたか、随分長い時間をかけて出たわけですね。アメリカの有名な博物館は、Museum of natural history です。natural histories というように、複数になっているのもあります。今お話ししたのは、フランス系の学問ですが、これは、岡田さんに言わせると、ヒストリーという意味の明らかな誤用です。

ヨーロッパではどうなるかといいますと、これは悪名高いヘーゲルの歴史哲学です。岩波文庫で、長谷川宏さんが次々に新訳を出しているけれども、これは古い訳の方がいいんです。なぜならば、ラテン語がちゃんと入っていましてね。ヘーゲルは歴史を二つに分けています。「レース・ゲスタエ」(res gestae) ――つまり出来事としての歴史と、「ヒストリア・レールム・ゲスタールム」(historia rerum gestarum) という出来事の物語としての歴史です。だから「ヒストリア」というのは、単なる出来事ではなく、人間がそれについていろいろな価値評価を加えたりして、お話しするのが歴史です。歴史は、あくまで後者のヒストリーなんです。少なくとも、人間が出てこないと現れないものという考え方は、ヘーゲルあたりから始まりました。

せっかくヘーゲルのことを言ったから、エンゲルスを見てみましょう。これも最も注目すべき岡田説と並行しています。それによれば歴史を持っている民族と、持っていない民族がある、という。これはエンゲルスも言っていて、最も評判の悪い部分だから、みんなが引用しないんですけどね。一八四八年のウィーン革命が起きたときに、彼は、チェコスロバキアのチェコ人を、「彼らは歴史をつくる能力がない」と言っています。「だからドイツ人に吸収されるべきだ」と。歴史をつくる運命を持った民族と、それからスラブ人、ロシア人も含めて、これらは全部、もっと有力な民族に吸収されてしまえばいいというんです。彼らが革命の足を引っ張っている、と。

こういう話をすると、マルキシストは嘘だと思うかもしれないけれども、ディーツ版の第六巻に入っています。これを一九九一年に僕がなぜ買ったかというと、ソ連が崩壊した。間もなく『マルクス・エンゲルス全集』は日本の本屋からなくなるだろうと、こう踏んだわけですよ。一九五三年にスターリンが死んだら、『スターリン全集』がなくなったようにね。今買おうとしたら、高いですね。アメリカのフーバーインスティテュートだけが出し続けていますけれど。

それはともかく、そういうわけで、岡田さんの話の展開は、教養がある人が読めば、いかに広く、深く読めるか。あまり知識のない人には、アジテーションの部分しか届かないかもしれない。僕は、自分を岡田さんのかなりいい理解者だと思っているんです。いい理解者を、もっともっと増やさなければだめなんです。日本の文化はだめになります。学問そのものがだめになる。岡田さんも、宮脇さんみたいなすばらしい巫女さんがついているんだから（笑）、彼の御託宣は世の中にどんどん広がるかもしれないけれども、僕らの役割は、僕はまだ元気だから、岡田さんの言ったことを批判し、発展させ、そして学問の中で育てていきたいと思っているわけです。

宮脇 田中先生、どうもありがとうございました。

Ⅱ　ディスカッション

ロシアのアイデンティティとは何か

宮脇　先ほど木村先生が、これはまだ半分とおっしゃったので、残り半分をお話しいただこうと思います。

木村　岡田先生が私どもロシア研究者に与える第二の教訓についてお話しします。ロシア人とは一体何か？　まさにこの点について、先生は私がまったく同感すると同時に、目の醒めるように明瞭かつ説得力がある見解と感じ入る御考えを示されています。ロシア人はアジア人なのか、ヨーロッパ人なのか。それとも、その間の何かコウモリのような存在なのか。これは、我々日本人にとっても決して他人事でない非常に重要な問題です。別の言葉でいうと、ロシアのアイデンティティとは何か。

余談になりますが、プーチン大統領は今秋米国とシリア間の仲介をするかのような役割で国際舞台で大ヒットを放ち、久々に存在感を示しました。『フォーブス』誌などでもプーチンは、「世界で最も影響力のある」政治家と持ち上げられました。が、これは主としてアメリカや西欧の失敗もしくはオウンゴールを利用しただけのことです。その後に行なわれたいわゆるバルダイ会議という、世界のロシアウォッチャーたちを集めた会議では、まさに「ロシアのアイデンティティは何か」――これが、主たるテーマとして取り上げられました。裏返して言いますと、ソビエト連邦崩壊後、ロシアとは一体何なのか――このことに、彼ら自身も大いに悩んでいるのですね。

譬えて申しますと、現ロシアはハイブリッド（混合体）状態にある。例えば、国章は帝政時代の双頭の鷲。国歌は、ソビエト時代のメロディをそのまま使っている。だが国旗は、赤旗をやめて三色旗になった。つまり、三つの時代が同時存在している状態なのです。それでは、ロシアとは果たして何か？　この問いをめぐって、まさに混迷の時期を迎えていると言わざるをえません。

ロシアは十九世紀以来、周知のようにスラブ派と西洋派が対立してきている。ロシアはロシア独自の道を進むべきか。あるいは、ヨーロッパ文明に同化して、フランス語、ドイツ語、英語の文化圏内に入ったらよいのか、否か。知的インテリの間でこういう論争があった。最近では、加えてユーラシア論争が行なわれている。ヨーロッパがある意味で停滞し、今後はアジアの世紀、いわゆるユーラシアの時代が到来している。ヒラリー・クリントン米前国務長官も、アメリカの軸足はアジア・太平洋に向かいつつあると言う。『フォーリン・ポリシィ』誌上に発表した論文中で驚くべきことに、ヒラリー・クリントンは「ロシア」という言葉を一言も用いていない。中国、日本、韓国、東南アジアには言及しているが。このこと自体はロシア人のプライドを非常に傷つけました。このことも是非念頭に置いておいていただきたいと思います。

ロシア人とは、一体何か？　帝政時代は、ロシア正教を信じている人である。あるいは、ロシア語を話す人である。こういった風に、ロシア人はかつて言語や宗教によってアイデンティティを決めてきました。ところが、ロシアはソビエト時代以来、形のうえでの男女同権政策を採用する一方、育児施設の整備が間に合わなかった。そのために、女性に一方的に皺寄せが来て、結果として事実上一人っ子政策を実施している。ところが他方、イスラム系の人々は子供をどんどんつくるので、ロシアはしばらくするとイスラムの国になってしまうとの危惧が生まれている。そういう危機感が、現政権の微妙な国内移民政策にも表れています。

ソ連時代になると、共産主義イデオロギーを信じている人がソ連人であるということになった。ロシア人でなくて、「ソ連人」というコンセプトが生まれた。イデオロギーがアイデンティティのメルクマールになった感があります。

ところが、七十年間つづいたあとソ連はなくなった。ソ連時代はロシア語に二つの言葉がありました。「ルースキー」というのはロシア人。それに対して、民族、言語、宗教の点ではロシア人でないけれども、ソ連邦の一員、すなわちソ連市民という意味での「ラシアーニン」という言葉がつくられ、加わった。よく考えてみると、これは不自然なことです。バルト三国のエストニア人、ラトビア人、リトアニア人が、チェチェン人やカザフ人と同一国の人間というのは、どうも不自然である。宗教、民族、言語も全部違うのに、同一国民とみなすのは土台無理の感じがする。

そう私が思っていましたら、岡田先生が、胸がすくような大胆かつ独創的なことをおっしゃった。僕はもう椅子から転げ落ちるぐらいびっくりしました。つまり、ロシアはないないない尽くしなのだと。プーチンなどが聞いたら、烈火のごとく怒ると思います。岡田先生いわく。まず、ロシア人には独自のアイデンティティがない。名前もない。「ルーシ」という言葉は、もともとロシア語ではない。ロシアには歴史がない。ロシア史は、大学の講座で言うと西洋史学科に入るのか、東洋史学科に入るのか。これは日本の大学の問題でもあるのでしょうが、どちらにも入らないと言わざるをえない。そして、現ロシアにはイデオロギーもない。共産主義が間違っていたことがわかっただけに止まっている。もちろん、その後に「主権的民主主義」とか、「垂直的統治」とかいろんな言葉やコンセプトを発明はしている。例えばスルコフというプーチン政権のイデオローグはプーチンにゴマをすって、プーチン統治を何とか正当化しようと試みている。例えば「主権的民主主義」は、西洋型の民主主義ではなくて、ロシア版の民主主義を目指している。それは、ロシア独特の民族や伝統を加味した民主主義であり、外国はそれに干渉するべからず、と。

田中先生は先ほど、「岡田先生は神様が歴史の世界に送ってくださった宝物である」とおっしゃいましたが、実はスルコフも同じようなことを言っています。「プーチンは、神様がロシアに贈ってくれた宝物である」。但し、ロシアのアネクドート（小話）はつづけてのべる。「誰か彼を天国へ戻してくれないものか」(笑)。

ともかく、岡田先生によると、ロシアにはイデオロギーもなければ、歴史もなければ、文明と呼ばれるものもない。仮にシビライゼーションがあるとしても、失敗したそれである、と。先生の結論は、僕の意見とも似ております。ロシアは多民族の混合体(ミックス)である。ただの寄せ集めにすぎない。たしかに、アメリカも人種のるつぼです。が、アメリカ型民主主義やアメリカ的な価値観を信じ、それを良しとする人々が移民として渡って行ってつくった国である。ロシアはそうではない。同じように異民族からなっている国でも、アメリカとロシアはその点で大いに異なる。

岡田先生は、続いておっしゃる。中国も、この点でロシアと軌を一にしている、と。ロシアもたたき斬り、返す刀で中国もたたき斬るんですから、先生ほど敵が多い学者はないいんじゃないか(笑)。老婆心ながら、先生にはロシアのビザも中国のビザも出ないのではないか、と心配しております。

最近の言葉で言うと、ロシアはユーラシア国家としてのアイデンティティ形成にも成功していない、と。岡田先生のおっしゃるとおりです。一時私たちは、嫌というほど聞かされた。ロシアはユーラシア国家である。双頭の鷲の国章が示しているように二つの頭(顔)を持つ鷲であり、一つの頭は西(ヨーロッパ)へ向き、一つの頭は東(アジア)へ向いている、と。また、同様に嫌というほど聞かされた。「ロシアは、ヨーロッパとアジアの架け橋になる」と。こういうセンチメンタルな美辞麗句を、先生はがつんと一刀両断に、「どちらでもなく思い上りもいいところだ」と断言される。つまり、ロシアはアジアでもない、ヨーロッパでもない。

ロシアは地理的には確かにユーラシア国家でしょう。三分の二ぐらいの国土はアジア部分に位置している。だから、英語で言うと、ロシアはアジアに「in」ではある、すなわち、地理的にアジア「の中に」確かに所在している。だが、ロシアはアジア「の（of）」パワーではない。故ジェラルド・シーガルという教授がイギリスでそういうことを言っていますが、当たっています。

岡田先生と同じように、ドストエフスキーも『作家の日記』で述べる。まったく同感です。「ヨーロッパでは我々は単に居候（いそうろう）とみなされ、奴隷にすぎなかったけれども、アジアではマスターとして出現する」。こう言った後で、しかしながら、さすがにドストエフスキーですね、つづけて言う。「ヨーロッパでは我々は韃靼人だったが、アジアでは我々もヨーロッパ人なんだ」と。私なりに要

宮脇淳子（みやわき・じゅんこ）

1952年生。東京外国語大学非常勤講師（当時）。博士（学術）。専攻は東洋史。主な著書に『モンゴルの歴史——遊牧民の誕生からモンゴル国まで』（刀水書房）『最後の遊牧帝国——ジューンガル部の興亡』（講談社選書メチエ）『世界史のなかの満洲帝国と日本』（ワック）『真実の中国史〔1840-1949〕』『真実の満洲史〔1894-1956〕』『真実の朝鮮史〔1868-2014〕』（ビジネス社）『韓流時代劇と朝鮮史の真実』（扶桑社）他。『岡田英弘著作集』全8巻、『清朝とは何か』（別冊『環』）、「清朝史叢書」（いずれも藤原書店）の共同編集にそれぞれ全面協力。

約すると、ドストエフスキーはロシア人がコウモリのような存在だといっている。アジアに行けばアジア人でないとみなされつまはじきにされ、ではヨーロッパに行っておべんちゃらしようとしたら、おまえはヨーロッパ人でないと言われる。ロシア人は鳥と動物の間のコウモリのようにみじめな存在である、と。岡田先生は、ドストエフスキー以上のことをおっしゃっている。これが私の感想で、ただただ感嘆せざるをえません。

宮脇 木村先生、ありがとうございました。ロシアがそうなら、中国はどうなのかと、皆さんは伺いたいでしょう。杉山先生、よろしくお願いします。中国はどうなのでしょうか。会場からの質問に、「漢」とは何か、漢字とは何かというのがありまして、質疑応答は最後のつもりだったのですが、ちょうどかみ合った話ですので、そのことも含めてお願いします。

「中国」と「シナ」を区別する

杉山 ご質問は、「漢」概念とは何なのか、そもそもなぜ「漢字」と呼ばれるのか、漢族という名前はいつから使われるのか、ということでした。いつから、なぜ呼ばれるようになったかは、非常に難しい問題です。呼称というのはいつのまにかできあがるものだからです。しかし、今の木村先生のお話にあった、ロシア人とは一体何か、何をもって規定するのかという問題は、まったく中国にも当てはまるところです。今のお話は、「ロシア」に「中国」と代入すれば成り立つのです。

これがおそらく日本国内における我々の違和感の根源でもあるでしょうし、ひるがえって国際問題、民族問題の根底に横たわっていることだと思っております。

どういうことかと申しますと、例えば我々が「中国人」と言うとき、どのような人を想像するでしょうか。大学にはたくさん中国人留学生が来ますが、カシュガルやウルムチ出身のイブラヒム某君というイスラーム教徒が来ても、某バヤル君というモンゴル人の学生が来ても、パスポートが中国であれば、これは「中国人」のはずです。しかし、私たちは中国人と聞いたら漢字の名前の人だろうと思い込んでいるので、そういう学生が来たら、ふつうびっくりすると思うんですね。逆に、私たちが「中国人」留学生だからといって「私たちは、遣唐使のころからいろいろと交流がありましたね」などとイスラーム教徒のウイグル族の学生に話しかけても、いったい何のことやらという反応でしょう。

このように考えると、私たちが中国、中国料理、中国語と言うときの「中国」は、あくまでも、漢人とその文化、そしてその漢人が歴史を紡いできた土地の範囲を指して言う場合がほとんどだということに、改めて気づかされます。ところが、いま国家としての「中国」や、その国民としての「中国人」と言う場合、その範囲ははるかパミール高原まで到達していて、旧ソ連と境を接し、内部には多数のイスラーム教徒やモンゴル人、チベット人を含んでいます。この大きな「ずれ」を見落としてはならない。

岡田先生が実証研究においても、オピニオン面でも指摘してこられたのは、まさにこの点です。

つまり、中国国家やその支配領域、あるいはその構成員と、われわれ日本人が伝統的に接触してきた漢字文化とその担い手、そしてその文化的蓄積とは、区別しなければならないということです。

先ほど倉山先生がおっしゃった『大世界史』(文藝春秋)の一冊に、『紫禁城の栄光』という巻があります。これは共著の本ですが、骨格の部分は岡田先生が書かれており、二〇〇六年に講談社学術文庫から再版されています。その本の冒頭には「中国とシナ」という大胆な章が設けられており、そこでは、国家としての「中国」と、漢人とその社会を指す「シナ」とを、明確に区別して論じておられます。

「中国」を論じるには、このことをきちんと認識するところが出発点だと思うのですが、しばしば私たちは、自分から見て近い部分しか見ていないために、漢人社会と、その向う側の中央アジア地域、北アジア地域とを区別しないで論じてしまうという傾向があります。その上、「シナ」という言葉に対する忌避感情――これは、私は故がないと思っているのですが――などから、漢人・漢文化の方も国家の方も、いずれも「中国」という同じ言葉で呼んでしまっているために、混乱が生じていると思うのです。

漢字文化を共有する範囲としての漢人社会や漢文化というものと、いま近代国家として国民にパスポートを発行し、国境を区切ってその内側を自領とみなす範囲とは、区別しなければなりません。そして、後者は政治的なものなので、現代にしか当てはまりません。それが、まず問題をとらえる上での根本にあります。

では、歴史的な漢人社会・漢文化は揺るがなかったかというと、もう一つここにも切り込まれたのが、やはり岡田先生が政治学者ではなく歴史学者だというところと言えます。漢民族とその社会は歴史上一貫して存在しつづけてきたかというと、そうではなく、常に姿を変えつづけてきたのだと喝破されているのです。そして、これからも形を変えるだろうと見通していらっしゃると思います。

それは、空間面と人間集団の面の両方についてです。岡田先生は、漢人を定義して「古代における都市の住民である」と明言されています。つまり、春秋戦国時代にはまだ統一国家はなく、いわばギリシアのポリス世界のように都市国家が無数にある状態で、その中に住んでいる市民権のある者が漢人だというのです。しかも、そのころはまだ都市と都市の間には、中華の民には含まれない遊牧民や牧畜民がうろうろしているので、まだ面としての中国というものはないのです。それが、やがて華北が面となっていき、さらに華中、華南まで広がって、この二百年は華僑などの形で領域外まであふれ出て広がっている。まず、こういった面的な拡大がある。

それからもう一つラディカルであったのは、漢の滅亡とともに漢人は一度消えたのだ、という過激なテーゼです。私たち日本人にもなじみ深い『三国志』の話は、実は、後漢の崩壊とともに、それまでの秦漢時代の漢文化やその担い手がほとんど壊滅状態に陥っている中での出来事だというのです。そのことを、漢籍からきちんと指摘されています。つまり、例えばそのとき西南にあった蜀は、チベット系の人々の中に浮かぶ漢人の植民コロニーのようなもので、劉備や諸葛孔明は、言ってみれば西部劇や満洲開拓団の開拓村の中の親分にすぎず、その外側には、チベット系の住民の世界がずっと広がっているということなのです。

そう考えると、「中国」や「漢」という存在は、面積の拡大だけでなく、その中身が常に入れかわっている、と思えばよいかと思います。例えば「アメリカ人」とは、白人も黒人も指すし、近年ならばヒスパニックもアジア系も含みますが、それと同じように、「中国」というのも総称でしかない。その中で漢人は確かに大きな存在ではあるけれども、その漢人もまた、歴史的に常に変成を続けており、特定の空間で、特定の人々が何千年もの間歴史を紡いできたというのは、フィクションでしかないということなのです。これは決して失礼なことではなくて、歴史というのはそういうものです。岡田先生は、そのことを「中国とは何か」、「中国人とは何か」という二つの面で明らかにされてきたと言えます。

それが行き着いた先が、十九、二十世紀、そして現在の中国というわけですが、その分水嶺が、十九世紀半ばに清朝が質的に転換したことにあるということも、岡田先生が明確に論断されたところです。それまでは、騎馬軍事力を持ち、チベット仏教を信奉する満洲人・モンゴル人が、日本の武士のように軍人兼公務員となって、広大な帝国を統合したというのが、清朝の本質でした。ですので、満洲・チベット・新疆といった地域を統治する人々は、みな漢人ではなくて満洲人やモンゴル人だったのです。むしろ漢人は「お前たちとは関係がない」といって、統治に関与させてもらえなかった。

しかし、十九世紀後半になって、状況が一変します。岡田先生が、「国民国家」がいかに世界史上の質的な転換点であったかということを強調されている通り、十九世紀は、国民国家という体制が、世界中に拡散していった時代です。国民国家の時代になると、軍事力は一部の騎馬戦士だけのものではなく、その辺の普通の人を連れてきて銃の撃ち方を三日訓練すれば、もう歩兵軍団ができてしまうわけです。そういう時代になりますと、人口が少ない中央ユーラシアの遊牧民や牧畜民は、数の多い定住民にかなわなくなる。こうしてインドでは、ムガル帝国が消滅してインドになっていくわけですし、少数精鋭を誇った人々が支配していた清朝もまた、漢人の方に軸足を移していくようになる。この結果、帝国の主人とその同盟者であったはずの満洲・モンゴルが、逆に漢人から見たマイノリティにひっくり返ってしまうというのが、十九世紀後半以降の劇的な変化です。近代を論じようとすると、さまざまな要素がからみあい、非常に複雑ですが、岡田先生は、歴史学にしっかりと地に足のついたところから、どういう転換が起ったのかを明確に見通されたと思います。

その点で言うと、前近代のモンゴル帝国の延長であった帝国支配が、むりやり国民国家に変わろうとして、変われるはずもない試みをこの百年間続けているのが、現在私たちが見ている、国家としての中国です。かつての清朝は、満洲語を強制することも、漢文を押しつけることもせず、それぞれの地域に合せて統治していたのに、最近の百年間は、漢人主導の政府が、国境内の隅々まで同質の支配を行き渡らせようとしています。例えば教育でも、ウイグルやチベットでさえ、初等教育から漢字・漢語でやらせるようになっているので、非常に反発が強まっているのが現状です。ただ単に「マイノリティがかわいそうだから、もう少し配慮したらいいのに」という問題ではなくて、そもそも帝国が国民国家に無理に移行しようとしたそのひずみが、今なお解決していないということなのです。

もちろん、だからと言って国家のまとまりを解体すれば解決するわけではないので、そこは歴史学では限界のあるところですが、少なくとも問題を理解しようとすれば、根源はそこまで遡るでしょう。岡田先生は、そのことを、それこそ春秋戦国時代から冷戦終結後に至るまでの各ステップについて、さまざまな著作で提示されてきたと思います。その根源的な部分は第一巻で語られたし、モンゴル帝国や大清帝国とはどういうものかを述べられたのが、今回出た第二巻『世界史とは何か』です。そして「中国」概念の変遷については、第四巻の『シナ（チャイナ）とは何か』において用意されていると思いますので、楽しみにしております。

宮脇 杉山先生、ありがとうございました。それでは、日本はこれからどうすべきか。倉山さんにお願いいたします。

日本は十九世紀に世界史に「巻き込まれた」――アジアとヨーロッパ

倉山 「世界史の中の日本」ということを、岡田先生から学んだことを中心に語りたいと思います。岡田先生によると「十三世紀のモンゴル帝国から世界史が始まった」ということですが、その世界史にはできるだけ関わらないようにするのが一番いいというのが、私の考えです。日本は十九世紀に世界史に巻き込まれたのですが、頼むから巻き込んでほしくなかった。しかしその前に、まずは歴史的事実を認識するということがすべての始まりだろうと思います。中国やヨーロッパやアメリカが先進文明である、中国史だけを東洋史と呼び、そしてイギリス史とフランス史とドイツ史を並べたものだけを西洋史と呼び、そして東洋史と西洋史を足しただけのものが世界史であるとして、変なコンプレックスを持っているという日本の弊害が、まさにそこにあるのではないでしょうか。

ロシアがアジアかヨーロッパかという木村先生のお話を聞きながら、私がつらつらと思ったことですが、ロシアという国を私は好きになってしまいそうで怖かったですね。日本やオーストラリアは、アジアなんだろうか。日本人は「これからアジアの時代だ、グローバル化だ、じゃあアジアの中の日本なのか」みたいな悩み方をするんですけれども、ロシア人も同じだったのかと親近感を持ちましたね。

絶対にそういうことを考えないのがイギリス人で、彼らにとっては「ヨーロッパの中のイギリス」ではなくて、「イギリスとヨーロッパ」ですよね。自分が先にある。昔、会田雄次先生が言った「センス・オブ・セルフ」ですね。これは日本語に訳しようがない言葉ですけれども。歴史をロシアから考えていくと——杉山先生が、岡田先生は代案を出される方と言われましたが、では私も日本について代案を出してみると——そういう歴史を学ぶ中でどうすればいいのかというと、イギリス人のように性格が悪くなるべきだと思う。日本人は多少性格が良すぎるので無理かなと思いつつ、だからまず歴史を学ぶことができるので、いいかなとも思います。

非常に気持ちの悪い作業を一度したことがあるのですが、今の国境でアジアとヨーロッパの境界線をどこに線引きしようかというと、ウラジオストクがヨーロッパになってしまうんですね。これは、歴史的に見ればおかしい話です。明らかにヨーロッパロシアに占領されていたアジアが、アジアロシアになってしまったわけです。

ウラル山脈の西と東でヨーロッパとアジアに分かれるとか、あるいはルーマニアというソ連の衛星国だった国がありますが、「イア」で終わるとローマ人の国という意味であり、「イア」と言えばグルジアやアルメニアがある。グルジア、アルメニアの隣のアゼルバイジャン、カザフスタン、トルクメニスタンなど「アン」で終わる国は中央アジアの国というので、そういうところはアジアとヨーロッパの境界でしょうか。とはいうものの、グルジアとアゼルバイジャンの方が仲がよくて、アルメニアとアゼルバイジャンは宿敵の関係なので、ではアジア、ヨーロッパとアイデンティティが分かれたところでも本当は仲良くしているかもわからないと。

トルコの方に行くと、ボスポラス、ダーダネルス海峡で分かれていて、オスマン帝国は、アジア、ヨーロッパとアフリカの三つの大陸にまたがった国などと誇っていましたが、現在の国境線でもって過去の歴史を全部考えて当てはめてしまっては危険だということは、私が岡田先生から、むしろ最近は宮脇先生から習っていることなのです。

今、宮脇先生と朝鮮史の本をつくっていますが『真実の朝鮮史』ビジネス社)、ソウルの梨花女子大という、日本で言えばお茶の水女子大学みたいな名門校が出している『韓国史入門』を見ると、すごいんですよね。「我々は侵略をしたことがない、世界一平和な民族です」と書いて、行も変わらないうちに「昔は満洲も支配していました」と書いているんです。渤海は朝鮮だ、渤海の栄光は朝鮮民族が満洲や今の極東ロシアを支配した歴史であるというような、今の国境を過去に遡っても当てはめ、一部のコリアが重なっているところの渤海の人たちの土地は、今は韓国でも北朝鮮でもないけれども、それは我々の父祖の地である、みたいなことを言ってしまう。このような歴史の恐ろしさを我々は知っていまして、これをナチズムと言います。

ドイツ語を話す人間はドイツ人である、ドイツ人がいるところはドイツであるという論理で、ドイツはどんどん東方に侵略していきました。ここがまさに岡田先生の国民国家論の核で、「国民」と「民族」は違う、これは「ネイション」と「エスニック」の訳し分けであると言われました。「ネイション」というのは、「民族」と訳す場合と「国民」と訳す場合が両方あってややこしい。だから「ネイション」を「国民」と訳した場合、「エスニック」は「民族」と訳すべきであり、「ネイション」を「民族」と訳すとき、「エスニック」は「少数民族」や「部族」など別の言葉で訳し分けるべきなんです。けれどもどちらも「民族」になってしまうので、しかも「ネイション」の論理と「エスニック」の論理は全然違いまして、「エスニック」の拡大主義を本当の政治でやってしまうと、膨張主義になってしまいます。

まさに中華人民共和国はその論理を巧妙に使っているところであり、世界史的に見れば、実はこれを煽ったのがウッドロウ・ウィルソンで、彼は一九一九年にヴェルサイユ会議で日本とイギリス、フランス、その他もろもろの大国にけんかを売り、そして世界中の分離独立運動をあおったわけなんですね。

言葉を厳密に定義しすぎる、しかもズレがある言葉を意図的も含めて誤用してしまうと、これは政治的に恐ろしいことになってしまう。歴史学者の仕事は、政治的にどう解決をするかの前に、歴史的にどう解決するかの材料となる事実を提供する、それが仕事です。その一線を乗り越えてしまうと、大変なことになる。まさにプーチンを褒め称えるような御用学者が威張ってしまうのは、おぞましい、恐ろしい光景であり、その人はおそらく学者ではないであろうと思います。わが国も、他山の石としなければならないところが多々あるのですが。

岡田先生が膨大な蓄積の上で、「十三世紀のモンゴル帝国から世界史が始まる」とおっしゃっている定義にのっとれば、日本史の立場から見ると、その世界史に飲み込まれそうになったのを、元寇で排除した、弾き飛ばしたわけですね。だからその世界史の中に日本は入っておらず、十九世紀のウェスタン・インパクトのときになって、世界史に組み込まれたのです。特に一八九五年、日清戦争の直後の三国干渉でもって、ドイツのウィルヘルム二世がロシアとフランスに挟み撃ちされるのが嫌なので、ロシアに満洲の、特に遼東半島を餌として投げ与え、それが日露戦争になった。このときをもって、西洋史の大家の中山治一先生は「世界史の確立」とおっしゃっていますが、私は日本史の立場から言うと、一八九五年の三国干渉でもって世界史に巻き込まれてしまった、正式に組み込まれてしまったと考えています。

幕末維新のときは数に入らないぐらいの弱い立場だった日本が、強大なイギリスやロシアの世界史に巻き込まれてしまった。鎖国時代は武装中立としてはね返せていたものが、眠っていたので結局弱くなってしまった。

そして一八九五年の三国干渉の意義は、日本が清国に勝ち、アジアの中での大国は日本だということを力で示し、主体として――政治学で言うところのアクターとして――存在するようになり、同時に清国、チャイナは政治学で言うところのシアターに転落してしまったわけです。日本が主体として世界史と関わったことで、一八九五年をもっと強調してもいいと思うんです。

結果として、日本と中国のどちらもがアクターであった時代は、このとき以後一度もないんですね。一九四五年でもって決定的に中国の方がアクターになり、日本の方がシアターに落ち込んでしまっている。真に全世界的な歴史があると言えば冷戦ぐらいまで待たなければならないのかもしれないのですが、そのときに日本というのは主体として存在しないことは間違いない。日本史の立場として「それが世界史だ」と描くとなると、日本は出てこない話なので、それを世界史だというのは認めがたいところがあると考えています。

となると、今後の日本人としては、世界史とほとんど関わらなくて生きてきた、それはそれで幸せであったと考えればいいと思います。岡田先生の日本古代史の話で言うと、白村江の戦いのとき、極めて近代国民国家的な国家に――中国人でも朝鮮人でもなく「日本人」である、関東人でも九州人でもなく「日本人」である——そういう意味でのネイション・ステイトになったという考え方でもって、独自の「日本」という国があり、そしてまた別の世界という国があって、そのようにして関わった時期があったという世界観で見てもいいと思っています。

私は岡田先生を尊敬していますが、岡田先生の言っていることをすべて伝播せよと、宗教家のようになる必要はないと思っています。宗教学者が千人いれば千の宗教の定義があると言われますが、歴史学者は自分の中での歴史や、日本史や世界史の定義があっていいと思っていまして、歴史学者が千人いれば千の世界史の定義があるという姿の方が、むしろ健全であると思っています。

世界史とは何かという、本当に根源的な問題——つまりいかなる学問であっても、世界を説明する世界観がなければそれは学問ではないわけですが、しかしそれから逃げ回ってきた学会、学者があまりにも多かった。だからこそ、岡田先生は孤高であったと思います。千人の歴史学者がいれば千の定義をぶつけ合って議論し、そして学問を発展させていくのが、本当に健全な姿ではないかと思います。

宮脇 倉山さん、ありがとうございました。岡田英弘から四十歳下の人たちからこのような意見が出てきたということは、意義が深い。日本も捨てたものではないと思います。田中先生は、いかがでしょうか。

もう「アジア」はやめよう

田中　ロシアの専門家の木村さんから、ロシアのアイデンティティがわからないと言われてしまうと、困ってしまうのですが。一体日本のロシア研究者は、そういうことをほんとに問い続けていたのかどうか。今この機会に便乗してそんなこと言われたって、困るのです。

これは岡田さんの『著作集』の一つの基本的なモチーフだけれども、大体アジアとか歴史とか、東洋史、世界史、こういう歴史教科書の領分わけとか線引き、枠づけが、研究対象と世界の歴史の必然性に応じてつくられたものではほとんどなくて、いろいろなこれまでの制度とか何とかと妥協しながら、辻褄をつけてきたのが、日本の歴史教育です。

歴史にとって非常に重要なのが教育で、学校というものがなければ、僕らはユーラシアという言葉も知らない。だから僕は言語学者として、科学になろうなろうと努力してきた言語学と比べれば、歴史という研究科目そのものは、学問かもしれないけれども、少なくとも科学ではないと考えています。岡田英弘は非常にそれを鋭く、激しい言葉で表現しています――「歴史は、突き詰めてみればイデオロギーの一種であり、しかも人類の発明した、最も強力なイデオロギーである」と。これは『歴史とは何か』の一九三頁に書いてあることですが、僕もまったく同じように思います。

だから木村さんが今になって「ロシアって何ですか」なんて、そんないいかげんなことを言われたって困ってしまう。日本の国民はあなたのロシア研究のために税金払ってきたんだよ。僕ら大学で食わされてきた人間は、日本国民のために歴史をつくる責任を持っているんです。一面においてはね。それればかりじゃないけれど。

実は、ロシアという国は知れば知るほど面白いところがある。ロシア人のいいところは、ロシア人自身が、教科書に「タタールの軛」という言葉を必ず書いている。チンギス・ハーンの子孫たちが中央アジアからロシアを征服して、ロシアの王統の系譜そのものがタタール、黄色い騎馬民族に起源を持っているということ、ロシア人自身がそれを言うというのは、何と大らかないい民族だろうと思うわけですね。

その一方で、ソロヴィヨフのように、黄禍論を説く人がある。これは日清戦争のころから始まったのですが、日本人とシナ人とモンゴル人が一緒になって、万里の長城を北へ向かって乗り越えてロシアを全部征服するという、恐ろしい夢を見るんです。悪夢にうなされるんです。こんなのを読むと、かれは大思想家だと言われているけれども、ロシア人は何とちゃちなことを考えるもんだろうかと、一方で思う。モンゴル諸族、黄色い人間たちが大団結すると、ロシアは恐ろしいことになるという思想が十九世紀の終わりにきざして、そして日清戦争の結果を見て、日露戦争につながってロシアは大敗したという、その悪夢がずっとロシアを抑えつけている。その中でパン・モンゴリズムが現れて、モンゴル系の諸族が団結してロシアを打ち壊すかもしれないからと言うので、一九三〇年になってから二万人ぐらいの人間がモンゴルで殺されたわけです。政治家以外に学者や僧侶もそうだし、特に言語学者がたくさん殺された。モンゴル諸族の言語を統一しようという運動をロシア人は非常に危険視した。パン・モンゴリズムのモンゴルとは何を指しているかというと、日本人も入っています。つまり人種的なモンゴロイド、黄色人種恐怖なんです。

これはソ連が崩壊する少し前に聞いたことですが、ブリヤートのある一家がモスクワに旅行したら警察に捕まった。ソビエト市民なのに、留置場に三日ぐらい入れられて、「おまえはロシア人じゃない」と。かなりいい家柄の人で、サンジェーエフというモンゴル語の大学者を出している一族なんです。それがそういう目に遭っている。ロシア人の、黄色人種に対する恐れがいかに強いか。寿司がはやるのもそれで、寿司を食っていれば日本人のように強くなれるとか、健康になれるとか、そういう信仰があるんですよ。いろいろ不思議な現象が、一面では愛すべきロシアから出ています。だけどヨーロッパ人から、つまり純粋な白人から見たらネガティブなものを、ロシアの中に、歴史の中に積極的に評価してユーラシア主義をつくるような運動がロシアにあるということの方が、むしろ面白いんです。ただしこのユーラシア主義者たちは十月革命の直前、直後ぐらいにだいたい逃げて、プラハに亡命して、今ごろになってやっとユーラシア主義の研究が解禁されて、彼らが出した論文が今ロシアで読み始められている。

それから、絶え間なくくそまじめに神と問答をしながら、自分たちのアイデンティティを求めていく——こういう面白い人たちがロシア人だというふうに、僕は思ってあげたいんですよ。とりわけ北方領土交渉を今やるに当たっては、ロシアに対してそういう広い気持ちを日本人が持つことが、むしろ僕はプラスになると思うんです。

岡田英弘の著作で広く国民的な読者層が学ぶべきは、アジアとかヨーロッパとか、こういう枠組みは古臭い、ということです。つまりアジアという言葉は、僕らがつくった覚えはないんです。そんな身に覚えのない言葉を西洋人に押しつけられて、そして日本で福沢諭吉のように脱亜と言ったら、アジアから怒られるわけですよ。勝手にアジアから抜け出すなと。それから大東亜共栄圏と言って、今度は大東亜をまとめてヨーロッパに対抗しようと言ったら、また怒られるわけです。日本人の侵略的野心とか言って。もうアジアに、そんな義理はないんですよ。どうして日本人がアジアの面倒を見なきゃならないか。アジアの面倒見るたびに怒られているじゃないか。だからもう、アジアをやめよう。岡田英弘がそのままの文章でそう書いているかどうかは別として、僕が岡田から応用問題として発展させると、そういうことになるわけです。

会場からの質問

宮脇　先生がた、本当にありがとうございました。会場からの質問は、二つ来ました。一つは先ほど申し上げたように、漢字、漢人についてです。もう一つは、私への質問です。『古事記』のような現実味のないもの」――こう言うと怒る日本の人たちがいるんですが――「われわれ日本人の歴史観に大きな影響を与えている『古事記』をどういうふうに考えられているのか、お答えくだ

さい」と。

私自身は古代史学者ではないので、岡田英弘の代弁しかできません。どうお答えしようか、いま悩んでおります。日本とは何か、『古事記』をどう捉えるかというのは、『著作集』第三巻の一番大事なテーマになっています。

結論から申し上げると、岡田英弘は、『古事記』は百年後の平安時代初めの著作だと考えています。しかしだからといって、これに価値がないと言ったことは一度もありません。『古事記』は大変貴重な文献ですが、七一二年成立とすることが、歴史的に言っておかしいということです。その理由は、『古事記』はすべて漢文で書かれている。稗田阿礼が口承で……と言われますが、あれを丸暗記して、何も知らない人に耳から聞かせて、それを漢字で書きとめることが果たしてできるのか。一つは、こういう問題です。

『古事記』には、神話がたくさんあって、非常に面白い。『日本書紀』の神話は、七つも八つも十も異伝があり、同じ話でも違うバージョンを全部並べてあるので、ややこしいいんですが、『古事記』は、その中の一番いいところを抜き出して、まとめて面白く書いている。それだけ考えても、『古事記』の方が有利で、『日本書紀』より明らかにあとに成立したことがわかります。

それから、『古事記』は神話に重点を置いていますが、『日本書紀』は歴史書なので、面白くない。中国の正史のような記述が続くのですが、『古事記』はそこからいいとこどりをしている。しかも、和歌が多い。和歌こそが、日本の日本文明たるゆえんです。『日本書紀』ができたころは、まだそんなにたくさん和歌は詠まれていません。それは、『万葉集』が古いところは漢文で書かれていて、だんだん万葉仮名になって開かれていき、最後に耳で聞いてもわかる日本語になることからも明らかです。『古事記』には、耳で聞いてもわかる和歌がたくさんあります。このように順番に考えていったら、『日本書紀』の方が先にあり、『古事記』がこれを利用してできた本だ、ということになります。これが、岡田説です。

日本には縄文文明があったじゃないかなどという、日本には昔からきちんとしたものがあった、それは支那とは違うという気持ちが、どうしても私たちの中にはあります。しかし岡田英弘は、国民国家（ネイション・ステイト）という、ほんの二百年前からのイデオロギーから離れて、突き放した、歴史家としての切り込み方をしています。もちろん先ほど倉山先生がおっしゃったように、いろんな人にいろんな考えがあっていいんです。けれども一貫して並べた場合にこういうふうに見える、ということを、この『著作集』でぜひ読んでいただきたいと思っております。

おわりに

宮脇 そろそろ終わらなければなりませんが、今日はモンゴル大使館からお二人いらしてくださいました。「世界史はモンゴル帝国から始まった」という岡田説を述べた『世界史の誕生』が、去年キリル文字のモンゴル語訳でウラーンバートルから出て大反響を呼び、モンゴル人が本当に喜んでくれました。大統領も大変気に入ってくださって、国家をあげた大会議で言及されたそうです。駐日大使は、このテーマで大使館主催のシンポジウムをしたいとおっしゃっているぐらいです。ありがとうございます。

また、本日の会場には、新疆から、内モンゴルから、ウラーンバートルから……いろいろなところのご出身のモンゴル人がたくさん座っていらっしゃいます。岡田の歴史学は、モンゴル人に勇気を与え、それからもちろん、日本の思想の幅も広げたと言っていいと思います。

先ほど杉山先生からお話がありました、「シナ」と「中国」をどうするかという問題ですが、『著作集』が出る前は、戦後日本が「支那」を「中国」と書きかえたために、岡田英弘も一応言葉としては「中国文明」や「中国」と書いておりましたが、今回の『著作集』を契機に、一九一二年に中華民国ができる前については、土地は「シナ」、人間を「漢人」としようということで、書きかえております。第四巻は『シナ（チャイナ）とは何か』ですが、順調に編集が進んでおります。

最後になりましたが、本日の様子は「チャンネル桜」と「シアター・テレビジョン」の二つのテレビ会社が収録しています。いずれ、編集したものがネットでも見られるようになりますので、ぜひチェックしてください。

『著作集』の編集には、著者本人も立ち会い、ひとつひとつきちんと質問に答え、すべてに目を通し、相談に乗るという形で、予定通り着実に進んでおります。読んでいただければおわかりのように、とても読みやすくなっておりますので、続巻も、楽しみにしていてください。今日は、本当にありがとうございました。

3

〈完結記念シンポジウム〉

今、なぜ岡田史学か？

S・フレルバータル
楊海英
古田博司
杉山清彦
〈司会〉宮脇淳子

I　問題提起

宮脇（司会）　皆様、こんにちは。本日のシンポジウムの司会を務めさせていただきます、宮脇淳子です。お集まりいただきまして、ありがとうございます。

三年前、『岡田英弘著作集』の刊行が始まったときにもシンポジウムがありまして、もう少し長い時間でしたのでゆっくり間に休みを入れて議論ができたんですけれども、本日時間が少のうございます。最初にお一方ずつ短くお話しいただきまして、その後に補足をしていただこうと思います。

本日のパネリストを私の方からご紹介させていただきます。モンゴル国のフレルバータル大使閣下は、日本語が非常にお上手で、先ほどもシンポジウムの出席者プロフィールを全部お読みでした。

楊海英先生は、南モンゴルのオルドス出身で、現在は日本に帰化して大野旭という日本名をお持ちです。モンゴル名はオーノス・チョクトです。楊海英という名は、もともと中国のパスポートにあった名前で、そのままペンネームとしてお使いです。『墓標なき草原』で司馬遼太郎賞をおとりになったので有名ですが、つい最近、文藝春秋から刊行された『チベットに舞う日本刀――モンゴル騎兵の現代史』と、中央公論新社刊行の『日本陸軍とモンゴル――興安軍官学校の知られざる戦い』で、国家基本問題研究所の第三回国基研日本研究賞を受賞されました。

筑波大学教授の古田博司先生も、私たちとは古くからのおつき合いがあり、北朝鮮の問題だけではなく、今は東アジア文明論など幅広く論じていらっしゃいます。岩波書店の『東アジアの思想風景』でサントリー学芸賞、新書館の『東アジア・イデオロギーを超えて』で読売・吉野作造賞を受賞されていらっしゃいます。

杉山清彦先生は、三年前のシンポジウムのパネリストでもいらっしゃいまして、東洋史では岡田英弘の四十一歳年下、満洲学、満洲史研究における岡田の本当の継承者と言えます。大阪大学卒業

宮脇淳子（みやわき・じゅんこ）

1952年生。東京大学非常勤講師。博士（学術）。専攻は東洋史。主な著書に『モンゴルの歴史』（刀水書房）『最後の遊牧帝国――ジューンガル部の興亡』（講談社選書メチエ）『世界史のなかの満洲帝国と日本』（ワック）『真実の中国史』『真実の満洲史』（ビジネス社）『韓流時代劇と朝鮮史の真実』（扶桑社）『かわいそうな歴史の国の中国人』『悲しい歴史の国の韓国人』（徳間書店）『教科書で教えたい真実の中国近現代史』（柏艪舎）他。

で同大学大学院で博士号をお取りになったので、大阪大学大学院の出身である私とは同窓です。現在は東京大学教養学部の准教授で、昨年（二〇一五）、名古屋大学出版会から刊行されました『大清帝国の形成と八旗制』で、このほど第五回三島海雲学術賞を受賞されました。

岡田英弘の学問は朝鮮史から始まって満洲、モンゴルに行き、それから世界史と移ってきました。本日は国際シンポジウムと銘打っております。モンゴル国の大使閣下、そして南モンゴル出身の楊海英先生がいらっしゃいますし、しかも朝鮮史と満洲史とモンゴル史をそろえております。とても贅沢なシンポジウムだと存じます。

それでは、これからシンポジウムに入ります。フレルバータル閣下、よろしくお願いいたします。

モンゴル国民への大インパクト

ソドブジャムツ・フレルバータル

ご紹介にあずかりました、駐日モンゴル国大使のフレルバータルと申します。今日のシンポジウムに招かれて、大変光栄に思っています。先生、おめでとうございます。先生の作品を出版し、私にも送ってくださっている、藤原書店の社長、藤原さんにも、お礼を申し上げたいと思います。

私は日本の言葉を勉強し、日本のことを勉強し始めてから既に四十何年かたっています。日本の歴史、文化、政治、経済を理解するために日本のたくさんの先生方、学者たちの作品を読んで、そのおかげで日本という国に対する私の知識が少し生まれたわけです。

その中で、自分の国であるモンゴル国と、モンゴル国民の歴史、文化に関する、私の全然知らなかった新しい知識、理解を与えてくれた本も、日本に来て初めて拝見し、感動して興味深く読みました。司馬遼太郎先生、それからここに座っておられる田中克彦先生、それから何より、岡田英弘先生の数々の作品は、本当に私の世界を見る目、日本を見る目、特に自分の国を見る目を広くすることができた、と今誇りに思っています。

もう三十年以上前から、私は岡田先生と知り合いになって、ときどき会っては、私の頭に出てきた質問をたくさんして、私の知識を広げてくれるいろいろな回答を得てきたことを、私はたいへん感謝している次第であります。

先生の作品は、モンゴルでは今までそんなに広くは知られていなかったんです。それは、モンゴル国民の英語と、特に日本語の知識があまり広くはなかったことに関係します。歴史に興味がある数少ない研究家たちの中で、先生は知られていましたけれども、先生の本で初めてモンゴル語で出版されたのは『世界史の誕生』という本で、一般の人々や、歴史研究家に大きなインパクトを与えてくれました。おかげでモンゴルの人々は自分の国について、モンゴル人について、そして世界史におけるモンゴルの役割、貢献、といったことを正しく理解することができた。そういう意義と意味が大きいと思います。

モンゴルにおける歴史の徹底した研究、組織だった客観的な作品は、今までは少なかったと思います。二十世紀までは、モンゴルで『元朝秘史（モンゴルン・ニウチャ・トブチャアン）』などの歴史の本はありましたけれども、それはモンゴルの歴史を全面的に各方面から分析した史書というよりは、チンギス・ハーンやその子孫たちのこと、モンゴル大帝国のことを褒めたたえる文学、小説に近い作品であったわけです。

モンゴルは、二十世紀の初めごろから旧ソ連の影響の下に、社会主義国家になったときは、チンギス・ハーンの歴史についての本は、禁止されなかったけれども、それを読んだり、勉強したりするのはあまりいいことではないとされてしまったのです。学校では表面的には教えるけれども、一般の人々は歴史についてあまりわからなかったという時代が、何十年もあったわけです。社会主義

ソドブジャムツ・フレルバータル
(Sodovjamts KHURELBAATAR)

1951年生。モンゴル国ウランバートル市出身。1969-71年、モンゴル国立教育大学。1976年、旧ソ連・モスクワ国際関係大学卒業。1976年にモンゴル国外務省入省。アジア・アフリカ局長等を経て、1997-2001年、および2012年1月より駐日モンゴル国特命全権大使。政策企画・情報・評価局顧問、駐朝鮮民主主義人民共和国モンゴル国特命全権大使等も歴任。

時代には科学を発展させるということで、モンゴル科学アカデミーをつくり、いろいろの研究所の中には歴史研究所もありました。しかし、そこで行なわれた研究は、社会主義のイデオロギーのもとで、大変厳しい監視のもとで書かれたものですから、客観的な作品にはなっていない。また、歴史学者たち、研究家たちも、客観的な研究を進めて、それをそのまま出すことは、残念ながら可能性が限られていたわけです。

幸いモンゴルの民主化とともに、歴史に対する一般の人々の理解、教育は少し変わってきました。自分の国の歴史を正しく客観的に見て、各方面から研究したい、そして客観的な作品を書きたい、国民の教育、歴史に対して、そういうことを広める運動が、モンゴルの民主化とともに誕生したんです。でも最初のころは、社会主義時代のイデオロギーからあまり解放されていない人たちの研究ですから、あまりよくなかった。若い人たちが登場して、歴史を新しい方面から客観的に勉強したい、研究したいといっても、言葉の知識が不足している。特に古代漢語を勉強して司馬遷の歴史の本を読む、あるいはペルシア語、アラビア語を勉強して、その言葉で書いているモンゴルの史料を勉強する……そういうことが非常に難しくて大変だったんです。けれども、最近は言葉を勉強しながら、歴史の史料を読む、研究する若い人たちが育っていて、これから本格的なモンゴルの歴史研究が始まろうとしている時代です。

モンゴルの民主化直後、今から約二十五〜六年前に、日本のＮＨＫが「大モンゴル」という番組をつくりました。西側諸国の取材を受け入れるようになったばかりのモンゴル国でもロケをして、五回シリーズの番組はモンゴルでも放映されて、大きな反響を呼びました。岡田先生が監修者だったそうですね。

世界史に対するモンゴル大帝国の役割、貢献というのは、その頃国際的によく知られて支持を受けていたソ連のペレストロイカに似ている。人類の歴史に対するそれなりのペレストロイカであった、という内容だったんです。その番組は、モンゴルの国民、テレビを見た人たちの中で本当に大きなレゾナンス（共鳴）を広めて、みんな感動したことが始まりだったと思います。

先ほども言ったとおり、『世界史の誕生』がモンゴル人に大きなインパクトを与えてくれました。モンゴルの歴史を正しく理解する、今まで知らなかった知識を得る、そしてその中から自分の国の歴史に誇りを持つ、教訓を受ける——そういう意味では、とても意義が大きかったわけです。

最近は、若い歴史研究家たちは、日本を初めいろいろの国の歴史研究家、学者たちと交流し、それぞれの国の作品を勉強する、調査研究する。そういう活動をやって、モンゴル人が自国の歴史を正しく理解する。そして客観的な作品をつくるということがようやく始まりました。岡田先生の、モンゴルの歴史に限らず、中国、満洲、アジアの歴史、世界の歴史に対する作品は、他の学者たちが勉強して分析して、結論を出して書いた本を、そのまま真似ているんじゃなくて、自分なりに考えて、分析して書いたという点で、やはり「岡田史学」という独特なものができている。そういうことを最近モンゴルの人々はよくわかり、高く評価しているわけです。

モンゴル人がモンゴルの歴史を改めて理解するのに、大いに貢献したということで、モンゴル人は先生を大好きになって、敬意を表して感謝しています。モンゴルの国もそれを高く評価して、モンゴル国の最高の勲章、北極星（アルタンガダス）勲章を先生に贈りました。それは先生の研究、作品に対する、モンゴルの人々の評価、気持ちであろうと思います。

先生は八十五歳になられましたけれども、先生をよく理解し、支援し、継承する、そういう弟子たちがどんどん出てきていることを聞いて、私はたいへん喜んでいます。これからも先生が元気で長生きして、そしてたくさんの作品をつくることを願って、私の簡単な話としたいと思います。おめでとうございます。ありがとうございました。

宮脇　フレルバータル大使閣下、ありがとうございました。では、引き続き、楊海英先生、よろしくお願いいたします。

『蒙古源流』の地から

楊海英　モンゴルのことわざで、「最初の馬が走り出したら、次の馬は確認もせずに走る」というのがあるのですけれど、大使閣下が立って話されていたので、私も立たなければならないかなと思ったんですが、ふだん立って話をしていますので、そして次の駿馬たちのことも考えて（笑）、座らせていただきます。

岡田先生の数多いご著作の中に、『蒙古源流』のご翻訳があります。これはモンゴル語で『エルデニイン・トブチ』と言い、十七世紀に生まれたたいへん有名な年代記です。実は私はオルドス生まれのモンゴル人で、この『蒙古源流（エルデニイン・トブチ）』は、ちょうど私の家のすぐ近くで書かれたんです。著者はサガン・セチェン・ホンタイジ。「ホンタイジ」というのは「皇太子」という漢語のモンゴルなまりです。『岡田英弘著作集　第一巻　歴史とは何か』の表紙の写真は、オルドスから見つかった『蒙古源流』の写本の中の一ページです。

モンゴル国は一九二四年まででしょうが、私の家のある南モンゴルは一九四九年まで、モンゴル人は必ずチンギス・ハーンの直系子孫の管理下に編入されていたんです。くしくも我が一族は、代々この『蒙古源流』の著者の属民です。モンゴル語で「アルバト」と言います。

そして、モンゴルも日本と同じように、偉い人が亡くなったら祭るという習慣があって、『蒙古源流』の著者もまた我が家のすぐ近く——近くといっても馬を飛ばせば二時間ぐらいの距離ですが、そういうのはモンゴルでは近くといいます（笑）——、そこで祭っていたので、我が一族は必ず毎年決まった日にそこへ行って、供物を捧げる、そういう特別な関係でした。そのことについてはモンゴル人の私がここで語るよりも、十九世紀末からオルドスで布教していたベルギー人やフランス人宣教師が、大変詳しい記録を残しています。

『蒙古源流』は、実はオルドスにはたくさん写本があります。『蒙古源流』の中の物語も、実はたくさん民間に広がっているんです。例えば、チンギス・ハーンの名誉にもかかわるようなことも、民間に流布しているんですね。チンギス・ハーンは、西夏王国を征服したときに、大胆にも西夏王国の妃と一夜を共にしたら、次の日に亡くなった、大英雄があんな形で逝ってしまう……ということなんですが、そういうこともオルドスの民間には広く伝わっているし、私も子供のころから聞いて育っています。そのような、場合によっては不名誉とでも解釈できるような話をこの著者も拾って、『蒙古源流』という年代記の中で書いているんです。

モンゴル人はそのように、チンギス・ハーンに対して非常に親しみを感じながら語り、そして思いを寄せてきました。それが『蒙古源流』に結実しています。実は『蒙古源流』は非常にユニークな著作で、岡田先生は「世界で初めての世界史である」と、『世界史の誕生』の中で位置づけておられます。その根拠は何かというと、『蒙古源流』は、実はおそらく世界で初めて、人類の誕生に

楊海英（よう・かいえい）

1964年生。内モンゴル自治区オルドス出身。静岡大学教授。博士（文学）。専攻は文化人類学。モンゴル名オーノス・チョクトを翻訳した日本名は大野旭。北京第二外国語学院大学日本語学科卒業。1989年来日。国立民族学博物館・総合研究大学院大学博士課程修了。主な著書に『中国とモンゴルのはざまで』『墓標なき草原 上下』（岩波書店）『日本陸軍とモンゴル』（中公新書）『逆転の大中国史――ユーラシアの視点から』『モンゴルとイスラーム的中国』（文藝春秋）他。

ついて書いているんです。お猿さんが人間になっていくお話。そしてインドの王族――これは世界初の王の系統です――その系統から、チベットの王の系統が生まれる。そしてそのチベットの王子の一人が、チンギス・ハーン一族の祖先になっていく――とんでもない話ですけれど、でもこれには、人類の誕生から世界初の王統、そして世界の歴史がつくられていくというプロセスが含まれているんです。これは十七世紀末の年代記ですけれど、おそらくそのような年代記が生まれるまで、先ほど申し上げたような祖先チンギス・ハーンの、場合によっては不名誉とでも解釈できるような物語がモンゴルにはいっぱいあって、それを集めて著者は、「世界史」という流れの中で年代記を書き上げたわけです。それを岡田先生は、これは世界初の世界史であるというご研究をなさっていますので、『蒙古源流』の著者の属民である私には、こんな形で偉かったのかと、岡田先生のご研究を通して初めて、『蒙古源流』の位置づけの意義がわかりました。

先ほど、大使閣下が挙げておられたように、実はモンゴルには複数の年代記があるんです。だいたい歴史が激動の時期に差しかかると、年代記がたくさん出てきます。もちろんモンゴル語、あるいはチベット語で書かれています。これは決して日本の批判ではないし、意地悪な皮肉でもないんですが、漢文が大変お得意な正統派東洋史学者は、そのようなモンゴル語、あるいはチベット語の年代記を決して読もうとしてこなかったんですね、岡田先生が偉大な著作をお書きになるまでは。しかし、日本の東洋史あるいはモンゴル史関係の人たちの著作をよく読んで、どんな参考文献を使っているのかなと見てみましたら、ヨーロッパの、つまりドイツ人、フランス人、ロシア人がモンゴルの年代記を使って書いたものでした。「結論」は使うんですけれど、ご自分の方から歴史学の大原則である原典に当たる、ということはしないんです。つまりヨーロッパ人の結論だけ使って、ご自分でモンゴル語の年代記のテキスト、あるいはチベット語に当たって読もう、ということはしなかったんです。

私はいつか、「日本の東洋史学者はヨーロッパの香水の匂いがしみ込んだ結論は好きですけれど、ご自分で写本を読もうとはしないんですね」と、少し意地悪な、不遜な書き方をしたこともありますが、最近ようやく年代記をきちんと読んで、そしてモンゴル人の見方とは何なのかを考えるという研究が着実に増えてきています。これもやはり岡田先生が先鞭をつけておられたことから、その道を歩む人が出てきたと思うんです。研究対象者が書き残した言葉、記録を読まないで、第三者、日本の場合ですと古代からシナ人が書いた記録を使って、シナ人から差別の眼差しで見られてきたフロンティアの諸民族について語る。昔は塞外史と呼んで、万里の長城に上がってゴビ砂漠に小便したら虹が立つとか、何とかのギャグを飛ばしながら、それで遊牧民を眺めるという研究をしてきたんですけれども、もう今はそういう時代ではないんです。やっぱり万里の長城からおりて、そしてステップに入っていく。実はステップの民というのはいっぱい記録を残しているんです。

文化大革命について研究するまで、私もオーソドックスなモンゴル学をやっていたのですが、私のモンゴルでの経験と、日本を見た経験から申し上げますと、実はモンゴルと日本に共通した特徴が一つあります。モンゴルには多数の写本があります。モンゴル語で「ガルビチメル

gharbichimel」というんですが、日本には古文書という文化がある。これはどちらも手書きなんです。マニュスクリプトです。残念ながら朝鮮半島とシナにはない文化です。シナと朝鮮半島には、印刷文化はあるんですけれど、マニュスクリプトの文化、つまり書写の文化はないんです。印刷の文化がありますと、エリートは読めるんですが、庶民は読めないんです。モンゴルは遊牧民ですけれど、遊牧民の箪笥を開けてみたら、あの中には実は写本が入っているんですよ。私は毎年日本の農村で調査しているんですけれど、蔵を開けたらどの家の蔵にも古文書が眠っています。これはやはり西はアラブ、ペルシア、そしてモンゴル、日本に共通した文明的な特徴の一つではないかなと思います。印刷文化の伝統のあるシナと朝鮮半島には、そのようなすぐれた伝統は、残念ながらありません。もちろん印刷文化のすぐれたところは、これは誰もが認めることなんですけれど。

ですから、そのような写本文化から生まれたモンゴル語年代記、その年代記を使って〝世界史の誕生〟という偉大な学説を出した岡田先生、そしてその先生のご本を、何と今、中国共産党のリーダーたちも読んでいる。そしてそこから、場合によっては、中国にはどこまで期待していいかわかりませんが、でも少しずつ岡田先生のご著作が中国語にもなって、そして彼らにも読まれるようになっている時代ですので、ひょっとしたら中国からも、太陽が西から出てくるのと同じぐらい難しいかもしれませんが（笑）、新しい歴史観が生まれるかもしれないと期待しております。これもやはり岡田先生の新しい歴史観からの刺激ですので、本当に先生ありがとうございますと、『蒙古源流』の故郷からやってきた私の素直な感想でございます。

宮脇 楊先生、ありがとうございました。では、古田博司先生、よろしくお願いいたします。

直観が降ってくる学問

古田博司 腰が悪くて、ベルトをしています。ですから、坐らせていただきます。どうも先生、おめでとうございます。筑波大学の古田です。私の専門はもともと朝鮮史なんですけれども、大体十五年ほど前に、この分野はもう終わりだということに気づいてしまいました。そこから哲学の勉強を始めまして、十五年勉強しましたら本が二冊書けてしまったんです。買っていただきたくて言うんですけど、『ヨーロッパ思想を読み解く』(ちくま新書)と、『使える哲学』(ディスカヴァー・トゥエンティ・ワン)と、二冊出しました。

岡田先生とは、実はほとんど、というかまったく、会話をしたことがない。というのは、そのような機会がなかったんですね。でも、岡田先生とは、本で、文字で会話をさせていただいています。岡田先生のご著作を読むたびに、カントのにおいがするんです。ポーッとこう来るんです。あれは『純粋理性批判』ですね。これはカントを随分やっていらしたんだな……と、こういう会話をします、本を読みながら。岡田先生、カントを耽読されたのはいつごろですか。

岡田 カントは読んだことがありません。

古田 えっ。どうしてカントのにおいがするんだろう。同じ方向に動いたんでしょうか。ヒュームもお読みになったことはないんですか。不思議な力を感じますね。……ともかく、読んでいますと、その後のドイツ人――ヘーゲルやマルクスとかのにおいはしないんですね。ということは、おそらく先生はヒュームなんかと同じような考え方かなと。ヒュームの焼き直しがカントです。ヒュームはイギリスの哲学者で、「出来事の連鎖しかない」と言い切った哲学者です。歴史というのは、出来事の連鎖なんですね、はっきり言いますと。そこに別に法則とかは何もないんです。そういう法則とかなんとかがあると言ったのは、ヘーゲルら以降なんです。ないですよ、そんなもの。だってさんざっぱらやって、ついに「ない」ということがわかって、みんな腹立てているじゃないですか(笑)。岡田先生の著作を読むと、「ああ、出来事の連鎖ということでお書きになっているんだな」ということが、わかるんですよ。……こんなふうに本で先生と会話するんです。

ところが――直観ですね。おそらく先生の場合には、直観が次々とやってくるんだと私は思ったんです。向こう側から、直観が次々とやってくるんだろう。その次々とやってくる直観は、初め言葉になっていなくて、それを書きながら言葉にしていく、というのが、おそらく岡田先生の書き方で、そうすると書いているうちに面倒くさいから、注とかは全部飛ばしてしまう――そういうことじゃないかなと思うんです。

先ほど、杉山先生の「月報」(『著作集』第八巻)を読ませていただいたら、「清の太宗嗣立の事情」という、わずか十一ページの、注もなしの論文が、すごいインパクトだった、と書いてありましたね。こういうのを天才というんです。直観が降ってくる――、向こう側から来るんですね。私は天才じゃないんです。私は言葉が先に来るんですよ。例えば私の書いた本『東アジア「反日」トライアングル』なんかは、言葉が来てから「じゃあ、ご命令どおり書きます」という感じで書いているんです。

歴史というのは本当にただの出来事の連鎖ですが、そこに長い間、戦後日本の学者たちは「法則がある」と信じ込んで、例えばマルクスの唯物史観とか、ヘーゲルの歴史哲学もそうです——最後に聖霊の時代が来て、そこの預言者が自分だなんて、そんないんちき歴史観を滔々と述べて、それを日本の学者たちが延々と真似し続けた。そしてみんなが今やっと怒り始めたという段階ですね。岡田先生は、そんなのはいんちきだということに早くに気づかれた。出来事の連鎖の中で向こう側

古田博司（ふるた・ひろし）

1953年生。筑波大学教授。博士（法学）。専攻は東アジア政治思想・朝鮮政治。慶応義塾大学大学院文学研究科修士課程修了。主な著書に『東アジアの思想風景』（岩波書店、サントリー学芸賞）『東アジア・イデオロギーを超えて』（新書館、読売・吉野作造賞）『東アジア「反日」トライアングル』（文春新書）『朝鮮民族を読み解く』『「紙の本」はかく語りき』『日本文明圏の覚醒』『悲しみに笑う韓国人』（筑摩書房）他。

の根拠を摑もうとすると、おそらく二つしかないと思います。一つは〝民族〟、もう一つは〝地政学〟です。先生は、おそらく民族の方に焦点を当てられたのだろうと思います。民族の動きの向こうに根拠を見たのだろうと思ったんです。ついでに言うと、私は地政学の方なんですね。

何が言いたいかというと、天才っていいなと。私は天才じゃないんですよ、残念ながら（笑）。天才だと、もっと大きな仕事ができるんです。その代わり、天才は人生がつらいですよ。だって、火中の栗を次々と拾いながら歩くようなものですよ。拾うたびに、いわゆるパリサイびとやサドカイびとみたいなのが、みんな怒り始めるわけです。でも本人は、拾わざるをえない。どんどん拾っていく。……ついでに言っときますと、私の場合には先に見えてしまうんです、火中の栗が。だから拾えないんですね（笑）。天才には、それが見えない。だから次々と栗を拾っていって、直観の来るままに書いていく――そういうことだと思います。

岡田先生の出発点も朝鮮史ですが、私も朝鮮史をやっています。朝鮮史というのはとんでもない分野でして、もうマルクスこてこてなんです、いまだに抜けない。「北朝鮮擁護」ということをずっとやっていた分野ですから、「朝鮮がいかに自立した国家か」を証明しようとするんです。これはとんでもない話で、周りに満洲というアクターがあり、シナというアクターがあるから、自律的であるときもあるし、他律的なときだってあるに決まっているのに、すべてが自律的でなければいけない。これを私は「一国朝鮮主義」と呼んでいます。これをやるものですから、いつまでたっても意味がわからない。いまだに満洲の要素をほとんど入れようとしないんです。

岡田先生が一九五九年に『朝鮮学報』に書かれた論文「元の瀋王と遼陽行省」を見てびっくりしました。これはまたあまり注がなくて読みにくいんですが、読まなければいけない。どうして今まで一国朝鮮主義に沈潜していたのかと思いました。でも私ももう六十二なんで、若い人にやっていただく、ということなんですが。

若い人で、満洲の要素を入れた東洋史、あるいは朝鮮史の研究者が出てきているか、というと、朝鮮の方はまだ出ていません、だめです。東洋史の方から遼陽史などをやり始めた人がぽつぽつ出てきました。すごくいいことですね。というのは、東アジアは、三者の関係でないと絶対にわかりません。それを漢文屋さんたちは――私も漢文屋さんなんですけど――どうしても中華思想に寄り添うんです。シナが一番、コリアが二番と、こう思うんです。コリアの連中も時々二番、あるいは時々大国気分スタンスになって俺が一番、と言い始めたりする。そうすると、日本の元総理大臣の親書を拒否したり、あれは大国気分スタンスから来ているんです。そういうことをコリアはするんです。研究者も同じようにやっているから、いつまでたっても中華思想が抜けない。それで、一国主義です。これではどうしようもない、というので慨嘆しています。

もう一つ、私は岡田先生に教わったことがあります。天才というのは、やっぱりすごい。「漢文に音は要らない」と書いてあったんです。私は目から鱗どころか、目が落ちそうになりました（笑）。これはすごい。何がすごいかと申しますと、例えば台湾の人の書いた朝鮮史の本を読んだりします。そうしますと、私は中国語と朝鮮語ができるものですから、現代中国語の部分を中国語で読み、引用の朝鮮漢文の部分を漢文読み下しで読みます。というのは、その漢文の部分を現代中国語で読んだら、意味が取れないからなんです。なぜかというと、言語というのは音楽です。言葉を載せた音楽ですから、その音が消えてしまったら、意味がつかめなくなってしまいます。歌と同じですから、歌詞がない歌みたいなものになってしまうんです。ですから漢文のところに来ると、現代中国語では読めませんから、日本の漢文読み下しで読む。台湾の学者が書いたところは現代中国語の音で読む。面倒くさいんです。なんでこんな面倒くさいことをしなければいけないんだと、うちの大学の中国思想の先生なんかに聞くと、全部中国語で読むみたいなことを言う。嘘くさいなあと思っていたら、岡田先生の「漢文に音は要らない」というのを読んだときに、これだと思いましてね、以後一切音無しの黙読で読むことにしました。現代中国語の部分も、おんなじ絵文字だと思って黙読しちゃいます。そうすると、非常に楽に読めるんです。どうしてこんなこと、今までしなかったんだろうと思いました。これが天才のすごさなんですよ。非天才には思いつかないんです。そういう意味でも、私は先生から教わりました。

十七年前に脳梗塞になられたということで、先生と直接お話ししたことはないんですけれども、いつもそうやって、本を読みながら会話させていただいて、そして今でも学んでおります。ありがとうございました。

宮脇 古田先生、ありがとうございました。引き続き、杉山先生にマイクをお回しいたします。

『満文老檔』研究の意義

杉山清彦　ご紹介にあずかりました、杉山でございます。東洋史業界の悪口が次々と出ていますけれども（笑）、最初にご紹介いただきましたとおり、私は東洋史が専門です。本日は、おそらく実証研究という点で岡田先生に最も近い分野からお話し申し上げるということで、お声がけいただいたと思っています。

このたびは、『著作集』の完結おめでとうございます。私は、先ほどから話題になっている満洲・モンゴル史のうち、満洲史の部分を専門にしております。しかし、先生方がおっしゃっているような、岡田先生のご学問がいかにすばらしいかをお話しするには、私はあまりにも若年に過ぎまして、名著『世界史の誕生』が出たのは、私がまだ学部生のときでした。もちろん、それらのご著作を通して、そのとき現役ばりばりで活躍されているのは知っていましたけれども、やはり私どもの世代にとっては雲の上の大先生で、岡田先生のことは、「岡田英弘（えいこう）」と言って、歴史上の人物のように扱っていました（笑）。それが、この十年足らず、学術論文集『モンゴル帝国から大清帝国へ』（二〇一〇年）などのお手伝いいさせていただきまして、非常に光栄に思っております。

岡田先生の学問・発言について、一般に皆さまがご存じでいらっしゃるのは、おそらく評論、時論のお仕事や、『世界史の誕生』などの概説書を通してのものだと思います。もちろんそれらは、楊先生からもモンゴル年代記の話がありましたように、原典史料に立脚していることが、あくまでも大前提になっています。そこで今日は、東洋史学者としてのお仕事、たとえていうと、出てきた料理ではなく、ふだんなかなか見えない厨房の中について、お話ししようと思います。

先ほどからのお話の中に、「満洲」がちらほら出てきました。満洲というと、ふつう現在の日本では、それは満洲事変以降に日本人が入っていったところであり、そこにはもともと漢人(チャイニーズ)の農民がいた、と思われています。ですが、満洲というのは、漢人農民が耕している土地ではなく、よく知られた愛新覚羅などといった、一見して漢人ではない姓を持った人々(実際にはふだん姓は名乗らないのですが)、すなわち女真人、満洲人――むしろモンゴル人や日本人と非常に親和性の高い人々――が暮らしを築いてきた地域として捉えなければなりません。つまり、日本近代史の一部としての満洲史、というイメージとはまったく違う、むしろ人類学や言語学などのアプローチとも親和性の高い、独自の世界があったわけです。これを研究するのが、ここでいう、東洋史の一分野としての満洲史です。先ほどの古田先生のお話の中にありました、朝鮮史、韓国史をどう捉えるかということも、満洲史と密接に関わります。

この分野は、戦前の日本では大陸への関心もあって非常に盛んで、東洋史研究者の二人に一人は満洲史だと言われるような状況が――半ば国策的に――ありました。しかし、敗戦とともにそれが一気に逆にひっくり返って、分野としてほとんど消滅してしまったのです。ところが岡田先生は、日本が大陸権益を失った直後に、まず朝鮮史、そして満洲史を、あえて学び始められたのです。そのような分野をあえて選ぶには大変な勇気が必要であり、しかもさまざまな困難に挑んで独り道を切り拓かれたことがいかに偉大なことであるか、今自分がその道を進みながら、改めて感じているところです。

岡田先生の業績としてまず必ず挙げられるのが、『満文老檔』の研究で日本学士院賞を最年少で受賞された、ということです。この『満文老檔』は、漢字ではなく、モンゴル文字を借用してつくられた満洲文字で書かれた満洲語の歴史文献です。一見すると、よくこういうものが読めるなと思われるのですが、これは、横に倒してみると、筆記体で書いた英語のノートと同じなのです。筆記体で書かれた単語を一字一字分解することができるように、モンゴル文字や満洲文字も、一つ一つ

杉山清彦（すぎやま・きよひこ）

1972年生。東京大学准教授。博士（文学）。専攻は東洋史。大清帝国の形成過程とその政治・制度・軍事について研究。大阪大学大学院文学研究科史学専攻博士後期課程修了。著書に『大清帝国の形成と八旗制』（名古屋大学出版会）。共著に『世界史を書き直す 日本史を書き直す』（和泉書院）『北東アジアの歴史と文化』（北海道大学出版会）『中央ユーラシア環境史2　国境の出現』（臨川書店）『清朝とは何か』（藤原書店）他。

の要素に分解することができるわけで、つまりこれはアルファベットの一種なのです。そう考えると、別に魔法というわけではないのですが、しかしやはり入り口にハードルの高さを感じるのか、先ほど楊先生のお話にありましたように、東洋史学界では満洲語、モンゴル語を使う研究者がなかなか出ない、という状況にありました。そういった中で、岡田先生はいち早く満洲語を習得され、『満文老檔』という、清朝の建国期であるヌルハチ、ホンタイジ——宣統帝溥儀のご先祖に当たります——の年代記史料の訳注・研究に参加され、その中心メンバーとなられたのです。

それからの岡田先生のご活躍はよく知られているところと思いますが、その後も一貫して、相変わらずマイナー分野とされていた満洲史、さらにモンゴル帝国が解体した後のモンゴル史という、これまたほとんど関心が向けられていない上に極めて困難な分野に挑まれ、先ほどお話のあった『蒙古源流』などのモンゴル文年代記を駆使して、見事に解き明かされました。その結果、モンゴル帝国は「滅亡」などしていないということを、原史料から力強く実証されたのです。教科書や概説書には「元滅び明興る」などといまだに書かれていますが、一三六八年に明が興ったのは事実だけれども、元すなわちモンゴルが滅びたかというと、そうではない、ということなのです。たとえて言うならば、戦後にインドが独立したからといって、「イギリスが滅亡した」とは言わないのと同じです。つまり、植民地としてのシナ本土から引き上げただけで、モンゴル帝国はその後も高原でずっと続いているということを、非常に克明に明らかにされたのです。

同時に『満文老檔』についても、一次史料の追究をずっと続けておられました。一九六〇年代に、

『満文老檔』のもとになった文書群が、台湾で再発見されました。十七世紀前半の清朝初期に書かれた満洲語の草稿が残っていたのです。それがなぜ台湾にあったかといいますと、国民政府の台湾移転時に、蔣介石が持ち込んでいたのです。戦前・戦中に北京、南京、重慶と転々とし、南京に戻ってきて、その後すぐ台湾に持ち込まれたというわけです。岡田先生たちは、一九六〇年代末に台湾で原檔再発見の情報が出た直後からすぐさま取り組まれ、さまざまな史実を明らかにされました。

それが、先ほど古田先生が触れられた、一九七二年の「清の太宗嗣立の事情」という論文で、清の第二代皇帝となるホンタイジが、ヌルハチの後継者の地位を手に入れていく過程を明らかにした重要な研究です。写真版でもまったく違うページに散らばっている古文書の断片を、このページの上半分とこのページの下半分とをつないだらもとの文書になる、といった形で十数枚分をつなぎ合わせて復元すると、そこには、ヌルハチの後継者の座をめぐる事件の顚末が書かれていたのです。しかも、そのように重厚な文献学的研究でありながら、注がないという驚くべき論文なのです。学術論文とは、形の上で注があったり、分量が長かったり分厚かったりすれば立派なものというわけではなく、たった十一ページでも、文献学の基礎的作業に根拠づけられた名編というものがあるのです。私は学生時代に、この分野をやろうと思ったときにこの論文を読んでそのことを目の当たりにして、非常に驚きました。

どうしてこういうことをお話しするかと申しますと、一つは岡田先生の代表的業績である『満文老檔』に関わる研究について、いわば厨房の部分はどのようなものであったかを皆さんにご紹介したいということと、そのように一次史料の研究に支えられたその上に、いわば厨房でやっていることは見せない状態で、概説書などで非常に雄大なことが書かれているのだということを知っていただきたいと思うからです。そして先生は、そのミクロとマクロの両方の世界を常に往還されているのです。

「天才」と先ほどから言われておりますけれども、もう一つ、私が非常に印象的に思いましたのは、チンギス・ハーン廟についての指摘です。チンギス・ハーンの祭祀は、かつては祭壇を積んだテント（ゲル）自体が遊牧するという形式で行なわれていました。このため、モンゴル帝国時代には当然モンゴル高原にいたのですが、現在は南に下りてきて、中国領内のオルドス地方にチンギス・ハーン廟があります。このことについて、岡田先生は、早くに書かれた、やはり注がない（笑）文章の中で、十五世紀ぐらいに南に下りてきたと書かれていました。

ところが冷戦が終わり、東側の社会主義国での調査や研究、さらには発掘といった、西側の私たちにとってそれまでまずあり得なかったことが、一九九〇年代以降に可能になり、考古発掘が行なわれたところ、確かにチンギス祭祀は十五世紀頃まではモンゴル高原で行なわれており、その後、南に下りてオルドスに遷ったらしい、ということが判明したのです。まだ冷戦中、現地になど行けないと思っていた時代に、岡田先生は文献研究から論理的に見抜かれており、そしてそのことが実証されたわけなのです。歴史家のいわば予言のようなもので、その切れ味に一驚させられた次第です。

岡田先生のこのたびの『著作集』、それから論文集『モンゴル帝国から大清帝国へ』といった作品群の根底には、現在の研究水準で見ても絶句してしまうほどの緻密な文献研究と、それに基礎づけられた上で、しかも先入観に縛られない、非常に大きな――鳥瞰的というより、ほとんど衛星軌道から、宇宙から見ているぐらいの――スケールの展望とがあって、その両方を自在に行ったり来たりされながら物された作品なのだということが、痛感されるのです。

もう一点、重要であるのは、今回の『著作集』の最終巻にまとめられた、記録者としての岡田先生の、さまざまな学会参加記類です。こういった報告書が書物になるということは驚くべきことで、たいへん感動しております。記録というのは、誰にでもつけられるものではなく、それを記録する力量が必要であることは言うまでもありません。本巻を繙けば明らかな通り、北アジア、中央ユーラシアに関する学会というと、ありとあらゆる言語、民族、文化、宗教、それらのバックボーンのある研究者が集っているものです。そこで、彼はこんなことを言った、彼の報告は大したことはなかった（笑）などというのも含めて、参加された国内外の学会をすべてご自身の言葉でまとめていらっしゃいます。「このセッションは、私は出ていないから知らない」とはっきり書かれているように、逆に言えば、聞いているところに関しては、正確に報告内容を聞き取り、学術的意義を評価されているわけです。このたび一書になる過程をお手伝いしていて、これはとても真似できない、よほどのゼネラリストでなければできない離れ業だと思い、改めて感嘆した次第です。

私のような若造が言うことではないでしょうが、読書とは書物との対話であり、そのときどきの読む側の力量によって、書物の伝えるメッセージはいくらでも変わっていきます。学生のときに読んだものでも、三十歳で読んだり四十歳で読んだりすると、違うように読めるものです。文学のことは私にはわかりませんが、研究書や概説書、さまざまな評論類などについては、そう思います。私は、二十年ほど研究してきて、研究論文についてはようやくある程度わかってきたかなという気がしますが、時評や概説の類ではなかなかそうはいきません。その文章の背後にあるさまざまな文献や、国際情勢、社会情勢の読み込みの蓄積を、こちらが咀嚼したり知ったりすることがもう少し深まらないと、なかなか理解できないし、充分に味わい尽くせないものだと感じます。

岡田先生の著作は、学生時代にびっくりしながら読んだと言いながらも、今何度繙いても、そのときどきに違う発見があると感じています。このように『著作集』がまとまりましたので——全部読み通すには、たいへんな巻数ではありますが——、私自身、あらためて一から勉強して、また新しい発見ができればと念じています。そして十年後、二十年後にも読み直してみて、こんなことをおっしゃっていたのか、ということがいつかわかるようになれたらと思っています。おそらく皆さま方もそのようにお考えではないでしょうか。このたびはおめでとうございます。

Ⅱ ディスカッション

弟子入り三十八年の思い

宮脇 杉山先生、ありがとうございました。司会である私も、一言言わせていただきたいと思います。先ほどから岡田英弘の天才ぶりを皆さんが褒めてくださっているので、私の知っていることを二つ、ここで披露したいと思います。

私は三十八年前に岡田に弟子入りしましたが、その日からもうアップアップの毎日です。他のことをする余裕は何もない、ただひたすらついていくのに必死、という人生を過ごしてきました。それでも、たいへん幸せだと思っております。いま教えている学生に、「どうして岡田先生はあんなことを思いついたんだ」と聞かれますが、私が傍らで見ていてわかったことがあります。毎日新しいことを読んだり、情報が入ったり、人から得たものがありますね。それを毎晩、夜中じゅうかかって、頭の中にあるすべての知識に照らし合わせているのがわかるんです。ですから、たくさんの経験がある日は、夜中にブーンと、隣で熱を持っている感じがするんですよ。コンピュータが動いている時と同じで、脳が動いて熱を発散していて、だんだん部屋まで暑くなってきて、影響されて眠れない——本当にそういう毎日でした。

古田先生がおっしゃった「直観」というのに賛成です。「正しいか、正しくないか」ではなくて、これまでのデータ、頭の中に持っている情報に照らし合わせているのがわかるんです。だから変なのは変と、どこかで引っかかる。引っかかったら、それを閉ざさないで、納得するまでとことん考えることをやめない人だったんですね。そして何もかもしっかりわかるところまで行くと、人と全然違うところにたどり着く。整合性がつくまでは、すべてを〝変〟という箱に入れておくんです。でも、全部自分で考えついた結論ですから、こっちで行こう、という人生を歩むので、火中の栗もいいところ、ほとんど全員が敵というか、反対されてしまった。岡田英弘に弟子入りするからには、これはもう全世界が敵になるなと、私は二十代の後半に思いました。でも私にも直観力はあったので、岡田について行く道を選んだんです。

本当にここまで長生きして、このように八冊も、最後まで『著作集』が出たというのは、天もちゃんと見ていてくれたということだと思います。杉山先生もおっしゃっていた通り、第八巻というのは類書のない本です。出席したすべての学会について記録を書く、というすごいものなんです。記録魔で、書かずにはいられない。私も、この巻の中心になっているPIACという国際学会については、後半は一緒に参加して脇で見ておりましたが、私なんかにはまったく意味のわからない発表がどんどん続くんです。私には、専門以外のことはわかりません。言葉がわからないだけではなくて、内容もわかりません。でも後で岡田の書いたものを読むと、こういうことだったのかといつも思うのです。また、日本の学会も外国の学会も、主観で書いているところがすごい。つまり、自分の外側に何らかの基準があるのではなくて、自分が面白かったら、「面白かった」と、面白かった内容だけを書いて、たいしたことがなかったらとばして、発表者の名前や題名だけ挙げるような学会報告書なんです。ですから、こういう本は、おそらくこれまでも、そしてこれからもないでしょう。学者は普通、バランスや世間、人間関係なんかを考慮して書きますから、こういう面白い報告集なんてめったにない。岡田の報告書はとても面白いですよ。

それからもう一つ。その学会で、みんなでどこのレストランで何を食べたか、というのが全部入っています(笑)。台湾で開かれた学会の報告なんか、読むだけでおいしそうです。グルメガイドとしても、ぜひ手に取っていただきたいと思います。

はじめに申し上げましたが、私は岡田の弟子として、満鮮史研究とモンゴル史研究を継承いたしました。今の世の中ではマイナーな分野ですが、日本におけるこの学問分野の出発点は非常にきちんとしたものですし、また岡田から直接引き継ぎましたから、私は揺るぎなく、自信を持って継承できると思っております。

宮脇 それでは、先生方、訊いてみたいとか、補足したいということを、ぜひご発言いただきたいと思います。

論文の「注」のこと

古田 論文の注の話です。私も最近、注を入れないものを書いていますよ。原典を読みたい人は、結局自分で調べるでしょう。だから、注は要らないんじゃないかと思うんですけれどね、いかがでしょうか。

杉山 近頃は研究不正とかにうるさいので、こういうことを学生の前で言うと大変なことになるんですが（笑）、もちろん分野によりますけれども、歴史学に関して言いますと、注をゼロにするのはなかなか難しいとはいえ、先ほどご紹介しました例のように、注がなくても通用する論文というのはちゃんと書けるのです。最低限必要なのは、先行研究にきちんと触れるということ。そうでないと、剽窃だという話が出てきます。そこさえ断っていればよくて、あれやこれやと飾り立てるようにたくさん注をぶら下げるのは、たんなるファッションのようなものです。場合によっては「自分はちゃんと読んでいるぞ」という保険であったりすることが、実は多い。

私は卒業論文は手書き、修士論文はＰＣという過渡期の世代なのでわかるのですが、手書きの場合、注を一つ増やすだけで、そこから後は全部書き直さなければならなくなります。近ごろはワープロ、パソコンで気軽に減らしたり増やしたりできるものですから、必ずしも不可欠というわけではない注がいたずらに増えているという一面はあると思います。

岡田先生は、媒体によるとはいえ、決して注は多くありません。それも、場合によっては括弧をつけて本文に入れてしまうこともできるような内容です。つまり、行論の根拠がご自身の頭で考えたことと一次史料に書いていることとであれば、注は史料の出典の注記だけでよいわけで、それが本文に繰り込めるならば、もはや後注や脚注は必要なくなってしまうのです。それに、分野によっては、言及すべき先達が本当にいないテーマもあります。ですので、そうそう真似できるものではないですけれども、このような注のない論文というものも、一つの理想形としてありえますし、決して無理なことではないと思っております。

古田 岡田先生がお書きになる文体には、何か理系の感じがしませんか。あれはなぜでしょうか。やはり理力でしょうかね。

宮脇 岡田に代わって説明いたしますと、岡田英弘の父は、歯の年輪の研究で学士院賞をとった医学者で、東京医科歯科大学の学長をつとめました。岡田英弘は長男ですので、医者あるいは医学者になるべしと期待されて、旧制高校では理系でした。大学に入る直前に方向を変えました。父と同じ分野だと「やっぱりお父さんは偉かった」と言われるから嫌だと。

もう一つ、岡田家には儒学者という流れがありました。岡田の父は漢学が非常に好きでしたし、岡田英弘もそちらを選んで東洋史に進みました。理詰めといいますか、整合性といいますか、筋道が通らないことが許せない。そういう理系的な面が、歴史に進んでもうまく作用したのではないかと私は思っております。

モンゴル人の文化的事実の重要性

楊　私はやはり『蒙古源流』の故郷の人間ですので、もう一度モンゴル年代記の話をさせていただきたいと思います。私が一番最初に岡田先生のご研究を拝読したのは、モンゴル年代記に出てくるウバシ・ホンタイジの伝説についてのものです。これは英語の論文ですけれど、モンゴルの複数の年代記の中に出てくる、非常に奇妙な話です。フレルバータル大使のご出身のモンゴル高原のモンゴルが、宮脇淳子先生ご専門のジューンガル・ハーン国に攻めていくときの話なんです。つまりハルハ・モンゴルとジューンガル・オイラトが対立していた時代、モンゴル帝国が解体し、植民地のシナを失ってモンゴル高原に戻ってからの話なんです。

モンゴル軍がアルタイ山脈に向かって進軍していた時、敵側のジューンガルに属する子供を捕まえて、生贄にするんです。そのときに、その魂がモンゴル軍の軍神に乗り移るという話が、モンゴルの年代記にあります。軍神になった子供が「お前らは負けるぞ」という予言をしますが、案の定負けるんですね。

戦争をするときに、敵対する側の人間を捕まえて軍神に捧げるというのは、遊牧民の古くからの伝統で、一九一一年までモンゴル軍がやっていました。問題は、このような年代記の中の話を、正統派東洋史学者たちは「こんなものに何の価値がある、こういうことを書いているから、モンゴルの年代記は価値がないんだ」と言う人がいることです。つまり、とるに足らない話として扱うんです。ところが、我々からすると、これが文化なんです。これが歴史なんです。いま申し上げたように、一九一一年にモンゴルが独立するときも、シナの兵隊を捕まえて、生贄として軍神に捧げていました。

岡田先生の英語の論文は、そのウバシ・ホンタイジの伝説が何を意味するかを、きちんと文化として分析されています。私たちからすると、モンゴルの年代記というのは確かに現代の歴史学的な書き方ではないのですが、その中で書かれているものはすべて、今でも受け継がれている文化的な事実なんです。つまり何年何月に、本当に起こったかどうかよりも、そのようなことが書かれたのは文化としては事実です。岡田先生は、これはモンゴルの文化であって、文化に注目して研究しなければモンゴルを研究する意味がないとおっしゃいました。つまり、先ほど古田先生がおっしゃったように歴史には法則はないのですが、文化には法則があるんです。

そのことを英語でお書きになった論文を拝読して、こんなにすばらしい研究があるのに、どうして日本の東洋史学者、モンゴル文化研究者たちは、この英語の論文を引用しないんだろうと思いました。そうしたら「日本の東洋史学者は、漢文は読むけれど、英語は野蛮人の言語なので読まないそうです」と言われたのですが。改めて岡田先生の開拓的なご研究に気づかされた次第です。

宮脇 私の専門に入ったので、少しお話しさせてください。楊先生が今おっしゃった論文は「ウバシ・ホンタイジ伝考釈」です。「ウバシ・ホンタイジ伝」はハルハとオイラトの戦争を題材にした文学作品ですが、歴史を背景にした、モンゴルらしくてすばらしい叙事詩なんです。岡田には他に、「十六世紀と十七世紀の北モンゴル」という英語の論文があります。私は卒論でちょうどその時代のことを書いているときに、類書や概説書がほとんどなく、唯一あったのが、この英語の論文でした。どうして日本人の先生の論文を英語で読まんとあかんのか（笑）と思いながら、長大な英語論文を全訳して、それを利用した卒論を在籍していた京都大学に提出したら、「どこでこれを知ったのか。どうして岡田英弘を引用したのか」と言われました。東大卒の先生だったからですね。

岡田がいい論文をほとんど英語でまず書いていたのは、モンゴル語を学んだのがフルブライト奨学金で行ったワシントン大学であったこと、そこでニコラス・ポッペ先生に弟子入りして英語でモンゴル語を勉強したこと、それからまず世界のモンゴル学者を相手にモンゴル研究を発表し出したからです。日本の学会は岡田にまったく知らん顔でしたから、その後も大事なものはまず英語で書いて、仕方がなかったら日本語でも発表するという形でした。

もう一つ、今の楊海英先生のお話で私が気づいたのは、『世界史の誕生』『歴史とは何か』のように、歴史とはそもそも文化だから、それぞれの文明によって独特なものである、過去の見方は一通りではなく、過去の切り取り方はすべての文明で違う、という考えに岡田が行き着いたのは、モンゴル人がどんな世界観を持って、歴史をどのように考えて、過去をどう見ているか、満洲人が自分たちの王朝をどのように見たか——そういうところから岡田の研究が始まったおかげだったのだなあということです。スタート地点が満洲や朝鮮、モンゴルで、しかもそれぞれの文献をその当人たちの立場に立って解釈し、分析し、解説したからわかったのでしょう。だから、日本の教科書が採用したいわゆるヨーロッパ史観のように、いま世界中で通用しているかのように錯覚している、普遍化した唯一の歴史観があるという立場ではなく、その土地、その土地で歴史の見方が違っているという考えにたどり着いたのではないでしょうか。このことが、今回の『著作集』の最初の巻『歴史とは何か』に収斂しています。今、気がつきました。

フレルバータル大使閣下、もう少しお話しください。モンゴルの人たちが、やっと一九九〇年から歴史を勉強しはじめ、最初は言葉の壁があって史料をじかに読むことができなかったけれど、今、若い人たちは生の史料が直接読めるし、外国に留学もしています。私が見たモンゴル人は、本当に語学能力の高い人たちで、何カ国語もできることが当たり前ですね。遊牧民は内陸で育っているせいもあるし、国境という観念はうんと後から、外からやって来たものですから、自分たちが接触する言葉や文化はそのまま受け入れますよね。これからのモンゴル国は、人口は少ないですけれども、いよいよ国境が役に立たなくなりつつあるグローバリゼーションの世界では、それぞれの人の能力を合わせて、どんどん強くなるでしょう。モンゴルは、一人ずつがいろんなことを勉強して、外国の研究成果もすべてそのまま入っています。伸び伸びとした本当の歴史がモンゴルからも生まれるだろう、と私は信じております。

モンゴルは今、自分を探している最中の国

フレルバータル　私は歴史研究家や、学者ではありません。ここにいらっしゃる皆さんの多くは、モンゴルに興味をもち、今のモンゴルの現状や成り行きをよく御存じの方々と思いますけれども、私は社会主義時代のモンゴルで社会主義イデオロギーの教育を受け、そしてモンゴルの新しい民主化を見て感動し歓迎して、参加してきたという、そういう矛盾した二重の教育を受けてきました。そういう経験から見て、私なりに今のモンゴルを一言で言うと、まだモンゴルは「自分で自分を探している最中の国」だろうと私には見えているんです。

社会主義時代のモンゴルでは、歴史研究でも、イデオロギーに制限された研究がほとんどでした。今やっと民主化のおかげで、モンゴルの人々は、我々の国の歴史、我々の民族の歴史、文化というものを、本当はこうだったんだと知るようになってきました。

モンゴルは、いま大変です。政治がそんなに安定していない。社会にいろいろの見方があって、理論、思想、そういうことで争って、議論だらけの国です。これはこうである、いや違う、こうであるべきである——一般の人々から国会まで、議論、議論です。みんな議論に疲れていますけれども、しかし堂々巡りではなくて、議論から教訓を得て、すべて勉強になって、自分を見つける。自分を見つけたら、モンゴルがこれから歩んでいく道が見えてくる、そういうプロセスが行なわれて

いる段階だろうと思います。そういう段階で、歴史を新たに研究する、客観的な作品をつくる、国民には客観的な歴史の教育を受けさせる。そういう意味で、岡田先生の本の意味と意義が大きい。そう私は先ほど言ったんです。

先ほど申し上げた中で不足していたのは、社会主義時代に我々が受けた歴史の教育は、チンギス・ハーンはモンゴルのばらばらだった各部族を統一して、統一されたモンゴルの国をつくったのはいいことである、というものでした。しかし彼が侵略者になって、他の国、他の民族に対して大変厳しい、悪いことをやったので、いい人ではない、モンゴルの誇りではない、モンゴルの恥だ——そういうふうに我々は教育されていたんです。でも国民は、当時イデオロギーは厳しかったけれども、みんな心の中ではモンゴルの本当の歴史、文化について、チンギス・ハーンのことも、口伝えに子孫たちに伝えて、誇りに思ってきました。そういうのは、消すことができなかったんです。

そして今、自分たちの歴史に改めて誇りを持って、また歴史から教訓も受けていくためには、先生方の作品が役に立っているし、大きな役割を果たしています。そういう意味でモンゴルの人々は岡田先生にたいへん感謝をしているし、モンゴルの国も評価しました。その表れが北極星勲章である。これを言いたかったんです。

なぜ今、中国では岡田史学を勉強するのか

宮脇 今度はフロアの方から、先生方に聞きたいことがある方は、挙手していただけますか。

福島香織 岡田先生、おめでとうございます。中国関係ジャーナリストの福島香織と申します。しょっちゅう中国に行きますが、王岐山（中国共産党中央政治局常務委員）が岡田先生の『世界史の誕生』をフランシス・フクヤマらに推薦したという報道が中国で出て以来、中国の知識人や出版関係者、メディアの人たちと歴史の話をすると、必ず向こうから「岡田英弘を知っているか」という話になって、「知っているどころか、お会いしたことが何度もありますよ」と自慢すると、一目置かれるという状況です。

でも不思議なのは、今なぜ中国が、とくに王岐山のような、習近平と同盟を結んで結構すごい反腐敗キャンペーンをやっているような人が岡田先生を推薦されるのか、ということです。なぜ今、中国の政治家、ジャーナリスト、知識人層が岡田歴史学を一所懸命勉強し、注目しているのか、何

が狙いなのかということを、まだ探りあぐねています。ご存じのように、中国にとっては必ずしも歓迎すべき世界史観ではないと思いますから。それは必ずしもモンゴル系、朝鮮系といった少数民族系だけではなくて、漢族にとってです。仮説でも結構ですので、教えていただきたいと思います。

宮脇 いかがでしょうか、楊先生。

楊 非常に難しい問題だと思います。今、中国だけではなくて、日本もそうなんですけれど、書店へ行きますと、歴史がはやっています。出版社も「何か歴史物を書いてくれませんか」と言うんですけど、「私は文化人類学なので」と逃げています。

中国の人々は、そこらへんの概説書にもう飽きているんです。今はやっているのは、ビッグ・ヒストリー、グローバル・ヒストリーなんです。注をたくさんつける正統派の歴史学者からすると、「ビッグ・ヒストリーとかグローバル・ヒストリーなんて、ほら吹きでしょう」と言われると思うんですが、しかし一般の人々は求めています。ビッグ・ヒストリーという言葉は、ヨーロッパ人が先に出したと言われていますが、岡田先生の『世界史の誕生』『歴史とは何か』は、実は欧米の歴史家たちに先んじて、非常に早い段階での、ビッグ・ヒストリー、グローバル・ヒストリーなんです。残念ながらヨーロッパの人たちが岡田先生の本を読んでいなかったので、彼らが最近ほら吹きを始めたのかもしれませんけれど。

ビッグ・ヒストリーは、最近本棚を飾るようになっていますが、かなり早い時期から岡田先生のご本を読んでいる日本の読者にとっては、非常に幸運なことなんです。おそらく歴史に行き詰まっている中国も、ビッグ・ヒストリー、グローバル・ヒストリーを求めている。彼らからすると、隣国の日本から出た偉大な学者を「ちょっと読んでみよう」というのが、彼らのビッグ・ヒストリーあるいはグローバル・ヒストリーの渇望に応える手っ取り早いやり方だということじゃないでしょうか。また日本と中国をも相対化しているので、これが高く評価されている原因の一つではないかと思います。

宮脇 中国は、先がわかりません。だから、同僚、他の中国人とは違う情報を持っている人間が勝つ可能性がある。とりあえず、新しく次のことを考えるための材料が必要だと考えたのではないかというのが私の意見です。

もう一つは、王岐山の発言に「日本に対しても批判的」というような添え書きがありました。日本史も突き放して論じています、というところは、中国人にとって結構プラスですから、岡田英弘の存在はオーケーだとしているのではないでしょうか。

それから、私のジューンガル史の本も、実は中国語訳が出ているんです。これは、日本人が言っている分には我々は安全だという逃げ道です。単に翻訳したにすぎません、という逃げ道があります。だから自分の首は飛ばない。かなり昔から、日本の研究書についても、都合の悪いことも含めて知りたいという気持ちはあります。それはソ連も同様で、序文でマルクス、レーニンについて触れて、注にときどきマルクスとレーニンを入れておけば、検閲をパスするわけです。検閲官は中身を全部読みませんから。……というような形で、ソ連時代にも随分反ソ的な本も翻訳されていました。ネルチンスク条約の本もありましたし。ですから中国でも、ジューンガル史など、都合が悪いだろうになと思う本も出たのです。佐口透先生の『東トルキスタン社会史研究』も、「新疆」を「東トルキスタン」と書いてあるだけで中国にとっては都合が悪いのですが、「気をつけて読みなさい」という注意書きつきで全訳が出たとご本人から聞きました。情報が力だということは、中国人は嫌というほど知っています。組織を信用しない、国も信用しないから、自分の足で新しく役に立ちそうなことを探す。それからヨーロッパ中心史観ではないところがいいのでしょうね。それをたいへん気に入ったのだろうと思うのですが、いかがですか。

古田 私は「別腹」説です(笑)。頭は中華思想の歴史でも、いろんなものが別腹に入っちゃうんですね。それで何か思い出そうとすると、中華の形でよみがえってくると、そういうことだと思います。韓国はまさにそうです。読んでも読んでも、元に戻ってしまう。私は「整形偶像史観」と呼んでいるんです。自分たちはきれいごとばかりで、それを偶像にして崇め奉って、こちらが何か言うと怒り出す、ということの繰り返しです。でも、いろいろ読むんですよ。それは別腹に入ってしまって、表には出てこない。

宮脇 日本人は整合性を重んじるので、ここところが合わないじゃないか、中国人は相反することを平気で次の日に言うのはどうしてか、と非常に問題にします。例えば、今年は文革五十年。日本人は、五十年は節目だから、清算しないのかと思うけれど、それは関係ないんですよね。だから「別腹」ですか、いい言葉なのでこれから私も使おうと思います。確かに貪欲な知識欲はあります。でも、それはそれなんですね。本音と建前といいますか。杉山先生はいかがですか。

杉山 今の点は非常に重要なことだと思うのですが、このことは半分は中身の問題から、半分は形の問題から説明できると思っています。形の問題とはどういうことかと申しますと、要は指導者の推薦、お墨付きが出たので一気に読まれるようになっただけだということです。すなわち、宮脇先生がおっしゃったように、中国はそもそも社会主義国であり、政治的自由が抑圧されているので、政治的見解は社会主義的形式に従うことになるということと、また同時に、岡田先生が『著作集』でも数巻にわたって繰り返し指摘されているように、漢語（中国語）というものは、事実を描写したり表現したりするものではなく、重要なのは正史なり経典なり党決定なりといった形式であって、内容はその鋳型に流し込まれているだけだということです。ですので、大事なことは、内容のよしあしではなく、指導者の推薦があるかないかということだと思います。指導者――トップではないので『毛沢東語録』ほどではないですが――の口から出たので、読むか読まないかにかかわらず、とにかく右へ倣えということです。

中身の問題というのは、現代中国においては「民族」――あまり適切な表現ではないのですが、わかりやすく言うために、ひとまず民族という言葉を使うことにします――がうまく位置づけられていないので、岡田先生の学説に、その説明や解法が求められているのではないかということです。『世界史の誕生』をはじめとする史論の中で岡田先生が鋭く問題提起されているのは、歴史、歴史観についてです。歴史観という言い方をすると、とかく日本人は「どういう歴史の見方をするか」

というように思ってしまいますが、岡田先生が指摘されているのはそういうことではなく、そもそも「歴史」という考え方を持つかどうかという根本的問題です。そもそもそういう発想自体が文明ごとに違う、ということをおっしゃったわけで、それがヘーロドトス型の地中海型歴史観と司馬遷的な天命史観に大別されるというのです。ところが、中国型の歴史観では、モンゴル帝国や大清帝国といった多民族帝国や、その広大な領域の中に、漢語を話さない人々や、異なる文字文化の伝統を持つ人々が巨大なウェイトを占める、という状態を、うまく位置づけられないのです。王朝時代の歴史観はもちろんそうですし、現在でも結局はそうです。中国共産党の立場では、漢字以外を用いてきた諸民族や、本来国家であるべき集団を、自らを主語とする歴史や国家のイメージの中にうまく位置づけられないのです。さりとて中国型の歴史の中で元や清を語ろうとしても、中国史的な形で鋳型に流し込む限りは、やはり説明ができません。しかし、だからといって民族の扱いを放っておけばいいかというと、現実の問題に今なお連動していますから、そういうわけにはいかない。とにかく中国型の歴史観や国家観で嵌め込めないものがある、その歴史的解釈と展望のヒントを岡田先生の史論から得たい――そういうように受けとめられているのではないかと思います。

「翻訳」をめぐる問題

古田 高邁なお話のところ申しわけないですけれども、リアルで俗っぽい話をしますと、翻訳を自分たち風にいじっている可能性はありませんか。韓国では、変えてしまいますよ。全然違います。私は二冊翻訳書があります。李庭植さんの中央公論社版『戦後日韓関係史』（原著、英語）と、徐大粛さんの岩波書店版『金日成と金正日』（原著、朝鮮語の手書き原稿）を日本語訳したんですけれど、韓国語版は全然内容が違います。徐大粛さんなんか、韓国人の弟子にわざと直させて、金日成の存在を低める韓国テイストにして出していますし、李庭植さんの本は、英語力の低い意訳ですね。韓国が偉そうな韓国テイストになっていますし、当時の全斗煥政権の所は全部カットです。我々は英語を忠実に訳しましたが、そういう誠実さというのはないんですね。語学力の低さと自分たち本位の整形、権力者に対する自己規制などがついて回ります。びっくりしますよ。韓国ではそういうのが当たり前なんです。最近、自分の哲学の本で、韓国の出版社から翻訳のオファーがあったんですが、「一字一句忠実に訳すこと」という条件を付けたら、向うからできないと断ってきました。中国ではどうですか、確認されましたか。

宮脇　岡田の本の翻訳はまだ始まったばかりですが、台湾で出た『世界史の誕生』を王岐山は読んだらしいんですよ。北京版が先日出て、送られてきましたら、同じものでした。つまり、簡体字に直しただけでした。翻訳者も同じ名前でした。台湾版は真面目に訳されたものでしたが、台湾は改訂版も出しましたので、中国語版は三種類も出たんです。そういう場合は安全ですね。

古田　台湾は日本流の実証主義の史学がそのまま育っていますからね。

入江隆則　明治大学の入江隆則と申します。今、翻訳の問題が出ていますが、韓国や中国についてお詳しい方がいらっしゃいますので、質問です。日本は、明治以来の百五十年間に西洋の本をやたらと日本語に翻訳しましたでしょう。こんなものまで翻訳されているのかというぐらい、日本語になっています。フランス語、英語、ドイツ語、ロシア語から。中国や韓国ではどうなんでしょうか。例えば、ロレンスの『チャタレイ夫人の恋人』は韓国語になっているようですが。

古田　ノーベル文学賞なんかが発表されますと、一番翻訳が早いのは韓国です。本当にちゃんと訳しているかどうかは疑問ですが。私は韓国で日本語の教師をしていたものですから、韓国で出した日本語の教科書があるんです。危なかったので、印刷所まで出かけていって、私が全部手直ししました。でも、そういうことをすると、格下のところへ行ったと言って韓国人は馬鹿にするんですね。これがなぜか湖南省で海賊版になって出ているんです。もちろん翻訳は危ないものでしたが、面白いのはそこに朝鮮の儒学者の李退渓の話が出てくるんですが、なぜか湖南省版では林則徐になっていたり、いろんなことが起こりますね。

宮脇　韓国は、かつては日本語を読める人たちがヨーロッパの文献に一番アクセスができた。私の知っている韓国人学者の先生たちは、すべて日本語で読みましたとおっしゃっていました。だから現在の韓国とはだいぶ違うだろうと思います。韓国には、日本語から韓国語に訳せる人は随分たくさんいますよね。だから日本語になったものからは訳されると思います。向こうのものを直接ということは少ないだろうと思います。今、自動翻訳とか言い出していますけれど。

杉山　この点、中国に関しては、岡田先生が『中国文明の歴史』や『著作集』の中でもあちこちで指摘されている通り、早い時期はほとんど日本語からの重訳です。明言していなくても、中国の近現代文献は日本の翻訳文化を利用して重訳しているのがほとんどで、その影響は今でもかなり残っていると思います。

宮脇 時間になってしまいましたので、シンポジウムはこれで終わりとさせていただきます。皆さん、御清聴ありがとうございました。先生方、ありがとうございました。

本日は、岡田英弘が、皆さんのお顔が見え、皆さんからも見えるようにと、元気であそこに座って、シンポジウムを楽しんで拝聴しました。こうやって無事にシンポジウムを終えることができまして、感謝申し上げます。ありがとうございました。

大使がモンゴルの絵画を岡田先生にプレゼントしたいとお持ちですので、最後に贈呈式をさせていただきます。

フレルバータル 今日は先生に、お祝いの言葉に何を言ったらいいのか、どういう贈り物を持ってきたらいいのかと迷っていましたが、先生はモンゴル大帝国の世界史における役割、チンギス・ハーンの再評価を書いて、世界に紹介してくださったわけですから、偉大なるチンギス・ハーンの絵を贈呈したらどうかと思って、持ってまいりました。どうか受け取ってください。(拍手)

4 岡田史学を読む

楠木賢道
杉山清彦
新保祐司
鈴木一策
福島香織

「国民国家」と同君連合帝国としての清朝

楠木賢道

岡田英弘氏による歴史理論の講義

本書『岡田英弘著作集 第一巻 歴史とは何か』は、『歴史とはなにか』(文春新書、二〇〇一年)として集約されている著者の歴史理論のエッセンスとなる講演録や著述、その他関連する文章を収録したものである。

既に四十年以上経た文章もあるが、歳月を感じさせない。また著作集にありがちな散漫さは微塵もなく、著者による歴史理論の授業を受講したような充実した読了感がある。さしずめ「第Ⅳ部 発言集」は授業中の質疑応答であり、「第Ⅴ部 わが足跡」は一見、本題とは関係なさそうでいて、著者の歴史理論の形成に深いところで影響している体験談である。

収録される文章はそれぞれがもともと独立したものなので、重複した内容も含まれるが、冗長な感じはなく、重要箇所が明解に伝わり、読んでいて心地よい。編集にあたられた宮脇淳子氏らの意図は成功している。

本書を読み解くキーワード「国民国家」

私の興味関心に従えば、本書を読み解くキーワードは、一七八九年におけるジョージ・ワシントンのアメリカ大統領就任と、フランス革命によって成立し、十九世紀に世界中に広まった「国民国家」(nation state) である。著者によると、世界史の時代区分は、国民国家成立後の現代史とそれ以前の歴史があるだけであるが、現代を生きる我々は、往々にして日本国家やアメリカ国家、中国国家などの枠組で、国民国家成立以前の歴史をも理解しようとする、という。現代の各国史を国民国家成立以前に遡及させてはならないのである。

この点で二重に注意しなければならないのが、「中国」である。「中国」という言葉は十九世紀末に誕生したもので、「支那(シナ)」(China) の言い換えである。漢字と都市と皇帝の三つをシナ文明の本質であると定義するなら、シナの起源は紀元前二二一年の秦の始皇帝による統一である。そして、司馬遷著『史記』が描いた世界観の枠組みに囚われて、二千二百年間シナは王朝だけが交代して中身に変化はなかったような叙述に陥りがちであるが、実際にはシナは時代ごとに、国家の領域も、話し言葉も、構成する人々も入れ替わってきたのである、と著者はいう。

また、一般に「中国最後の王朝」といわれる清朝は、実際には同君連合 (personal union) の帝国であり、満洲人のハーンが、チンギス・ハーン以来のモンゴル人のハーンと、明朝より引き継いだ漢人の皇帝と、チベット人の仏教の最高施主と、東トルキスタンのイスラム教徒の保護者を兼任するという体制を採っていた。このような著者の歴史観を、戦前のいわゆる満蒙史観（満洲・モンゴルには、シナとは切り離された独自の歴史的世界があったことを侵略の口実とする歴史観）と混同してはならない。著者の目はあくまでも、同君連合の帝国である清朝そのものに向いている。康熙帝（一六五四〜一七二二）が同君連合の君主としての理念と、リアルポリティックスとの狭間で苦悩しながら、つくり上げていった清朝像は、『清朝史叢書』の第一冊として、旧版『康熙帝の手紙』を大幅に増補して刊行された著者の『大清帝国隆盛期の実像――第四代康熙帝の手紙から1661-1722』（藤原書店、二〇一六年）に活写されている。本書と併読することをお勧めする。

このような同君連合としての側面を重視し、漢文だけではなく、満洲語をはじめとする多言語で記された史料を利用した清朝史研究の新しい潮流は、ここ十数年の間、アメリカでは「新清史New Qing History」として脚光を浴びている。が、その推進者であるハーヴァード大学教授マーク・エリオット氏は、最近、北京で開かれた国際学会で会った際、私に「どうして日本人は、私が日本に行くたびにNew Qing Historyのことを聞くのですか？　日本人にとっては全然新しくないはずだ。これは私が日本留学中に、岡田先生に習ったんだから」と流暢な日本語で語った。エリオット氏が言うとおりである。

現在では、日本でも、中堅・若手の研究者によって、新清史とよく似た研究が盛んになされている。この状況については、岡田英弘編『清朝とは何か』（別冊『環』⑯、藤原書店、二〇〇九年）を参照してほしい。また今後刊行されていく岡田英弘監修『清朝史叢書』の各冊に期待してほしい。私が『清朝史叢書』の一冊として選んだテーマは『江戸の清朝研究』。『鎖国論』の著者として有名な志筑忠雄（一七六〇〜一八〇六）らを例に取り上げながら、国民国家成立以前の江戸時代の漢学者や蘭学者らが、国民国家史観や伝統的な国史、シナ史の枠組に絡め取られることなく、あるがままに清朝をとらえ、清朝が同君連合の帝国であったという本質的な理解に達していたことを論じるつもりである。

清朝は、十九世紀後半に、十六年にわたった西北部のムスリムの反乱を平定した後、左宗棠（一八一二〜一八八五）の提案を容れて、一八八四年、東トルキスタンに新疆省というシナ型の行政機関を設置し国民国家への第一歩を踏み出し、一八九五年の日清戦争敗北後は日本型の国民国家を追求するが、結局挫折し、滅亡する。一九一一年の辛亥革命、一九四九年の中華人民共和国建国後も、中国の指導部は国民国家化に失敗し続けている。言語も、歴史も、文化も違いすぎる多数の種族が、余りに広すぎる地域を占めているからであり、同じ国民としてアイデンティファイするには人口の規模が大きすぎるからである、という。それでも中国指導部が、国民国家への志向を捨てないのは、国民国家以外の政治形態が見つからないからであると、岡田氏は半ば諦観している。ただ、岡田氏が清朝にこだわりながら、永年、歴史研究に取り組んできたのは、国民国家にかわる政治形態のヒントが、同君連合としての清朝に内包されていることを示唆しようとしているからと思われてならない。

本書に通底していること

本書を通覧すると、「歴史を歴史たらしめているのは、私の考えでは、(…)自分個人の知覚が及ぶ範囲を超えて世界を把握し、それに構造を与えることにある。構造だから自分の内側にあるもので、対象に内在するものではない。世界にどういう構造を与えるか、そういう精神的な営みの産物が歴史だ」(一九四頁)という趣旨の文章にしばしば遭遇する。世界に与える構造が、個人に内在するものである以上、それは無数に存在することになる。同じ事象も人によって見え方が違うのである。そのなかにあって、どの史料、つまりどの他人の経験も、矛盾なく説明できるものが、著者のいう「より良い歴史」である。善悪などの価値判断を排除し、「より良い歴史」を追究して、自他に厳しく、歴史研究に挑まれてきた著者の思いが込められている。

著者は、本書の内容のような歴史理論の授業を、大学の専門課程でなさったことがないのでは、と思う。日本の歴史学界にとってとても残念なことである。ただ本書の刊行により、多くの読者、学徒が永く著者の歴史理論に接することができるようになったことを、心から慶びたい。

(くすのき・よしみち/清朝史・東北アジア史　吉林師範大学教授)

(『環』五五号　二〇一三年秋号)

歴史を見る眼と歴史から見る眼

杉山清彦

「歴史認識」はなぜすれ違うのか

この一年、「歴史認識」をめぐる声がかまびすしい。とりわけ、今に始まったことではないとはいえ、中国や韓国からは批判の声が届けられ、それをめぐっていろいろな立場から発言が飛びかう。何をめぐっての議論であるか、個々の論点についてどう考えるかは、ここでは措く。わが国の議論に共通しているように感じられるのは、立場の如何を問わず、これが「歴史をどう認識するか」という問題であるとの前提から出発していることである。それゆえ、「十人十色」や「後世の評価に委ねる」という発言も出てくるのであるし、また、史実を明らかにすれば解決するはずとの思いで、さまざまな立場から多くの人が「事実の確定」にいそしむのである。

しかし、その前提に、そもそも誤解がある。かの国ぐにがいう「歴史認識」とは、「歴史をどう認識するか」ではなく、「ある『歴史認識』を受け入れるか否か」なのである。そこには、多様な歴史観が並存する余地はなく、ある一つの立場からの認識以外、ありえない。それゆえ、「正しい歴史認識」という発想が出てくるのである。そのような考え方の相手に向かって、どう認識するかをすり合せようとしても、はじめから無意味である。つまり、くいちがっているのは「歴史のとらえ方」ではなく、「歴史」の観念そのものなのである。

文化としての「歴史」

「歴史とは何か」――ふつう世間では、「過去に起こった出来事」と思って、出来事の追究に努力を傾け、それへの評価に対し賛否が渦巻く。しかし、岡田英弘氏によれば、「歴史は過去に起こった事柄の記録ではない」。そうではなく、「歴史とは、過去にどういうことが起こったか、人間が何をしてきたかではなくて、どういうことが起こったと思っているかである」。

人類の過去とは、無数の偶然、偶発的な出来事の累積でしかない。それに一定の筋道を立てて説明を与える知的営み、それが「歴史」なのである。それゆえ、「歴史」とは、人間の社会であれば普遍的に存在するというものではなく、文化の産物であり、文明の一つの現れなのである。八巻からなる著作集の劈頭を飾る本書『歴史とは何か』において、このことが縦横に語り尽くされる。

本書で岡田氏は、そのような意味での固有の歴史文化をもつのは、ヘーロドトスが現れて『ヒストリアイ（歴史）』を著した地中海文明と、司馬遷（しばせん）が出て『史記』を編んだシナ文明だけだと喝破する。前者が、ヨーロッパとアジアに代表される二者の対立と抗争を軸として、その変化を跡づけるものであるのに対し、後者は、そのときどきの政治支配の正当性を、そこに至る支配の系譜、すなわち「正統」をたどることで証そうとするものである。そこでは、支配の構造や範囲が変化することはありえない。その支配の継受の過程を記したのが、『史記』以来連綿と編まれ続けてきた歴代の正史なのである。

正史とは、「正しい歴史」ではなく、「正統の歴史」である。当然それは現実とは乖離したものであるし、乖離していてかまわない。その目的は、権力の所在とその移動を〝天命〟と称して、その系譜を現在までつなぐことにある。そこで記されるのは支配者＝天子の事績と、それに関わった人物・事象の評価だけである。それゆえ、いくつもの評価が並立することはありえないし、時の政府が判断を留保することもありえない。隋の煬帝は永遠に「暴君」であり、唐の安禄山は未来永劫「逆臣」なのだ。

シナにおける「歴史」とは、審判と評価の記録であり、それを認めることこそ、歴史に向き合う「正しい」態度なのである。だから、「正しい歴史認識」を振りかざしてくるのは、「アジアの国々」一般ではなく、正史の伝統をもつ中・韓ただ二国だけなのである。われわれが思う「歴史」と、彼らが考える「歴史」は、事実認識の相違以前に、そもそも概念が異なるのである。

「歴史を拒否した」中国

とりわけ氏の議論のラディカルさが際立つのは、にもかかわらず、眼前の中国を「歴史のない文明」と断じるところにある。ふつうかの国について論じるとき、理解を示す立場はもとより、批判的な立場をとる場合でも、それを歴史ある老大国と見なすところから出発することは共通している。その中国が「歴史のない文明」であるとはどういうことか。

史実がない、史書がないと言っているのでは、もちろんない。そうではなく、日清戦争で敗北したかの国が、司馬遷以来の固有の歴史文化を捨て、近代日本文明への同化を選んだとき、「歴史を拒否した」というのである。それゆえ、依然としてその発想や行動様式は自らの歴史文化の桎梏の下にありながらも、それはあくまで残滓であって、近代以降の中国の本質は、もはや日本文明の模倣にしかすぎないというのである。歴史を捨てた文明であれば、眼前のことにしか関心はない。そうであれば、われわれが「歴史ある大国」と思うところの中国のあの短視眼的な振る舞いも、納得されよう。

ここで説明を要するのは、否応なく目につくシナ、シナ文明という呼称である。これはチャイナ(China)と語源を同じくし、他国がかの文明を指していう由緒ある言葉であって、蔑称というのは誤解であるが、本著作集で用いられるのは、それだけが理由ではない。この小文で私も区別してきたように、シナと中国は、同じではないのである。

かの土地で古来巨大な人口をもつ社会が成り立ち、そこにあまたの政治権力が生滅してきたのは周知の通りであるが、その住民や文化はいくたびも姿を変えており、また支配者は、皇帝を称し漢字の国号を自称する以外、共通性はない。後漢の崩壊、隋・唐の成立、遼・金・元の支配、清による征服……そのつど、住民は混淆し、文化や慣習は変容して、それ以前とは異なるものに変成をくり返してきたのである。にもかかわらず、その主な舞台となった空間を「中国」、住民を「中国人」と呼んで、それが不変のものであるかのように扱い、現在に至るまでの出来事を羅列して「中国史」と称するのは、一つの解釈にすぎず、決して自明のことではない。それはわずか一〇〇年余り前、日本に倣って近代国家への転身をはかる際に「発明」されたばかりの概念なのである。

「中国」とは、個々の王朝の興亡を超えて、通時的な存在として自らの来し方とまとまりを定義しようとしたときに選び取られた名なのであり、それ以前にそのような観念はない。あったのは、さまざまな出自・種族の歴代政治権力と、それに漢字を用いて統治される人びとの社会だけである。本著作集において、近代以前について、土地や文明を「シナ」、人を「漢人」と呼ぶことにしたのは、その混同を避けるためであり、復古調どころか、学問的に厳正な態度なのである。これらの点については、本著作集第四巻『シナ（チャイナ）とは何か』で詳しく論じられている。

「中国」という語はまた、現代の中華人民共和国の支配領域と、伝統的な漢字文化・漢人社会の範囲とを混同させ、両者の〝ずれ〟を覆い隠してしまう。しかし、前者の中には、後者とは異なる言語・文字・信仰・慣習をもつモンゴル・チベット・ウイグルの社会が含まれているのである。これらは国家としての「中国」には含まれるが、歴史的な「シナ」の一部ではない。

このような〝ずれ〟は、これらにまたがる大帝国を築いた清朝（大清帝国）が、地域ごとに解体しないで中華民国・人民共和国に移行したことに起因する。そのような面において現代中国の理解に不可欠な清朝の真の姿については、岡田氏の監修になる『清朝とは何か』(別冊・環⑯)および、このほど刊行を開始した「清朝史叢書」各巻を繙いていただきたい。なかんづく、氏自身の名著を新訂増補した「清朝史叢書」首巻『大清帝国隆盛期の実像——第四代康熙帝の手紙から』(『康熙帝の手紙』)で活写される、草原世界の帝王としての康熙帝(位一六六一～一七二二)の姿は、「最後の中華王朝」という先入観を一新してくれるだろう。

「歴史のない文明」のあいだで

それにしても、通読して感嘆させられるのは、史眼の鋭さだけでなく、その先見の明である。全篇いま書き下ろされたものかと錯覚しそうになるが、冷戦終結からほどないころはもとより、中国の擡頭などまったく考えられてもいなかった冷戦のただ中に書かれたものも多い。

氏は言う、「アメリカ文明の、他の文明に対する行動様式が、ことごとに歴史を無視し、現在の状況だけに対応しようとするのは、それが歴史という文化要素を持たない文明であることに、根本の原因がある」と。これは、九・一一ではなく、アフガン戦争でもイラク戦争でもなく、ソ連が解体のさなかにあった一九九一年秋の発言である。「歴史」を知り抜き、考え抜いた者のみが立つことのできる地平からの言葉であろう。

ひるがえって、二〇年後の現在の世界を見わたすならば、この指摘は、「歴史を捨てることから出発した文明」たるアメリカのみならず、固有の歴史文化を持ちながら、「歴史を捨てた文明」となった現代中国にも当てはまる。では、二つの「歴史のない文明」の間で、日本にはどのようなふるまいがありえるか。われわれ「歴史のある文明」の智慧が試されているように思われる。

(すぎやま・きよひこ/大清帝国史　東京大学准教授)
(『環』五五号　二〇一三年秋号)

中国問題をどう考えるか

新保祐司

知における「脱亜入欧」

今日の、そして少なくとも二十一世紀前半の世界(特に日本)にとって、最重要な難題の一つは、多くの人々が指摘している通り、中国の台頭であることは間違いない。中国の現在の、経済、軍事、治安、食品衛生、環境、そして外交などの諸問題における、ほとんど常軌を逸したような暴発的言動が、今後どうなっていくかは、国際関係に影響を及ぼすに止まらず、恐らく地球の破滅に直結した問題である。

特に日本は、中国との間に尖閣諸島の問題を初めとする難題を抱えており、中国の動向は国の将来に密接に絡んでいる。厄介なことだが、この隣国を直視せざるをえない。この隣の大国の他に、厄介な隣国として韓国、北朝鮮があるが、何よりもこの遅れて来た帝国主義国家・中国という大国の存在が、東アジアの地政学上の宿命である。

ほとんど毎日のように中国の公船が、尖閣諸島の領海を侵犯している映像をテレビニュースで見ていると、二年前ヴェネツィアに滞在していたときに、何回もみた光景を思い出す。水の都ヴェネツィアといえば、張りめぐらされた運河とそこに浮かぶ多くのゴンドラが有名である。世界でも有数の観光地であるヴェネツィアには、世界中から観光客が大勢訪れているが、運河に面したレストランで食事をしていると、いろんな国の人々が乗ったゴンドラが次々と通り過ぎていく。そんなとき、中国人ばかりが一艘に五、六人乗ったゴンドラが、群れを作ってやって来ることが、よくあった。四、五艘のときもあったし、もっと多く八艘くらいのときもあった。そして、船上では、大きな声で何か喚いている。これをみたとき、ヴェネツィアの風景とまったくそぐわない光景だと思った。ほとんど傍若無人の態度である。世界における中国の振る舞いの象徴のような光景であった。この船団を見たとき、いずれ尖閣諸島に押し寄せて来るかもしれない大船団の幻影を見たように思ったことであった。

このような現代に生きている日本人にとって、中国の歴史と文明について知ることはとても重要なことである。しかし、私も含めて日本の知識人は中国についてあまりその真実を知らないで来たのではないか。明治維新後、日本の知識人は西洋文化を学ぶばかりで、一部の人を除いて中国や朝鮮には余り興味を持たなかったのが事実であろう。知においては、「脱亜入欧」が徹底して行われたように思われる。

例えば、小林秀雄は昭和十三年の旅の紀行文「満洲の印象」の冒頭で、「明け方釜山の港に這入つて行く連絡船の甲板で、同行の林房雄が、おい、卅六になつて始めて朝鮮といふものを見るとはね、と笑ひ乍ら、一種複雑な表情をしてみせた。丁度僕も彼とあまり変らない感情で釜山の山を眺めてゐた。そしてこの感情は旅行中僕につき纏つて離れなかつた。」と書いている。また、「事変の新しさ」という昭和十五年の講演では、次のように話を切り出している。

わが国は、只今、歴史始まつて以来の大戦争をやつてをります。大戦争たる事に間違ひはないが、ご承知の様に宣戦を布告してをりませんから、戦争と呼んではいけない、事変と言ひます。事変と呼び乍ら正銘の大戦争をやつてゐる一方、同じ国民を相手に、非常な大規模な新しい政治の建設をやつてをります。舞台は支那だ、支那と言へば、言葉の上では、僕らにまことに親しい国の様な気持ちがしてゐるわけだが、実際には謎の国だ。国民の大部分が行つた事も見た事もない国だ。これから共に歴史的な大芝居を打たうといふ相手について、僕らは一体どれだけの事を実際に知つてゐるか、さういふ事もよく考へてみると洵（まこと）に疑はしい処であります。

小林秀雄という、明治三十五年に生まれ、長じてフランス文学を学んだ知識人が「支那」のことを「謎の国」といっているのである。小林秀雄の代表作は、「モオツァルト」である。この「欧」の典型的な音楽家については、「謎」のように感じることはなかったに違いない。

小林秀雄より半世紀後に生まれた私も、小林の影響を受けて大学ではフランス文学を専攻した。当時は、フランス文学が花形で、ドイツ文学や英文学などの「欧」の文学も人気があり、日本文学や中国文学をやる人は少なかったと思う。それが、近来、「欧」の文化を専攻に選ぶ学生は激減し、中国語や韓国語を選択する学生が増えたということらしい。しかし、今五十歳から上の世代の多くは、その教養の地盤は、「欧」のもので出来上がっているに違いない。

現代日本の知識人の空白を埋める

これが、急速な中国の躍進に直面して、日本人の知識人が当惑してしまっている原因に他ならない。ほとんど虚を突かれたといってもいい。特に日本人の知識人の場合は、中国については、『論語』を初めとする古典をなまじっか多少は知っているために、現在の中国との関係が逆にますます混乱してしまい、茫然としてしまっているのが現状である。茫然から覚めると、一気に反中に走ったりするのである。

岡田英弘氏は、『著作集』第一巻『歴史とは何か』所収の「世界史から見た現代東アジア」の中の「アンビヴァレントな日本の対シナ認識」の節で、この辺のことについて次のように書いている。

結局、それでどういうことになるかというと、明治まで日本人は、漢人とつき合いがなかった。つき合いがあったように錯覚しているが、輸入された書物の上で知っていただけで、実際のシナを見たことなどなかった。日本人は、シナについて完全に無知のまま、突然明治時代になってシナの現実にさらされたのである。そして、日本人は目を疑った。

いったいこの野蛮で不潔で、混乱をきわめているシナが、われわれの父祖が千年以上にわたって尊敬し続けてきたシナなのかと、日本人は、シナに対してすっかりアンビヴァレントになってしまった。つまり、孔孟の道から始まるシナ文明に対する伝統的な尊敬の念と、現実のシナに対する嫌悪感、その両方が相互作用を起こしたわけだ。

だから、ここで、日本の知識人に必要なのは、中国についてその真実を見極めることである。そして、その時代の要求にまさに応えるように注目されてきたのが岡田英弘氏であり、今回その著作集が刊行されるに至ったことは、日本の知識人がその教養の空白を埋めて、今後の世界と日本の行く末について思考する上で貴重な材料を与えられたということである。実に時宜を得たことであるといえるであろう。

岡田氏が、耳を澄まして学ぶべきものを持った学者であることを示しているのは、まず、「はじめに」で次のように書いていることからも分かる。

最後に、たいへん重要なことを述べなくてはならない。もうお気づきかもしれないが、私はこの著作集において、「中国」という名称を、十九世紀以前の隣の大陸にいっさい使用しないことに決めた。もともと、英語の「チャイナChina」に対応する日本語は「シナ（支那）」だったのに、戦後、GHQの命令と過剰な自己規制により、すべて「中国」と言い換えてしまったために、その後、嘘が拡大して今日に至っている。「中国」という言葉は十九世紀末まで存在しないのだから、今回の著作集では、再録した私の過去の文章の「中国」について、土地や文明としては「シナ」、人は「中国人」ではなく、原則として「漢人」と書き換えた。読者の了とせられんことを請う。

この名称の問題は、今日、中国問題を論ずるに当っての、その論者の真贋が問われる試金石である。これを明確にしない言論は、「嘘を拡大」しているに過ぎない。

日本とは何か

戦後も中国を研究対象にした学者もいたにはいたのであろうが、多くは共産主義のバイアスがかかっているものに過ぎなかったように思われる。今後の中国研究の急所について、岡田氏は「シナ文明における歴史」（同書所収）の末尾の「補足説明」の中で、次のように書いている。

さらに、それにはもう一つ理由がある。東西文化比較研究というのは、日本の文化とは何か、日本文化のアイデンティティというものを問う。ところが、ずいぶんむかしのことになるが、私が東西文化比較研究の議論を初めて聞いたとき、東西の「西」のほうは、エルベ河以西の西ヨーロッパということでかまわないのだが、東のほうは何かということがよくわからなくなってきた。建前上は日本のことを言っているのだが、よく聞いていると、私には、日本のこととシナのことがごっちゃになっているようにしか聞こえなかった。つまり、われわれ日本人が持っている文化は、どこまでがシナであって、どこからが日本になるのかということがはっきりしていない。われわれは、漢字で書いた漢文学というものが日本文学だと思っている。故事、古典、出典というものはすべて、じつはシナの、つまり外国の文化なのだが、それを日本文化であるかのように考えているのだ。そういう錯覚を絶えず起こしている。

では、いったいわれわれは日本人なのだろうか、漢人だろうか。あるいは、日本人であって同時に漢人であるのだろうか。そのようなことまで考えなければならない。

結局、私が最初に考えたのは、日本というもののなかでいったいどれだけがシナなのかということを、まずはっきりさせなくてはいけない。そのためには、シナの文化、または文明の基本的な構造をしっかり捉えて、こういうものはシナだということが論理的に説明できるようにしなければ、日本文化が何であるかということすらわからないだろうということだった。

そういえば、ヴェネツィア滞在中も、お前は中国人か日本人か、とよく訊かれたものである。イタリア人からすれば、なかなか区別がつきにくいのであろう。しかし、日本文化のアイデンティティをシナの文化から「分離」して、「一極として立つ」国の「一国一文明」としての日本文化を明らかにし、確立することは、膨脹する中国に呑み込まれないために何よりも必要な精神的営為である。今後日本の知識人たるものは、この問題に思考を集中させなければならないが、その際、有力な参考になるのが、この『岡田英弘著作集』(全八巻)に他ならない。

(しんぽ・ゆうじ/文芸評論家　都留文科大学教授)

(『環』五五号　二〇一三年秋号)

「日本」の問い方を深く見直させる好著――『著作集Ⅲ　日本とは何か』

鈴木一策

「パクス・シニカ」の下にあった日本列島

江戸中期の儒者・荻生徂徠を読んでいて、なぜ彼はここまでシナにかぶれているのだろうかと考えたことがある。欧米にかぶれた自分を棚にあげて、そう考えたのだ。純粋な日本など存在しなかったし、存在しないこと、岡田氏の論考はそのことを十二分に教えてくれた。少なくとも、書かれたもの（『日本書紀』とか『古事記』など）を読むとき、すでにシナ文明の支配下にあるものと思ってかからなければならない。岡田氏は、これを「パックス・シニカ」（『日本とは何か』三三四頁。以下、頁数は本書から）と呼んでいる。徂徠もこのシナ式の「平和」（ラテン語のパクスは英語のピースに通じる）にどっぷり漬かっていたのだ。古代ローマ帝国は、制圧した異国が恭順を誓えば、それなりの自治を認める「寛容」を示した。これがパクス・ロマーナ（ローマ式の平和）だったが、これを岡田氏はシナに適用したのだ。それもそのはず、岡田氏は、もうけがあれば「寛容」を示す商業文明がシナ文明の本質だとし、シナの皇帝制度を総合商社になぞらえるのだから。

　皇帝のいる首都は本社、地方の県城は皇帝直轄の支店、支店の正社員が「民」、それ以外は「夷(い)狄(てき)」である。支店には皇帝から派遣された軍隊が駐屯、商業を監督し治安を維持し利潤を皇帝に送金する。このパクス・シニカに組み込まれ、皇帝によって任命されたのが倭王で、倭王による身元保証がなければ倭人はシナの商人と取引できなかったという。こうして、日本列島の政治経済の中心地「難波を取り巻く地域の大部分は、外国系の入植者が占め」（三四四頁）、漢字を綴った漢文だけが意思疎通の手段だった。その中で人工的公用語を作る苦闘が始まる。この書き言葉に関する岡田氏の卓見は、江戸期の言語意識と、敗戦をはさんだ明治以降の近代化のそれとに共通のパクス・シニカとパクス・ロマーナ（ないしはパクス・アメリカーナ）を指摘したことであろう。

　この時代〔天智天皇、天武天皇の時代〕から江戸時代の末期に至るまで、本当の言葉は日本語

ではなく漢文だ、という意識が根強くあった。（三五三頁）

……明治の人は、まず英語その他のヨーロッパ語で考え、ヨーロッパ語の文章を一語一語日本語で置き換える作業をして、人工的な文体と語彙をつくり出した。……それでも、ヨーロッパ語が日本語の原型であるという意識は、第二次世界大戦後にも「原語」とか「原書」という言葉となって残っている。日本語は英語の基礎の上に乗っている言語だという意識は、現在ではさらに強くなっているかもしれない。（三五三―四頁）

この卓見に、私は脱帽しているわけではない。しかし、シナ古代の聖人が作為した道を徳川幕藩体制の根幹に据えようとし、白文の漢文をひけらかす（実はみごとな和文に翻訳してみせもするのだが）徂徠のようなシナかぶれのインテリと、欧米の言語を権威として振りかざす近代的インテリとがよく似ていること、さらには横文字を好み生活の根底を欧米化しても不思議に思わない現代の日本人を、みごと暴いた卓見だとは思う。決定的に重要なことは、こうした外国かぶれに反撥するのもインテリで、反撥すればするほど敵に似てくることである。その典型が、徂徠に反撥した本居宣長だったのだ。

『古事記』をどう読むか

『日本書紀』に比べ『古事記』は漢文の飾りをまぜたところがなく、ただ古代よりの伝承のままに書きぶりは至極みごとで、上代のありさまを知るにはこれにおよぶものはない。『古事記』には、「大和心」「もののあわれ」に通じる神ながらの道が描かれ、この「天照大御神の道」は「四海万国にあまねく通じるまことの道であるが、ただ日本にのみ伝わっている」（『宇比山踏』）。この過激な大和中心主義は中華思想の裏返しで、たおやかで雅な「もののあわれ」さえ裏切って、宣長のいわゆる漢意のさかしらに陥っている。「千余年にわたって世の人の心の底に染みついた持病」（『宇比山踏』）は宣長にも感染しているというべきか。

この宣長の『古事記』の特権化の腰を折るのが、岡田説なのだ。要点だけ言おう。『古事記』は、『日本書紀』よりずっと後に太安麻呂の後裔の多人長が、安麻呂の名を借り一族の血統を正当化するためにでっちあげた偽書だというのである。新羅系の帰化人の秦氏と関係が深い多氏・太氏が、仇敵の百済系の帰化人に対抗していた点が肝心である。薬子の乱（八一〇年）で勢力を失った多氏は、「わずかに雅楽寮の大歌所の大歌師として、宮廷音楽を管理するだけの家柄となった」（三〇八頁）。政治上の事件にほとんど関心を示さず、恋愛と酒宴を主題とする歌物語が多く、しばしば曲名を注記している『古事記』は、「音楽をつかさどる多氏の家柄から来たことである」（三〇九頁）という。このように、秦氏と関係する帰化人がでっち上げた『古事記』は、「その成立の事情から言っても、九世紀という年代の新しさから言っても、七世紀以前の日本古代史の史料として使えるようなしろものではない」（三一〇頁）という。

この断定は、『古事記』が「純粋な和語で書いてあると考え」「日本の本来の素朴な真実の姿をありのままに表現している」（二七八頁）と思い込み、第一級の古代史史料と信じた宣長にはドンピシャり当てはまる。しかし、七世紀以前の日本列島の生活を探る史料として何の価値もない偽書と言い切れるだろうか。私は、岡田氏の揚げ足を取るつもりは全くない。氏が、『日本書紀』の中に神話以上の稲作儀礼の痕跡を見出している事実から、『古事記』にも、そうした痕跡を見出す道もありうると考えているだけである。『日本書紀』の「垂仁天皇紀」の物語にはめ込まれたサホビコ・サホビメ兄妹の話について、氏はこう述べる。

兄妹の名前の「サ」は、稲の精霊を意味する言葉である。……稲の苗をサナエと言い……田植えをする少女をサオトメと言い……田植えをする月をサツキと言い、その頃の長雨をサミダレと言うのは、みなこの「サ」……「サホ」は「稲の穂」であって……秋の刈り入れの前に、田から一株だけ刈り取って田の神のより代にする。（四七六頁）

建国期の日本語は、倭人が作ったのではなく、漢文を下敷きに帰化人が工夫した人工語だという。その際、「土着の倭人の言語から拾ってきた」（三五二頁）、「漢字で綴った漢語の文語を下敷きにして、その一語一語に倭語を探し出して置き換える」（三六三頁）とされている。さらに、『万葉集』では、「純粋な倭語の歌ができている」（三五二頁）とまで言われ、宣長の主張を裏書しかねない物言いとなっている。この歌は情緒の表現で、「政治などの実用に向かない」と付言されているが、さきほどの「サ」「サホ」などはまさに稲作の「実用」に関わる「倭語」ではなかろうか。雅を重んずる宣長の目にはとまらない実用の「倭語」を『古事記』にも探り当てる必要があるのではなかろうか。例えば、「神直毘神（かむなほびのかみ）」について、マガ（曲（まが）、禍（まが）、としての儒教）を直し、善に転ずると解して『直毘霊（なおびのみたま）』をものした宣長の神学に抵抗し、「直す」を、物忌みを解いて日常に戻る切り替えの宴を意味する「直会」、物をもとの場所にしまうことを言う「ナオル」、酒席に就くことを「ナホル」といった、日常の倭語と関連づけた西郷信綱氏の行き方がある（『古事記注釈』第一巻、ちくま学芸文庫、二八八頁）。

「実学」から考え直す「日本」

法隆寺の宮大工の棟梁であった故西岡常一は、『日本書紀』のスサノオの記事について、しみじみと飛鳥の工人の匠に思いを馳せる。

杉およびクス、以って浮宝〔船〕とすべし。檜は以って瑞宮〔仏の伽藍〕を為る材にすべし、柀〔イチイ科の常緑喬木〕は以って顕見蒼生の奥津棄戸〔山の奥に人を捨てる棺〕に将ち臥さむ具にすべし。夫の噉う〔食べる〕べき八十木種、皆能く播し生う

（『日本書紀』巻第一、神代上、第八段、岩波文庫（一）、一〇二頁）

「食べる木の実の種を八十種も播いたというんですな。米がまだなかった神代の時代には木の実が主食やったでしょう。その木の実を節約して山々を緑にしようとしたというてるんでっせ。今ではこうした考えや精神をなんにも引き継いでおりませんな」（『木のいのち木のこころ』草思社、二四―五頁）。西岡は、さらに飛鳥人が、木の癖を熟知し、大陸から教わりながら「本当に深く自分の国の風土を理解したうえで」（同前、四〇頁）創造していたとも語る。このような実学的な『日本書紀』の読みは、パクス・アメリカーナに染まりきった現代のいびつさを照らし出す。

西岡棟梁のような知恵を重んじた江戸初期の偉大な実学者・熊沢蕃山は、『政談』の徂徠が言及さえしなかった、宣長の眼中にまったくなかった治山治水を重視し、「山川（さんせん）は天下の源」（『集義和書』補）と喝破した。山川にこそ日本らしい文化の源を見抜いていたのだ。「日本とは何か」を問う時、宣長が馬鹿にした蕃山の「実学」の意味をこそ改めて考えたい。岡田史学によって、私はそう思いつめる機会を得たのである。

（すずき・いっさく／哲学・宗教思想）

（『環』五七号　二〇一四年春号）

現代中国が見た岡田史学

福島香織

王岐山が「岡田英弘」に言及

中国で〝岡田英弘ブーム〟が起きたのは、二〇一五年春以降だ。それは中国共産党中央政法委員会書記で反腐敗闘争の陣頭指揮をとっている王岐山が、同年四月に中南海（北京の中国共産党中央の所在地）で米政治経済学者のフランシス・フクヤマ、在米の比較経済学者の青木昌彦、中信証券国際董事長の徳地立人の三氏との座談会で、岡田英弘をいきなり絶賛しはじめたことが一つのきっかけである。王岐山が中国社会科学院近代史研究所に在籍経験もある歴史好きの本好きであることは有名で、気に入った本をやたら人に勧める性格である。過去、トクヴィル『旧体制と大革命』やハンチントンの『文明の衝突』を愛読書に挙げていた。

この催しは外国専家局が主催する改革建言座談会と題され、二〇一五年四月二十三日に行なわれた。こうした催しにはいくつかランクがあるが、人民大会堂や釣魚台迎賓館でなく、中南海で行なわれるのは最高ランクといっていい。この会談の内容は「共識網」という中国の思想サイトと中国系香港紙『大公報』に発表され、まもなく削除されたので、発言のどこの部分がまずかったのか、習近平政権として否定している普遍的価値観を認めているととれる発言箇所があったからではないか、などといろいろと憶測を呼んだ。

座談会が始まってすぐに王岐山はこう語りはじめた。

「……去年、岡田英弘の歴史書を読みました。そのあとで、私はこの人物の傾向と立ち位置を理解しました。彼は日本の伝統的な史学に対し懐疑を示し、日本史学界から〝蔑視派〟と呼ばれています。彼は第三世代（白鳥庫吉、和田清につぐ？）の〝掌門人（学派のトップ）〟です。モンゴル史、ヨーロッパと中国の間の地域に対するミクロ的な調査が素晴らしく、民族言語学に対しても非常に深い技術と知識をもっており、とくに語根研究に長けています。彼は一九三一年生まれで、九一年に発表した本で、史学界で名を成しました。これは彼が初めてマクロな視点で書いた本で、それまではミクロ視点の研究をやっていたのです。私はまずミクロ視点で研究してこそ、ミクロからマクロ視点に昇華できるのだと思います。大量のミクロ研究が基礎にあってまさにマクロ的にできるのです」

……

岡田は一九五七年、二十六歳のとき、『満文老檔』(清朝初期の満洲語記録)共同研究で史上最年少で日本学士院賞を受賞するも、既存の中国正史に追従する中国史学に異を唱えたことで、日本の史学界では異端児扱いされ続けた。それを今、中国一の歴史通の政治家が高い関心を持っているのは面白い。

原稿の中では、書名は出ていないが、岡田の著書の中で華字翻訳されているのは当時は台湾で出版されている『世界史の誕生』(ちくま文庫)だけであり、その発言からも、王岐山が読んだのが同書であることは間違いない。〝蔑視派〟というのは王岐山の造語だろう。日本でそんな呼ばれ方はされていない。意味は推測するしかないのだが、この座談会後にネットに書き込まれた解説では、おそらくは、日本の伝統的史観、神話的色彩の強い古代史を実証主義的な手法で批判した研究をさすようだ。日本では使われることのない言葉をわざわざ使って、岡田を論評しているのも不思議だ。

さらに王岐山は、フランシス・フクヤマに対してはこんな発言をしている。

「あなたの言う、国家、法治、政府の説明責任、全部の中国の歴史の中にそのＤＮＡがあります。中国文化の中にそのＤＮＡがあるのです」

「政治は西側ではどのような解釈ですか？　中国では〝大衆を管理する〟ことが政治です」

「米国の友人は、米国はたかだか二百年の歴史しかない、と言っていますが、私は違うと思いますね。米国は欧州地中海文化を伝承しているのです。岡田英弘は言ってますよ。文明があるということは必ずしも歴史があるということではない。歴史と文明がともにあるのは世界上、地中海世界のギリシアとローマ、そして中国だけだと。彼はこうも言っています。中国の歴史は一般に司馬遷から語られているが、孔子から語られるべきだ。『史記』にも孔子は記載されている、と。中国の現代化のプロセスはまだまだ長い道のりがあります。我々がまずはっきりさせておかなければならないのは自己の歴史と文明、優秀なＤＮＡが現代化の実践の中で発揮されなければならない、ということです。優秀なＤＮＡは中国文化の中にあるのです。中国は多民族の遺伝の中で変異しているのです。中華民族はさらに西側文化のよいものを吸収し、世界中の各民族の優秀なものを吸収しなければなりません」

「（中国の憲法は法治を実現できますか、というフクヤマの質問に対して）不可能です。司法は必ず党の指導のもとに進行されねばなりません。これは中国の特色です」

これは、習近平政権の従来の立ち位置を踏襲している。欧米の民主主義や法治を中国は受け入れられない、政治も法も共産党が大衆を管理するためにある。中国には中華文明にはぐくまれた秩序、手法がある、外国に手伝ってもらわなくて結構、と米国学者に主張するために、岡田著作中の都合のいい文言を捻じ曲げて引用している、と読めなくもない。だが、王岐山も岡田の「傾向と立ち位置」を理解しているとわざわざ言及している。

岡田中国史観は習近平政権の「中華民族の偉大なる復興」路線と、むしろまっこうから対立する考え方である。その特徴は、漢字で書かれた中国正史資料だけではなく中央ユーラシアの遊牧民族史料からのアプローチで、漢字の中国正史が描く「正統な皇帝を中心とする中国世界」という中国四千年の歴史観の実態とかけ離れていて、その主役というのは常に入れ替わり激しく変化し、いわゆる「中国人」はむしろ被支配層であった時間の方が長かったという見方だ。

『世界史の誕生』は歴史の新しいとらえ方を考察、提示することがテーマだが、モンゴル人の元も満洲人の清も中国を支配した王朝であって、中国の王朝ではないと書いているし、支配階層で文化も高い「夷狄（いてき）」を野蛮人とさげすむ中華思想は、被支配層の中国人の病的劣等意識の産物ともいう。また「共産党中国がチベットを統治する正当性に、元清朝時代の関係を引き合いに出すならば、現在のモンゴル国こそ中国領有の権利を主張できる立場にある」などとも言っている。中華民族の優秀なDNA論を補強するためならば、もっと引用しやすい中国史家が日本にも海外にも山ほどいるはずだ。

「新清史」論争

ではなぜ岡田英弘を持ち上げたのだろうか。背景には、この二年ほど盛り上がっている「新清史

(New Qing History)」論争があるかもしれない。「新清史」とは一九九〇年代の米国で台頭した清朝研究の一学派で、「満洲、モンゴルなど少数民族史料を重視した反〝漢族中心論〟清朝史学」(百度百科=中国版ウィキペディアのようなもの)という表現もある。新清史の中心研究者の一人、マーク・エリオットは岡田の弟子である。岡田史学にアイデンティティ研究を足したもの、というところによると、中国では江沢民政権時代、現代中国の領土の民族的基礎となる清朝の歴史を国家の正史と位置付けるため、大予算を投じた「大清史」編纂プロジェクトが立ち上がった。この頃、北米で台頭した新清史学派が話題となり、英語のできる院生たちが夢中になり、新清史の成果を参照して論文を書くこともかなり多かったという。

一方、これを敵視する教授たちも多く、論争になった。こうした論争は今にいたるまで史学界で続いており、特に二〇一四年の秋ぐらいから、「清朝は中国王朝ではないのか」「清朝の雍正帝は華夷一家と言っており、このころは民族という言葉はまだなかったのではないか」「新清史は満洲族の漢化の事実を否定しているのではないか」といった論争や反論が登場している。二〇一五年七月七日の『中国社会科学報』には「〝新清史〟背後の学風問題」と題した徹底反論が掲載されている。

岡田に師事した清朝史研究者・楠木賢道が「岡田ブーム」とちょうど同じ時期に、吉林師範大学に招聘されていたのも、こうした新清史論争をめぐる研究者たちの関心の高まりがあるかもしれない。楠木は同大学で「江戸時代の清朝研究」という講義を受け持っているが、「江戸時代の知識人は国民国家史観と無縁であり、清朝の持つ権力分散的で多元的、多文化的、多民族的な体制がうまく機能していたことを、むしろ現代人よりも理解していた。この理解は岡田先生やその影響を受けたマーク・エリオットの〝新清史〟に近い」という。院生向けだが修士から副教授までが集まる人気講義だという。

楠木に王岐山発言をどう理解するかと尋ねるとこう答えた。

『大清史』編纂がそろそろ最終局面にきています。ですが中国の史学界は一次史料読解の訓練、史料に基づく微視的研究が充実しているとはいえず、微視的な研究に基づく着実な巨視的構想も少なく成果も玉石混淆。（近代史研究所にいた）王岐山は歴史研究とは何かを理解している人でしょう。また、史学関係の報告書に目を通す立場にあり、感じるところがあったのではないでしょうか。そして最近華字翻訳が出た『世界史の誕生』を読んで、説得力のある壮大な構想に驚愕した。さらに岡田先生について調査し、長い時間をかけた地道な史料研究と、結構現代中国に対して批判的な発言をしてきたことを知った。中国について批判的な態度はとっているけど、研究業績と研究スタイルに感銘を受け、中国の研究者も見習ってほしいと、思わず話題に出してしまったのでは？　王岐山がチベット問題、ウイグル問題について、現状とは違う解決方法を模索していて、岡田先生の名前を出したと考えるのはうがちすぎでしょう」

王岐山の意図とは？

私も自分なりに憶測をめぐらしてみよう。王岐山は『世界史の誕生』については、本の副題でもある「世界史はモンゴル帝国から始まった」というフレーズに惹かれたのではないだろうか。現在の世界の大部分が西洋の秩序に支配されているなかで、世界史の起源は西洋ではなくてモンゴルであり、元の文明は清へと受け継がれて現代中国に至るという風に考えれば、中華秩序が世界の半分ぐらいを占めてもいい、という根拠になると考えたかもしれない。問題は清朝の国家アイデンティティだが、その部分は「新清史」を論破して、間もなく完成する「大清史」で、現代中国が大清国の正統な継承者と結論づければいい。中国で出版される歴史本は厳しいセンサーシップがあるので、岡田著作を翻訳出版することになっても、都合の悪い部分は削り、むしろ中国の公式の歴史観を補強することに使えるかもしれない。二〇一六年三月、ネットの「騰訊文化サイト」で紹介された中国語版『世界史の誕生』の書評には「(岡田史観によれば) 中国はモンゴル帝国を基礎にした国家であり、中国はモンゴル帝国の継承国である」とある。

「歴史と文明をともにもつのは地中海世界と中国だけ」「世界史の始まりはモンゴル帝国」「モンゴル帝国の継承国は中国」と言いたくて、岡田英弘の名前を「民主主義と自由主義経済の最終的勝利で歴史終焉」と書いたフクヤマにぶつけてみた。そのあとネットで「王岐山が言った岡田英弘って誰？」という反応が広がって、実はかなり中国にとって都合の悪いことも言っていると知られてしまい、そういう人物を持ち上げてしまった王岐山が、後になってバツが悪くなって、座談会原稿を削除したというふうにも考えられる。この座談会原稿を発表した「共識網」は、二〇一六年秋に事実上閉鎖されてしまった。

あるいは王岐山は本気で清朝末期と様相が似てきたという指摘を内外で受ける現代中国の直面する問題の打開策のヒントとするために、あらゆるタブーを破ってでも清朝研究を発展させたいと思って、こんな発言をしたと考えるのはどうだろうか。そうだとすると、王岐山は、根は習近平と考え方を異にする「改革派」ということになる。

岡田著作でもたびたび言及されているが、歴史を持つ国は歴史を持たない国よりも強い。中国が本気で強くなるために、今までの史料や情報に対して思想上制限してきた箍(たが)をはずし、本気で岡田史学・新清史学を含めた多様な歴史研究の方向性を模索しているとしたら、これはこれで侮れない。

(ふくしま・かおり/中国関係ジャーナリスト)

(「日経ビジネスオンライン」コラム原稿「チャイナゴシップス」を加筆修正)

II　岡田史学で世界を読む

岡田英弘
宮脇淳子

＊初出は、月刊ＰＲ誌『機』藤原書店、
リレー連載「今、世界は」全十二回
二〇一四年四月〜一五年三月

1　歴史は文化の一種

歴史は、たんに過去に起こった事柄の記録ではない。歴史というのは、世界を説明する仕方である。その場合、目の前にある現実の世界だけを対象にするのは、歴史とは言わない。今は感じ取ることができない過去の世界も同時に対象にするのが歴史なのである。

ところが、ストーリー（物語）のない説明というのは、人間の頭に入らない。だから、過去と現在の世界を同時に説明するストーリーが必要になってくる。ヒストリーとストーリーの語源は同じである。

けれども、現実の世界にはストーリーはない。ストーリーがあるのは人間の頭の中だけだ。過去は無数の偶然、偶発事件の集積にすぎない。一定の筋書きがあるわけではない。一定のコースもないし、一定の方向もないし、一定の終点もない。しかし、人間の頭でそれを説明するためには、どうしても筋書きがいる。

その筋書きが文化によって異なるから、国によって歴史認識もまったく違ってくるわけだ。

中国も北朝鮮も韓国も、今現在、国家を率いている支配層の統治の正統性は、他人の領土を侵略した悪い日本に抵抗して、自分たちの民族国家を打ち立てた、という物語にある。だから、自分たちの国内政治がうまくいかず、国民の人気がなくなりかけると、日本がいかに悪かったか、それに比べて自分はいかに正しいかを国の内外に改めて表明しなければならなくなる。反日を言い立てないと、ライバルに勝てない、正統性を失って今の地位も保てないという、日本にとって極めて不幸な状況である。

じつはアメリカも、日本が悪いことをしたから、原爆を落としたことは正義だった、と自分たちの過去を正当化してきた。もし日本が悪くなかったとしたら、自分たちの方が無辜の民を大量虐殺したという、悪魔の仕業をしたことになる。それだけは断じて認めることはできない。だから、史実かどうか、ではなく、自分たちにとって、どちらの説明が都合がいいか、ということで判断をしようとするのである。

2 民族も国民もネイイション

日本語でナショナリズムを民族主義と訳すが、ネイション・ステイトは国民国家だから、じつは民族も国民も、語源はネイションで同じである。国民国家は、十八世紀末のアメリカ独立戦争とフランス革命によって誕生した。つまり、われわれ人類が国民・民族という概念を持つようになったのは、歴史的に言えば、ついこの間のことなのである。言葉がなかったということは、そういう概念もなかったということだ。

民族という言葉が出現するのは、二十世紀初め、日露戦争の前後で、純国産の日本語である。現代中国語と韓国語の民族は、日本語からの借用である。

この時期は、まさにナショナリズムの勃興期で、一九一四年には、オーストリアの皇位継承者フランツ・フェルディナント大公夫妻が、ボスニアの首都サラエヴォで、ナショナリストのセルビア人学生ガヴリロ・プリンチプに暗殺され、第一次世界大戦が始まった。

ナショナリズムは、文字通り訳せば国民主義で、自分たちもよそから独自の国民と認められて、自前の国家を持ちたい、という運動であるが、まだ国家を持っていない人々を国民と呼ぶのはふさわしくない、と当時の日本人は考えたのだろう。

それでは、民族とは何か、というと、これが人によって、また地域によって定義が違ってくる厄介な代物である。

日本では、「民族とは、言語、地域、経済生活、および文化の共通性のうちにあらわれる心理状態の共通性を基礎として生じたところの、歴史的に構成された、人々の堅固な共同体である」という、一九一三年のスターリンの定義が有名だが、じつはスターリンが定義しているのは、ナーツィヤ(国民)で、これを民族と訳したのは日本人なのである。

国民も民族も、要するに、自分たちが一つのネイションだと信じる人たちが一つのネイションだ、というだけのことである。それを、何千年も昔から不変だったかのように思い込むのは、あまりに不毛だから止めよう。

3　インドは歴史のない文明

歴史は、時間と空間の両方の軸で人間の世界を説明するもので、文化の一種である。歴史という文化が成立するためには、直進する時間の観念と、時間を管理する技術と、文字で記録をつくる技術と、物事の因果関係の思想の四つがそろっていなければならない。

時間を一定不変の歩調で進行するものと考え、日・月・年に一連番号をふって暦をつくり、時間軸に沿って起こる事件を、暦によって管理し、記録にとどめるという技術は、きわめて高度に発達した技術であって、人間が自然に持っているものではない。だから、人間がいるからといって、どこでも歴史が書かれたわけではないのである。

また、高度な文明であっても、歴史がない文明もある。たとえばインドには、ひじょうに古い時代から都市生活があり、文字の記録もあって、商業、工業、その他の産業が盛んだった。それにもかかわらず、歴史という文化は、イスラム文明がインドに入ってくるまでなかった。それはなぜかというと、インド文明に特有な、輪廻の思想のためである。

日本に伝わった仏教用語で説明すると、衆生（生物）には、天（神々）、阿修羅（悪魔）、人間、畜生（動物）、餓鬼（幽霊）、地獄の六種類がある。来世でどんな種類の生物に生まれ変わるかは、今生でどんな行為（業）を積んだかによって決まる。前世が原因で、今生が結果、今生が原因で、来世が結果なのだ。

こういう輪廻・転生の思想があるところでは、人間界だけに範囲をかぎった歴史は成り立たない。人間界のある事件は、天上界の事件の結果かもしれないし、魔界の事件の結果かもしれないからである。

さらに、輪廻思想の基本には、時間は直線的に進行するものではなく、くりかえし原初にもどるものだ、という感覚がある。時間をこういうふうに感じるところでは、時間軸に沿って物事の筋道を語るという、歴史という文化は意味を持たなかったのだ。

4　なぜ中世が必要なのか

マルクス主義の史的唯物論（唯物史観ともいう）では、歴史には一定の方向がある、とする。原始共産制から古代奴隷制、中世封建制から現代資本制、そして未来の共産制にたどりつくと、歴史は止まる、と説いた。これを、発展段階説と言う。

マルクス主義の歴史観は、時代によって経済のしくみが違っており、その上に乗っている政治制度も、それぞれの時代の経済のしくみによって決まる、という前提に立っている。これが「下部構造が上部構造を決定する」という考え方だが、歴史上どの時代をとっても、このような、経済のしくみと政治のしくみの組み合わせが、ぴったりあてはまる時代はない。発展段階説は、実際には歴史ではなく、その社会がどの段階にあることにするかで革命の戦略が決まるという、政治の理論だった。

ところが、このマルクス主義の時代区分は、今でも、われわれの考えかたに、ひじょうに大きな影響を残している。たとえば日本の歴史教科書で、原始時代・古代・中世・近現代などと時代区分するのがその一例だ。

古代と現代の間に、中世を挿入するということだけでも、世界にはある一定のゴールがあり、それに向かって進化し続けている、という考え方にとらわれていることがわかる。

歴史には一定の方向がある、と思いたがるのは、われわれ人間の弱さから来るものだ。世界はたしかに変化しているけれども、世界が一定の方向にむかって進んでいるという保証は、どこにもない。むしろ、世界は、無数の偶発事件の積み重ねであって、偶然が偶然を呼んで、あちらこちらと、微粒子のブラウン運動のようによろめいている、というふうに見るほうが、よほど現実的だ。

未来に世界がとるべき姿があらかじめ決まっていて、それにむかって人類の社会が着々と進化しているなどというのは、あまりにも根拠のない空想であって、とうていまじめな話とは思えない。

5 シナの歴史文化は正統史観

歴史（ヒストリー）は、過去と現在の世界を同時に説明する物語（ストーリー）である。過去は無数の偶然の集積にすぎず、一定の筋書きがあるわけではないが、人間の頭でそれを理解するためには、どうしても筋書きがいる。その筋書きは文化によって異なるから、国や民族によって歴史認識に大きな違いがあるのである。

世界中で自前の歴史文化を創り出した天才は、二人しかいない。その一人が司馬遷（しばせん）である。紀元前一世紀初めに司馬遷が書いた『史記』がシナ文明初めての歴史書だったせいで、その体裁と内容は、今にいたるまで漢字文化圏の歴史の枠組みに影響を与え続けている。

『史記』の冒頭には、黄帝（こうてい）以下の五人の君主があいついで天下を統治したという「五帝本紀」があるが、黄帝から堯（ぎょう）・舜（しゅん）に至る五人の天子は神様である。

司馬遷がここで天下と呼んでいる地域は、彼が仕えた前漢の武帝（ぶてい）の支配が及んだ範囲そのままであり、黄帝の事績として司馬遷が叙述することがらは、すべて武帝の事績と重なる。

つまり、司馬遷が言いたかったことは、武帝は、世界が始まったときの黄帝と同じ天下を統治する天子で、天命を受けた正統の君主だ、ということだった。

司馬遷の仕えた漢は、シナ世界を統一した秦（しん）の始皇帝（しこうてい）とは違う一族である。そもそも五帝のあと、夏、殷、周、秦と、血のつながらない天子がつぎつぎと立ったわけだが、司馬遷はこれを、徳を失った天子は、天によって命を革められたのだと説明した。シナ文明の「革命」の主体は天なのである。天命は、どんな時代でも天命だから、その天命を受けた正統の天子が治める天下には、時代ごとの変化があってはならない。そのため、これ以後のシナ文明においては、天下にどんなに根本的な変化があっても、記録できないことになった。中国人が「歴史」と言うときはたてまえだけで、史実に何の興味もないのは、このせいなのである。

6 歴史の父ヘーロドトス

歴史を英語で「ヒストリー history」と言うのは、紀元前五世紀にギリシア語で書かれたヘーロドトスの著書『ヒストリアイ』が語源である。「ヒストリアイ」の単数形「ヒストリア」は、もともと「調査研究」という意味のギリシア語だった。つまり、ヘーロドトス以前には、歴史を意味する言葉がギリシア語にはなかったということで、ヘーロドトスが「自ら研究調査したところ(historiai)を書き述べた」書物が世界最初の歴史書になったことを示している。

ヘーロドトス著『ヒストリアイ』は、ギリシア語で書かれてはいるが、ペルシア帝国の発展に沿って構成されている。そして、紀元前四八〇年のペルシア王クセルクセースのギリシア遠征が、最終の大勝利を目前にして、サラーミスの海戦でペルシア艦隊がギリシア艦隊に撃破され、ペルシア王が何もかもうち捨ててペルシア本国に逃げ帰るところで完結する。

ヘーロドトスは、黒海とエーゲ海を結ぶ海峡の東側がアジア、西側がヨーロッパで、両者の間で積み重なった恨みがペルシア軍のギリシア遠征の原因だと解釈した。強大なアジアのペルシア帝国が弱小のギリシア人の諸都市を押しつぶそうとする最後の瞬間にギリシア人が逆転し、勝利を収めて『ヒストリアイ』は終わる。つまり、アジアとヨーロッパという二つの勢力が対立し、最後にヨーロッパが勝つという筋書きである。

そこで、ヨーロッパ文明では、一、世界は変化するものであり、その変化を語るのが歴史である。二、世界の変化は政治勢力の対立・抗争によって起こる。三、ヨーロッパとアジアは永遠に対立する二つの勢力である、という考え方に沿って、歴史が書かれることになった。

ヨーロッパで「帝国の興亡」という書名が多いのはヘーロドトスのせいだし、ソ連崩壊後にフランシス・フクヤマが『歴史の終焉』を書いたのも、二つの勢力が対立して最後に一方が勝ち、それで対立が解決し歴史が完結するという、ヘーロドトスの史観の影響なのである。

7 ゾロアスター教の二元論

ヘーロドトスによる世界最初の歴史書『ヒストリアイ』は、アジアとヨーロッパが昔から対立し、最終的に、強大なアジアに対して弱小のギリシア諸都市が勝利する、という筋書きだった。

三九二年、ユダヤ教から分離したキリスト教がローマ帝国の国教と定められたため、このような地中海文明の歴史観にユダヤ教の影響が入った。もっとも影響したのは『新約聖書』の「ヨハネの黙示録」である。

世界の終わりの日に、神の御使とサタンの使が戦い、サタンが敗れて千年間封印される。ローマ皇帝に抵抗した人々が生き返り（第一の復活）、キリスト（メシヤ）とともに千年間、支配する。千年が終わるとサタンは最終的に打倒され、第二の復活があって、あらゆる死人は神の御座の前にさばかれ、イエスをメシヤと認めないユダヤ人は、火の池に投げ込まれて第二の死を受ける。

これは、世界は光明（善）の原理と暗黒（悪）の原理の戦場だが、最後に光明が勝って暗黒が亡び、それとともに時間は停止して世界は消滅する。その前に救世主が降誕して、最後の審判がある、と説くペルシアのゾロアスター教の二元論そのままである。ユダヤ人はペルシア帝国の支配下に長く暮らしたため、その影響を受けたのである。

「ヨハネの黙示録」はローマに対するユダヤ人の憎悪が最高潮に達した時期に書かれたもので、

ユダヤ人だけのための預言だったのが、ヨーロッパ全体のヴィジョンとなってしまった。

世界はヨーロッパの善の原理と、アジアの悪の原理の戦場で、ヨーロッパの神聖な天命は、悪魔の僕（しもべ）であるアジアと戦い、征服することである。ヨーロッパがアジアに対して最後の勝利を収めた時、対立は解消して歴史は完結する、という思想が、十一世紀のイスラムに対する十字軍や、十五世紀に始まる大航海時代のヨーロッパ人の世界観を生んだ。

今のハリウッド映画も、この善悪二元論の影響下にあるのである。

8　歴史のないアメリカ文明

アメリカ人は、自分たちの文明が全人類に通用する普遍的な文明だと思い込んでいるが、アメリカ文明は、実は、世界中の他のどの地域にも適用の利かない、非常に特異な文明である。

アメリカ合衆国は、北アメリカの大西洋岸にあったイングランド王の十三の植民地の住民が、王にたてついて一七七六年に独立を宣言し、連邦を結成したのが起源である。アメリカ独立以前に土着のアメリカ王とかいうものがあって、それがアメリカをたばねていたわけではない。何のまとまりもなかったところにつくられた国である。

お互いが同じアメリカ人であるというアイデンティティの基礎は、一七八七年のアメリカ合衆国憲法の前文だけなのだ。

憲法だけによって作られた国家というものは、アメリカ合衆国が世界で最初であるし、それ以後も例がない。つまりアメリカ合衆国は、純粋にイデオロギーに基づいて成り立った国家なのである。だから、アメリカ文明では歴史はあってもなくてもいいもので、重要な文化要素になり得ない。

アメリカ人はつねに現在がどうあるかということにしか関心がない。「歴史」という言葉は、アメリカでは「だれでも知っている話」ぐらいの意味で軽く使われる。アメリカ人は「伝記」が非常に好きだが、偉人の伝記を成功の手引きとして読んでいるのである。

アメリカ人は、まず憲法ができて、それを中核にして国民国家ができるのが当たり前だ、と思っている。アメリカ合衆国の建国によって人類の長年の理想がはじめて実現した、と思っている。民主主義が全世界に広まるのが歴史の必然であり、それを実現するのが、アメリカの神聖な使命だ、と信じている。

こういう、世界各地の歴史の積み重なりを理解できない、イデオロギーだけでできた国家が、世界最強の軍事大国であるということは、人類にとってたいへん不幸なことではなかろうか。

9 歴史を重んじないイスラム文明

イスラム文明では、過去・現在・未来が因果関係によって固定されない。一瞬一瞬が神の創造にかかっている。過去のできごとによって現在がしばられるわけではなく、未来は神の領域に属する。近代的な学問を学んだ科学者でも、彼がムスリム（イスラム教徒）ならば、未来について語るときには常に「イン・シャー・アッラー（神の意志あらば）」とつけ加えなければならない。この語句をつけないで「では明日、必ず会います」と言ったら、神の意志よりも自分の意志を優先させるという、重大な不敬の罪になる。自分が約束を守ることを神様がお望みにならなければ、守れないかもしれないからである。

そうであるから、イスラム教徒が歴史を叙述するということ自体がじつは矛盾している。それなのに、イスラム文明には、教祖ムハンマドの亡くなった直後の時代から記録があり、本格的な歴史も書かれてきた。その理由は、文明と文明が衝突する戦場では、歴史は、自分の立場を正当化する武器として威力を発揮するからである。

そもそもイスラム文明は地中海文明の分岐で、教祖ムハンマドの受けた天啓の基礎にあったのはユダヤ教である。さらにムハンマドの死後、イスラム教団は、アラブ帝国に発展する建国の過程で、ローマ帝国と戦わなければならなかった。

歴史のある文明である相手がつぎつぎと古証文を出してくるのに対して、「現状はそうではない」と言い張るだけでは相手を言い負かせない。結局、地中海文明の土俵に乗った形で、イスラム文明の基礎理念と矛盾する歴史という文化を取り入れることになったわけである。

しかし、もともと歴史が成立する基礎が欠けているため、歴史といっても、イスラム文明の内部では意義の軽いもので、地理学の補助分野だった。

現代でも、イスラム諸国は歴史の取り扱いが苦手で、アッラーの意志のあらわれである現状ばかりを重視し、歴史をふまえた未来の見通しが不得意である。

10 日本の世界史教科書の問題点

日本の世界史は、戦後の学制改革で、戦前の西洋史と東洋史が合体してできたものである。戦前の西洋史の起源は、創設されたばかりの帝国大学に招聘されたドイツの歴史学者ランケの弟子のリースが、自分が開設した文科大学史学科で教えた歴史学である。

文科大学にはこのあと国史科と漢史科が設置され、やがて史学科が西洋史に、漢史科が支那史から東洋史に改称された。

日本の歴史学になぜこのような三区分が必要だったかというと、日本文明、ヨーロッパ文明、シナ文明の三つが、それぞれまったく異なる歴史文化を持っていたからである。その根本的な差異に引きずられて、本来ならば一元的な世界観に立つべき歴史学が、分野ごとに違ってしまった。

紀元前五世紀にヘーロドトスが創りだした地中海文明の歴史観によっても、紀元前二世紀に司馬遷が創りだしたシナ型の歴史観によっても、現実の世界史が割り切れないことは当たり前である。問題は、リースの史学科から分かれた西洋史と東洋史が、どちらも実際にはシナの正史の枠組みに強く影響されていることである。

日本の西洋史概説が、ギリシアから始まって、フランス、ドイツ、英国という、明治維新当時の世界の三大強国に終わる歴史の流れを主軸にして叙述するのは、『史記』以来のシナ史の正統の観念を当てはめてヨーロッパ史を理解しやすくしようとしたものだった。つまり、天命は近東からギリシア、ローマ、ゲルマンを経て英・独・仏に伝わったと考えている証拠で、だからロシア帝国もオランダもスペインもポルトガルもトルコ帝国も、アメリカですら西洋史に入らない。

独自の正統思想でできあがっている西洋史と東洋史を材料にして新たに世界史を組み立てようというのは、無理な注文だった。結局、本来東西それぞれ縦の脈絡がついていたものを絶対年代で輪切りにして一つおきに積み重ねているから、話の筋が通らないのである。

11 歴史を捨てた現代中国

世界中で自前の歴史文化を創り出した天才は、地中海文明のヘーロドトスとシナ文明の司馬遷の二人しかいない、とかつて述べた。司馬遷著『史記』は、黄帝という神様に始まる五人の天子が天下を統治した後、夏、殷、周、秦、漢と、血のつながらない王朝がつぎつぎと立った理由を、徳を失った天子は、天によって命を革められたのだと説明した。つまり、自分が仕える漢の武帝は天命を受けた正統の君主だと言うために書かれたのである。

これ以後のシナの正史はすべてこの枠組みを踏襲し、各王朝が天命を受けたことを証明するためだけに書かれ続けた。天命は不変だから、その天命を受けた正統の天子が治める天下には時代ごとの変化があってはならない。だから、時代が降るに従って、正史は史実との乖離が大きくなる一方だったが、現代中国はとうとう歴史を捨てた。

一九一九年の五・四運動こそが中国最初のナショナリズムで、このとき中国人は孔子も皇帝制度も過去のすべてを全否定した。その代わりに受け入れたマルクス主義は、歴史には一定の方向があり、原始共産制から古代奴隷制、中世封建制から現代資本制、そして未来は共産制へと進む、と説く。

ところが、シナ史における「封建」は、周代に新しい土地を占領して都市を建設することだった。英語のフューダリズムを「封建」と訳したのは、明治時代の日本人の誤訳だったが、さらに日本人が、ローマのアウグストゥスを「皇帝」と訳したために、シナでは中世のあとに古代が来ることになった。マルクス主義では、皇帝が支配する統一帝国の時代は、古代奴隷制の時代であるはずだからである。マルクス主義の時代区分を自国史にあてはめるのに失敗した中国は、結局、アヘン戦争以前を古代、一八四〇年以後を現代と区分することにした。そして、屈辱の現代史という虚構を打ち立て、被害者である中国のすることはすべて善であり、これこそが歴史だと主張しているのである。

12 日本人がつくる世界史

日本は、世界のなかでも特異な文明の発達の仕方をしてきた。まず第一に、七世紀末に大陸のシナ文明に対抗して日本という国号と天皇という君主号を内外に宣言したあと、一度として途切れることなく、同じ国号と同じ家系の君主を維持してきた。そんな国は世界に存在しない。英語のジャパンも日本(ジッペン)という漢字の発音である。

はじめ日本にとっての世界は朝鮮半島とシナ大陸だけだったから、漢字に熟達するだけで外国との交渉には足りたが、その後、南方からヨーロッパ人が到来し、やがて北方からロシア人、海の向こうからアメリカ人が来て、十九世紀後半からは地球上のあらゆる地域と関係を持つことになった。

日本人が世界史を書くとしたら、日本列島に住むわれわれの視点で、そのような日本の経験を素直に述べるべきではないだろうか。日本の外側に、世界史を決定する絶対的な神のような存在があると思うことは誤りである。

江戸時代から日本人は書物によって世界情勢を知ってはいたが、幕末に開国したあとは、官民挙げて西欧文明を取り入れた。日本人は、新しい漢字の組み合わせを創造しながら、あらゆる文献を日本語訳した。それで今では、世界中の本はすべて日本語に翻訳できる。こういう国も世界の中で他に存在しない。

ヘーロドトス著『歴史』と司馬遷（しばせん）著『史記』は、当時としては世界史だったかもしれないが、とっくに賞味期限は切れている。ヨーロッパ人の書いた世界史なるものは、完全にヨーロッパ中心史観である。だからこそ、世界中の書物を読むことができる日本人が、思想にとらわれずに、事実の因果関係を明らかにした世界史を書く資格がある。

ただしそれは、日本文明こそが世界一古く、君主は神武（じんむ）天皇以来万世一系だ、というような日本中心史観ではいけない。自国の立場を正当化するために書かれる国史を集めても、世界史にはならないのである。

III　岡田英弘――人と学問

＊本稿は、『岡田英弘著作集』（全八巻）に付した、各巻月報を再構成したものである。

ポッペ先生の相弟子として

ジョン・R・クルーガー

岡田英弘さんと私は、ニコラス・ポッペ N. Poppe 先生の相弟子です。ポッペ先生はドイツ系ロシア人で、第二次世界大戦後、ソ連からアメリカ合衆国に亡命し、ワシントン大学で縦書きの古典モンゴル語の講義をしていました。しかし、実際には、岡田さんと私は、ワシントン大学で同期だったわけではありません。私は一九五四年から一九五八年までポッペ先生のもとで学びましたが、岡田さんはそのあと一九五九年にワシントンにやってきて一九六一年まで滞在しました。ポッペ先生から私が学位を取ったのは、その間の一九六〇年ですが、滞在中の岡田さんには私は会ったことがありません。

しかし、岡田さんの名前は、私は早くから知っていました。岡田さんが、ポッペ先生とレオン・ハーヴィッツ Leon Hurvitz と一緒に、東京の東洋文庫が所蔵しているモンゴル語と満洲語の文献を調査・研究して刊行した、素晴らしいカタログ（*Catalogue of the Manchu-Mongol Section of the Toyo Bunko*, The Toyo Bunko & The University of Washington Press, 1964, by Nicholas Poppe, Leon Hurvitz, Hidehiro Okada）は、非常によくできた本で、私はおおいに賞賛しています。私はこの本をしばしば利用していますが、ほとんど間違いは見つかりません。三人の協力者はすばらしい仕事をしました。

ポッペ先生は二十世紀最大のモンゴル学者として世界的に有名で、その弟子であるということで、岡田さんは常設国際アルタイ学会（Permanent International Altaistic Conference）の仲間からも頼られました。モンゴル語は、トルコ語やトゥングース語とともにアルタイ系言語に分類され、世界的に多くないモンゴル学者は、毎年世界各国で開催されるアルタイ学会の主要メンバーであり、互いに研究上のやり取りをしてきました。

著名なモンゴル学者ペンティ・アアルト Pentti Aalto（アルタイ学そのものを提唱したフィンランドのラムステッドの弟子で、フィン・ウゴル学会会長をしていました）が岡田さんに、ハズルンド Haslund（ヘディンの中央アジア探検隊に参加したデンマーク人）が見つけた古文書「トレグト・ラレルロ Toregut Rarelro」の「ラレルロ」は何のことか教えてくれと手紙で質問し、岡田さんが研究成果をアルタイ学会で発表したことがあります（トレグトはトルグート、「ラレルロ」はチベット語「ギェルラブ rgyal rabs（王統）」がトド文字で rglrb と書かれ、b と o の語末形は見た目が同じなので「ラガルロ」から「ラレルロ」になったという主旨です）。

トルグート人は西モンゴル系なので、岡田さんは古文書が西モンゴルのトド文字で書かれていたと考えたのですが、私がコペンハーゲンで見たハズルンドのノートにはトド文字はなく、ラテン文字音写だけがありました。それも間違いだらけだったことを、岡田さんにEメールで知らせたことがあります。その後、新疆で発見された古文書も、淳子がウラーンバートルで探し出した同じ古文書の写本も、トド文字ではなく縦書きの古典モンゴル文字で書かれていたので、ハズルンドが見た古文書がトド文字でなかったことは確かです。

私がとても残念に思うのは、西欧の学者たちの日本語の知識が本当に貧しいことです。私も二、三年勉強しましたが、今でも、日本語をすらすら読むどころか、題名だけでも悪戦苦闘します。それに比べて、英弘はたいへんうまい英語を書き、私はつねに尊敬しています。

ここで個人的な話題をお話しすることをお許しいただきたいのですが、私は、英弘と淳子が、ともにお互いに愛を見いだしたことをたいへん喜んでいます。学問的にも、そうした協力は、何年もの間の緊密な人格的な関係に基づくものです。そのような幸福を手に入れられる人は、われわれの間に滅多にあるものではありません。

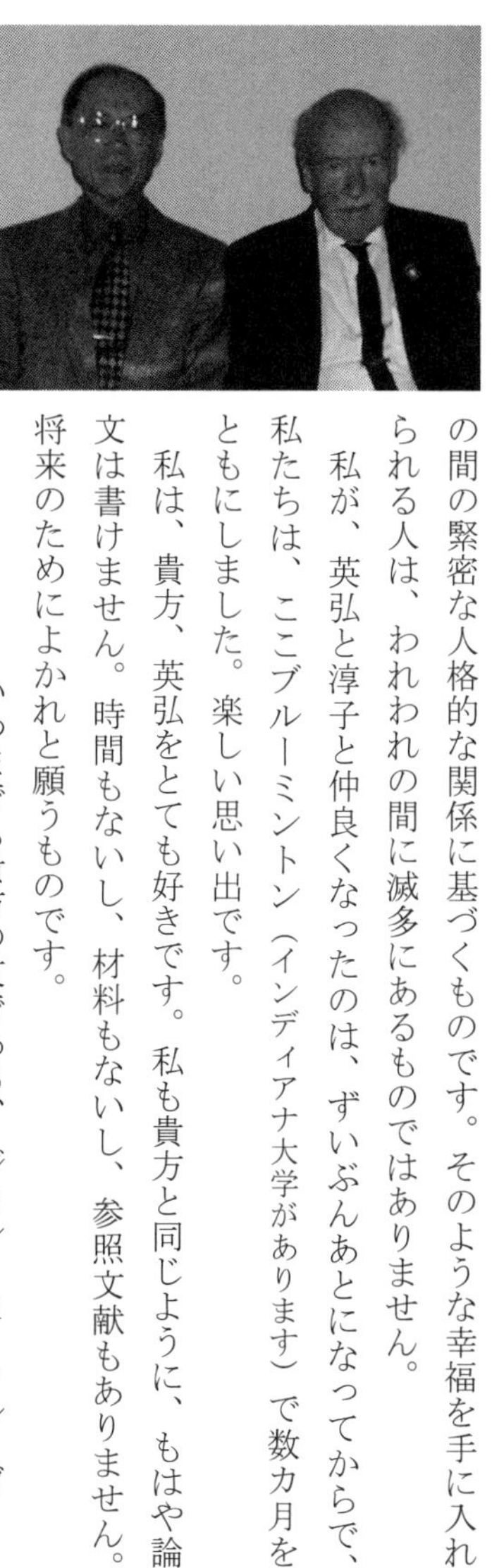

私が、英弘と淳子と仲良くなったのは、ずいぶんあとになってからで、私たちは、ここブルーミントン（インディアナ大学があります）で数カ月をともにしました。楽しい思い出です。

私は、貴方、英弘をとても好きです。私も貴方と同じように、もはや論文は書けません。時間もないし、材料もないし、参照文献もありません。

将来のためによかれと願うものです。

いつまでも貴方の友である、ジョン・R・クルーガー

（宮脇淳子訳）

（John R. Krueger／米インディアナ大学前教授　アメリカ・モンゴル学会元会長）

岡田英弘教授との縁

バーバラ・ケルナー＝ハインケレ

学者の人生でもっとも愉快なイベントは学会である。旅行ができるということもあるが、世界中から集まった友人たちと再会して知見を交換し、多くの知識を得ることは、自分の学問を深めるだけでなく、世界観を変える働きをするからだ。

私がはじめて岡田教授に会ったのは、一九八四年、ドイツ連邦共和国のボン近郊ヴァルバーベルクで開かれた第二十七回国際アルタイ学会（ＰＩＡＣ）だった。会議はボン大学中央アジア学科の著名なモンゴル学者ヴァルター・ハイシヒ教授とクラウス・ザガスター教授の肝煎りで開催されたが、岡田教授はこの有名な学科に一九七三～七四年に客員研究員として滞在していて、彼らと親友だった。このときのＰＩＡＣ会議は、アルタイ学の大使徒たちと若い学者が気楽に寄り合いながら学問上の討論をする、伝統的なＰＩＡＣ精神に溢れていた。

一九五八年のPIAC設立以来、毎年開かれてきた会議は、アルタイ学、モンゴル学、トゥングース・満洲学の学者に、年齢を問わず討論の場を提供してきた。「西側」資本主義国だけでなく、「東側」の社会主義国でもしばしば開催された。

しかし、一九九一年の七月にベルリンで開かれた第三十四回会議で、はじめて多数の学者が社会主義国から参加し、政治の首かせなしに討論が行なえるようになった。日本からつねに参加していた岡田英弘と宮脇淳子と私の交流は、このとき特に深まった。今でも忘れられないのは、ベルリン会議のあと、英弘と淳子が私の家でPIAC関係者の小さな集まりのために調理してくれた素晴らしい日本料理である。統合されたばかりのベルリンではアジアの食物はまだ珍しく、多岐にわたる会話を通して私は日本文化に目を開かれた。だから、一九九二年九月の台北でのPIACのあと、日本を自分の目で見るようにと東京に招待してもらったのはとても嬉しかった。私はそのとき、英弘が勤めていた東京外国語大学のゲストハウスに泊めてもらった。畳が敷き詰められた部屋や背の低い家具、エレガントな装飾は初めての経験だったし、江戸期の寺院や博物館や公園などの、伝統的な芸能の独創性と、色彩と釣り合った曲線の美しさは、私を日本の古典に対する憧憬で満たした。歌舞伎を鑑賞したり、各種の美味を堪能したり、日光への日帰り旅行は、自然の美しさにも目を開かせた。

第三十八回会長になった岡田教授は、一九九五年八月、PIAC会議を東京にほど近い川崎に招いた。日本のおもてなし初体験のメンバーも多く、箱根観光では、富士山は残念ながら雲に隠れて見えなかったが、芦ノ湖から帰る途中、横浜に着くまで二時間もかかった交通渋滞の間、学者たちはバスの中でカラオケを楽しんだ。帰国時、私の帰りの飛行機が雲海を抜けると、富士山は魔法のように姿を現した。

一九九八年十二月、私が再び日本を訪問する機会があったときには、岡田教授は、かつてのソ連領中央アジアにおける言語政策に関する私の調査報告を、東洋文庫で講演できるよう計らってくれた。この学問の殿堂に招待され、研究発表したことは、私の日本での忘れ難き経験の一つで、心の底から感謝する次第である。

一九九九年八月、チェコのプラハにおける第四十二回PIAC会議で、岡田教授は、当該分野における生涯にわたる業績を評価されて、インディアナ大学アルタイ学賞を受賞した。この通称PIAC金メダルの受賞者は、日本からは岡田教授の外には二人しかいない。一九八三年に受賞した服部四郎教授と二〇〇二年に受賞した池上二良教授である。

われわれは何十年もの間、ほとんど毎年のように会い、新年の挨拶を交換し、互いの仕事の内容や計画を知らせ合ってきたので、PIACの会議に行って、岡田英弘と宮脇淳子に会えないというのはほとんど信じられない。英弘の健康に問題があるため、二〇〇七年カザンでPIACが開かれたときは、淳子だけが参加し、変わらぬ明るさと献身的な友情を示してくれた。その後ずっと、われわれは、霊感を与える研究発表や優雅な存在感や他人に伝染する良きユーモアを持った日本の友人が、われわれの会議にいないことをひどく寂しく思うのである。この間、英弘は雄々しく病気の症状と闘っており、一方、彼の愛する研究分野であるアジア史について書くことをやめていないことを、われわれは知っている。

モンゴル語、漢語、満洲語、日本語、西欧諸語の史料に基づく岡田教授の研究は、最高に厳正な学問と歴史家としての鋭い感覚を示している。彼の一連の研究は、国内の専門家のみならず、国際的にもアジア史に関する議論をより高めることになった。彼が成し遂げたような、多くの一般読者にアジア史に興味を持たせるというようなことは、ふつうの東洋学者にはできないことである。

今、生涯の仕事が美しい書冊に収められて刊行されることに対して、岡田英弘教授に私の熱烈な慶びを捧げたい。彼が、世の常ならぬ自分の業績を、満足をもって振り返られるように祈っている。彼の一生を捧げた研究の成果は、アルタイ学の分野に永遠に残るばかりでなく、日本や外国の専門家や読者に、歴史的真実に対する誠実さと探求のモデルを提供している。

（岡田英弘・宮脇淳子訳）

（Barbara Kellner-Heinkele／トルコ学　ベルリン自由大学名誉教授）

モンゴルの重要性

アリシア・カンピ

著名なモンゴル史学者で、かつシナ王朝の専門家でもある岡田英弘教授と何十年もの間友人関係にあることは、私の名誉であり喜びである。彼は、第二次世界大戦後に現れた第二世代の日本人モンゴル学者の最高峰である。

岡田氏はチンギス・ハーンの子孫のモンゴルについて詳細で革新的な研究を行ない、母国語の日本語だけでなく英語でも発表した最初の日本人学者の一人であった。一九七〇年代に米国に何年も滞在し教鞭も執った間に獲得した彼の流暢な英語は、彼の研究を非日本語世界に広めることを可能にした。彼の学問は、過去四十年間にわたってつねにアジアと西欧の研究者たちの架け橋となり、おかげでモンゴルとその支配概念が何世紀も続いたことがよく理解されるようになった。とりわけ、明朝がチベットや満洲や雲南などに境界を越えて正当な支配権があると主張したのはモンゴル帝国に由来するもので、明朝は、モンゴル帝国の東アジア地域の一部分の縮小した継承国家だったからである、という指摘は重要である。

岡田氏は、モンゴルの歴史を敬意と洞察力を持って分析した。彼こそが、学者仲間の中で最初に、モンゴル帝国が地中海文明とシナ文明を結びつけたことによって世界史を「創り出す」触媒になったと提案した人である。新しい分野を開拓した多くの研究の一つが、デニス・サイナー教授九十歳記念論集に夫人の宮脇淳子氏と共著で寄稿した「モンゴル帝国における世界史の誕生　現代日本における歴史教育」である。同じモンゴル研究者のステファン・コトキンは、「モンゴル人とモンゴルの調査　多国籍の放浪旅行」（*Mongolia in the Twentieth Century*: M.E. Sharpe, 1999）の中で、岡田氏の国際主義的なアプローチは議論をふっかけており革新的だと言っている。まさしく岡田氏の分析は、モンゴル人とその偉大な帝国が世界史において果たした役割を再検討するように鼓舞しており、最近ではウェザーフォード著『現代社会を創ったジンギスカン』（*Genghis Khan and the Making of the Modern World*, 2005）の刊行に見られるように、流行となった感すらある。

モンゴルが社会主義だった二十世紀を通じて、モンゴル人学者の中には、モンゴルの支配が世界史に果たした特別な貢献を認めない者もいた。しかし、岡田氏は、モンゴル人の帝国が初めて西と東の現代的結合を可能にしたと強調し、われわれ西欧の歴史学が、モンゴルとその文明に外側から一方的に影響したのではないと主張している。この視点は、活気に満ちた民主主義と鉱物資源に基づく急速な経済成長により、グローバル経済において予想以上の存在感を持つようになった二十

一世紀のモンゴルにおいてはさらに適切である。

モンゴル人はつねに自分たちより大きな隣国と大ヨーロッパ世界に対して戦略と影響力を持っていたとする岡田氏の見方は、私自身も大いに賛成するものであり、今日のウラーンバートルにおけるモンゴル人政策立案者の独自の政策決定を説明するのにも有効である。現在を理解するためには、過去を学ばなければならない。岡田氏のモンゴル史研究は、歴史家、経済学者、政治学者など現代の外国人モンゴル研究者はもちろん、投資家、融資家にとっても、その独特な民族的経験の発露であるモンゴル精神の予測を可能にする多くの原理を秘めている。

岡田氏は世界史におけるモンゴルの重要性を理解していたから、日本と世界におけるモンゴル研究をつねに推進してきた。彼はこの三十年間、終身メンバーとしてインディアナ州ブルーミントンに本部があるモンゴル学会を支援し、また、冷戦時代に東西のトルコ、モンゴル学者が仲良く集って研究交換した国際アルタイ学会（PIAC）の活動にも熱心だった。

私自身が英弘と知り合ったのはアメリカの大学院生時代で、国際会議やモンゴル学会のミーティングの席上であった。一九八〇年代、私がアメリカ合衆国外交官をしながら博士論文を書いていた間、台北や東京で一緒に過ごしたのは特によい思い出である。私たちの共通の霊感の源である著名なモンゴル学者ゴンボジャブ・ハンギンや、偉大な中央アジア史家デニス・サイナーのことをよく話し合ったものだ。最近は英弘の健康状態がよくないので国際旅行が難しくなったが、淳子と一緒に行なう研究活動は衰えない。献身的な学者で、友人を気遣い、誠実な夫である彼は、私たち皆の模範である。岡田英弘は、モンゴル学における偉大な分析家であり、同じ分野の同僚たちの霊感の源である。

(宮脇淳子訳)

岡田英弘教授とモンゴル・満洲学

ルース・ミザーヴ

(Alicia Campi/モンゴル学会会長 President of The Mongolia Society)

元朝以前から清末に至るモンゴル史に興味がある学者には、岡田英弘教授の仕事がいかに独創的な見通しをもっているかがわかる。モンゴル学と満洲学両方の専門家である教授は、十三世紀の『元朝秘史』、十七世紀の『蒙古源流』、十八世紀の『黄金の歴史』などのモンゴル史料を用いて、支配者とその統治の正統性の研究を行なってきた。部族の起源、女性を含めた帝室の系譜、モンゴルと満洲やチベットとの関係、皇帝の印璽と廟に関する問題が、教授のおかげで大いに進展した。

その他にも、岡田教授が他の学者とともに編纂した書籍は、世界中の研究者に計り知れないほど貢献した。一九六四年にポッペ、ハーヴィッツらと刊行した『東洋文庫所蔵　満洲・モンゴル語文献目録』、一九六三・六四年に榎一雄、松村潤、本田実信らと刊行した『欽定西域同文志』と研究篇、一九七二・七五年に神田信夫・松村潤らと刊行した『旧満洲檔　天聡九年』などは、膨大な時間を必要とする骨の折れる仕事であるが、岡田教授は、それらの仕事を遂行するのに必要なエネルギーはもちろん、その結果として、十三～十九世紀およびそれ以後のシナの権力に対する理解を深めるという知恵も持ち合わせていた。熱心な書評家でもある岡田教授は、世界中のあらゆる分野の研究に精通しており、それが、モンゴル帝国が世界史の誕生に果たした役割に関する構想に結びついたのだろう。彼はまた「文明」を構成する要素について思いをめぐらし、日本の歴史教育のレベルを大きく引き上げる野心的な企てを試みた。

岡田教授は多くの国際会議やシンポジウムに出席し、講演や研究報告を行なってきた。私が岡田教授にはじめて会ったのは、一九八四年、ドイツのヴァルバーベルクで開催されたＰＩＡＣ（常設国際アルタイ学会）である。トルコ学、モンゴル学、トゥングース学の研究者たちが集まる小さな会議に、二十一カ国から約九十人が出席した。私を含め博士号取得前の学生は数人で、ほとんどは研究や出版物を通して名前を知っていた教授たちであり、岡田教授が日本からの唯一の参加者だった。ＰＩＡＣは、当時も今も、出席者が、自身の研究や自分たちの国の他のアルタイ学者が何をやっているかを話す「コンフェッション（告白）」で始まる。岡田教授はヴァルバーベルクの会議で、彼の最近の出版物と今後の活動と日本における研究動向を話し、「チンギス・ハーン廟と『元朝秘史』」という報告を行なった。論文は学会報告に掲載されている。岡田教授はすべての発表を注意深く聞き、コメントや質問をしたので、たいへん真面目な人だという印象を私は持った。少し威圧的だったかもしれないが、そのような会議で期待されていることをはっきりさせて皆に喜ばれ、日本の学問に対して改めて認識させてくれた。また彼は長年、日本人研究者がPIACで研究報告をすることを勧めてきた。岡田教授と夫人の宮脇淳子博士は、めったに欠席することのない誠実なメンバーだった。

岡田教授は東京外国語大学アジア・アフリカ言語文化研究所を退任後、夫人とともに、一九九五年八月七〜十二日、川崎市の三菱信託銀行研修センターで、PIAC第三十八回大会を開催した。これは日本でPIACが開催された最初である。十四カ国からの参加者は五十二人で、PIACとしては小さな集まりだったが、たいがいの参加者はこの方が好きである。実際、理想的な集会だった。さまざまな企画や研究課題についてじっくり議論し、情報交換し、他の学者の意見を聞く時間がたっぷりあった。その上、PIACになくてはならない遠足として、箱根と横浜への小旅行が計画された。日本でともに過ごした多くの思い出は、志茂碩敏(ひろとし)・智子(さとこ)夫妻が撮ってくれた写真の中に残っている。会長としての岡田教授の手腕により、PIAC第三十八回大会は、たいへん愉快な雰囲気でありながら、学術的水準は維持された。

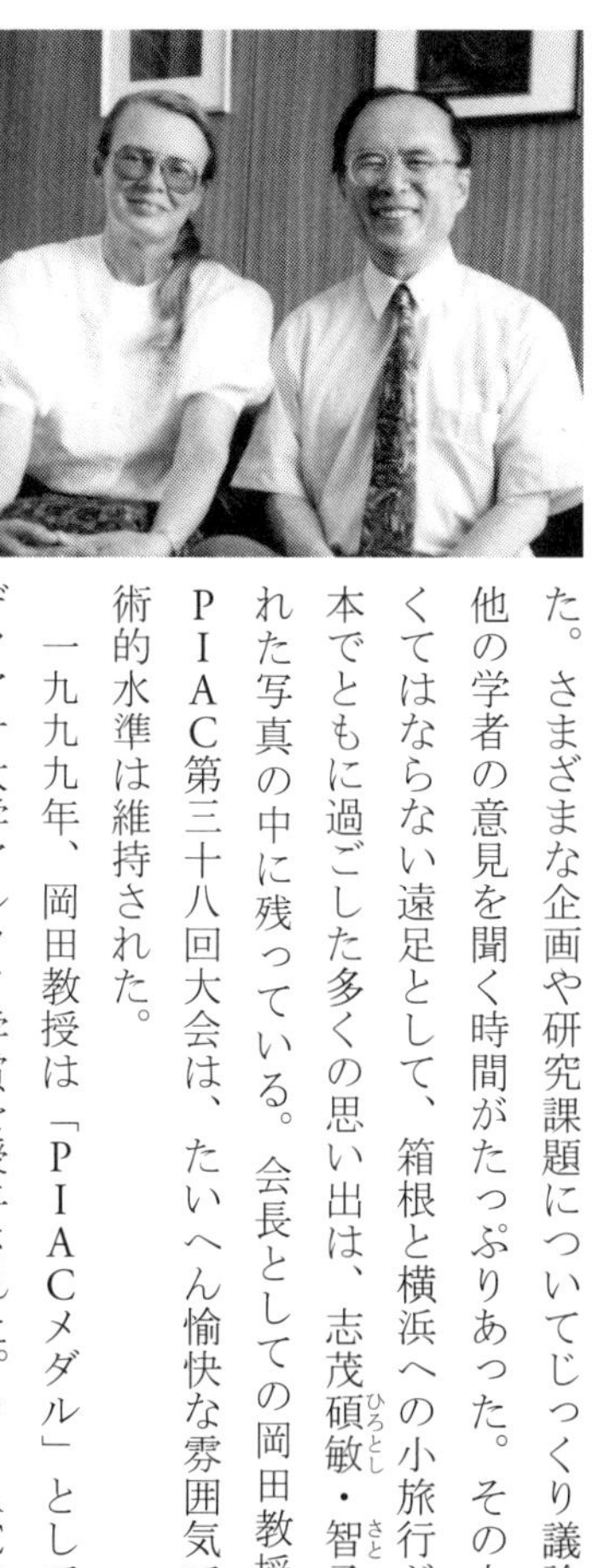

一九九九年、岡田教授は「PIACメダル」として知られる、インディアナ大学アルタイ学賞を授与された。PIACの最高の栄誉であ

るこの賞は、ＰＩＡＣ出席者に限らず、世界中どこの出身であろうと、アルタイ学研究者の誰でもが受けることができる。岡田教授は、前年にＰＩＡＣメンバーが選んだ国際委員会によって、アルタイ学における貢献を讃えられて、このゴールド・メダルの受賞者に選ばれたのである。

長い間、ＰＩＡＣやその他の学会を通して、私たちは親友になった。私は、彼らの家や私の家で、そして学会で、あるいは写真を通して、いつも岡田教授と宮脇博士に会えることを楽しみにしてきた。われわれの直接の関心がほとんど重ならないにもかかわらず、今日まで、われわれの連絡も友情も続いている。私の専門は科学技術史だが、たとえばモンゴルの地形、気象、植物、動物にも興味を示した康熙帝の手紙に関する岡田教授の業績の中から、私は貴重な情報を見出した。彼はもちろん、他人の研究にも関心を持ち続けている。

特記すべきことは、岡田教授が、日本人の学問に、多くの人の注意を引きつけたことである。彼は日本を訪問した研究者を東洋文庫のような研究機関に案内し、文書史料の複写の手助けをした。岡田教授は友人と学界に対して誠実であり、学究に情熱を注ぐ人なのである。

（宮脇淳子訳）

（Ruth I. Meserve／インディアナ大学中央ユーラシア学研究センター助手）

世界でも傑出したモンゴル学者

エレナ・ボイコヴァ

私が、著名な日本のモンゴル学者、岡田英弘教授にはじめて会ったのは、一九八九年ノルウェーのオスロで開かれた第三十二回常設国際アルタイ学会（ＰＩＡＣ）だったが、それよりずっと前から名前は知っていた。才気に満ちたモンゴル史の大家だと聞いていたので、厳格で深遠な人物を思い描いていた。しかし本人に会ってみたら、親切で愉快で機嫌のいい人だったので、とても驚いたが本当に嬉しかった。それからは、彼の著作を読むのにもっと興味がわいた。岡田さんは私に自分の出版物をたくさんくれたが、それらは今、私の蔵書のなかでも特別な位置を占めている。

その後、私たちは、ＰＩＡＣだけでなく、さまざまな国際大会やフォーラム等の機会に、いろいろな国でひんぱんに会うようになった。私はつねに、岡田さんが研究報告をする部会には必ず出席するようにした。いつも決まって、彼の発表に仲間の東洋学者たちは深い感銘を受けた。世界的に名声の高い専門家として、彼は多くの国で尊敬されているが、生涯を捧げて研究をしてきたモンゴル国において、大いに尊敬を受けているのは、しごく当然のことである。

外国語の知識、つまり、モンゴル語や中国語や満洲語やヨーロッパ諸語で書かれた資料を利用できることが、最高位の学者である資格であり、それらの才能が岡田教授を特別な専門家にした。彼は、過去から現在にいたる世界のモンゴル学の栄光をになう学者の中で同世代を代表する典型的人物であるが、同時に、今や世界において指導的役割を果たしている日本のモンゴル学を打ち立てた、傑出した日本人モンゴル学者の一人でもある。モンゴルとモンゴル史の諸問題に対する彼の長年の忠誠心は、深い尊敬の念を引き起こさずにはいられない。東洋学という学問分野への彼の貢献は、どんなに評価してもしすぎることはない。まことに偉大である。私がモンゴルについて、さらにたくさんのものを読むようになり、モンゴルを愛するようにさえなったのは、岡田教授の著作のおかげだと、私は断言できる。彼が、異なった国々の多くの読者たちに、モンゴルを発見させたのである。

岡田教授が妻の淳子と一緒に第三十八回国際アルタイ学会を日本の川崎市に招いたとき、彼は本当に信頼できる友人であると同時に、非常にもてなし上手な人であることを、私は再確認した。彼らの支援のおかげで、当時、財政的に困難な状況にあったロシア人学者たちも参加することができたのだ。私は、あの会議に参加できて、本当に嬉しかった。親しい仲間たちに会うことができただけでなく、日本を知り、日本に魅了される機会ともなったからである。

岡田英弘と岡田（宮脇）淳子の二人と何十年も親しくしてきたモンゴル学とトルコ学の仲間たちは、この素晴らしいカップルを心底から好きである。秘訣は、とてもシンプルだ。彼らは二人とも、互いに対すると同じように、暖かさと、友情ある共感と、心からの関心を持って人々に向かうからである。
私は、英弘と淳子と個人的な友人になることができて、本当に幸せだと思っている。とても温かな気持ちで、彼らからもらったたくさんの手紙や写真やお土産を大事にしている。 
残念なことに、近年、岡田さんは健康上の問題で、外国で開かれる国際学会に参加することを止めてしまった。友人たちは、彼に会えないことを本当に残念に思っている。しかし、彼がいまだに研究を続け、その著書によって読者たちを楽しませているのは、すごいことだ。彼は、PIAC会議では私たちのそばにいないけれども、つねにPIACの傑出したメンバーであり、その長老でありつづけている。
私は、自分自身を、岡田英弘教授の若い学者仲間であると言えることを、誇りに思っている。彼は偉大な学者であり、よき友人である。親愛なる岡田さんが、健康でありますように。私たちはみんな彼をとても愛しているのだから。

（宮脇淳子訳）

（Elena Boykova／モンゴル学　ロシア科学アカデミー会員）

岡田先生との出会い

T・ムンフツェツェグ

私が岡田先生にはじめてお目にかかったのは一九八〇年代の末である。当時私は、東京外国語大学に、日本語と日本文化を勉強しにきていた。

来日前の十年間ぐらい、私は、モンゴル科学アカデミー歴史学研究所の中世歴史学セクションで、研究員として働いていた。だから、日本留学中に、モンゴルの歴史を研究している日本の研究者の皆様にお会いしたい気持ちでいっぱいだった。

ある日、授業の教室を探していた時、たまたま、東京外国語大学アジア・アフリカ言語文化研究所の先生たちの名前と研究室の番号を書いた看板に目がとまった。そこに岡田英弘先生の名前があった。目を疑った。なぜなら、歴史学研究所の所長Sh・ナツァグドルジ先生に、岡田先生が執筆された「ダヤン・ハガンの年代」(一九六五)という論文を訳すように言われて、日本語からモンゴル語に訳したことがあったからである。授業の後、早速、先生の研究室に向かった。ノックして、研究室に入り、自己紹介した。岡田先生が親切に迎えてくれて、一緒にいた女の方を紹介したのが宮脇淳子さんだった。二人のモンゴル研究者に同じ場でお会いしたのは、私にとって大きなチャンスだった。

それをきっかけに、岡田先生の研究室に伺うようになり、モンゴル史に関する話もいろいろするようになった。そのうち「先生がお書きになった『チンギス・ハーン』という題名の本は、どうして中国の英雄シリーズの一冊として出版されたのですか」と敢えて聞いたことがある。先生は「いつか、モンゴル人にそう聞かれるだろうと思っていた」と笑いながら答えて、「出版社の都合で結局そうなったのだけど」「最初は成吉思汗と漢字だったのを、モンゴル人なんだから漢字は使わない、と文句を言って、カタカナの題名にするしかできなかったんだよ」とおっしゃった。非常に気さくな方だった。

そのあとは、日本に来るたびに先生の研究室に伺い、日本で出版されたモンゴル史に関する最新の本や資料を手に入れたりしてきた。先生の研究室には、研究する環境がそろっていた。岡田先生は東京外国語大学を退職したあと、宮脇さんと個人の研究室を開いて研究を続け、お客さんもそこで迎えていた。先生は朝九時に研究室に来て、十二時に昼食に出かけ、午後一時にもどってきて、午後五時すぎに研究室を出るのがふつうだった。つまり、研究に生涯をかけたのである。

岡田先生が書いたモンゴル史に関する著作は多数ある。その中で、モンゴルで翻訳され、出版されたのが、『世界史の誕生』（二〇一二）と『モンゴル帝国の興亡』（二〇一三）である。モンゴルで翻訳されたことにより、世界のモンゴル学者およびモンゴル人が広く知ることになった。

『世界史の誕生』という本は、モンゴル国だけでなく、国外の人々の注目を集めている作品の一つである。この本のおかげで、モンゴル人は自国の歴史を別の立場から見るようになったと言える。つまり、世界史におけるモンゴルの位置づけを見直すことになったのである。ユーラシア大陸の東西にまたがった帝国を作ったモンゴル人の歴史の偉大さが、偉い先生の興味を引いたのだろう、と私は思う。先生の歴史観はとにかく広い。だから『世界史の誕生』が生まれたのだろう。

岡田先生からは、モンゴル史についてさまざまなことを教わり、資料を紹介していただいたが、同時にモンゴル史の研究者も紹介していただいた。清朝時代のモンゴルの法律の研究を続けてきた島田正郎先生や、モンゴル現代史を研究していた磯野富士子先生にお会いし、意見を交換することができたのを、今も光栄に思っている。また、一緒に東洋文庫に行き、資料を閲覧できる会員になったりして、お世話になってきた。

先生は、中国語、満洲語、モンゴル語、チベット語、朝鮮語、英語などで書かれた資料に基づき研究を行ない、モンゴル史だけでなく、清朝史や中国史や日本史に関する多数の著書を出している。その中で、清朝について書いた本であるにもかかわらず、モンゴル史に関するきわめて重要なデータが入っているものもある。例えば、「清朝史叢書」第一弾の『康熙帝の手紙』には、ジュンガルのガルダン・ハーンについて、モンゴル語の史料にはない情報が多く含まれている。

先生は、モンゴル語で書かれた貴重な歴史資料である『蒙古源流』を日本語に翻訳すると同時に注もつけた。この翻訳と注は、今後の日本におけるモンゴル史研究にとって大切な資料となるだろう。

岡田先生にお会いしてから二十年以上、先生の論文をモンゴル語に訳したり、本を読んだりして、すでに三十年以上経った。長い付き合いの中でわかってきたのは、先生が気さくであると同時に、几帳面で、学問が広いことである。特に歴史観が興味深い。先生にはもっと長生きされ、たくさんの立派な本を出されることをお祈りする。


(T. Munkhtsetseg／東京外国語大学客員教授)

岡田先生との出会い——弟子の先生に寄せる思い出

マーク・エリオット

私が岡田英弘先生の面識を得たのは一九八七年だから、ずいぶん昔にさかのぼる。そのころ、私はカリフォルニア大学バークリー校の歴史学科の大学院生で、清朝の八旗(はっき)制度について博士論文を書こうと研究を始めたところだった。バークリーで私が精力を傾けていた重要な課題は、ジェームズ・ボッソン教授のもとで満洲語を勉強することだったが、そのボッソン教授が、東京に行って岡田教授のところで研究をするように私に薦めたのである。

岡田教授とボッソン教授は、それより二十五年ほども前にワシントン大学の級友で、二人とも、偉大なアルタイ学者ニコラス・ポッペの弟子だった。それに、私が日本の文部省の奨学金を得るためには、私を生徒として受け入れて研究を指導してくれる指導教官が必要だった。一九八六年九月、私は岡田教授に、彼のもとで研究したいと思っていることを説明し、私のスーパーヴァイザーになることを引き受けてくれるようお願いする長い手紙を書いた。

幸いなことに岡田教授は同意してくれ、彼が一九八七年七月にサンフランシスコを訪問した際、私たちは初めて出会う機会を得た。その年の十月に私はすっかり用意を整え、当時は北区にあった東京外国語大学のＡＡ研（アジア・アフリカ言語文化研究所）の彼の研究室に現れたというわけである。

私が到着した一週間後には、私たちは駒込の東洋文庫に一緒に行き、そこで彼は、私に必要な案内や手続き一切を済ませたので、私は東洋文庫の書庫を利用することができるようになった。そのあと、岡田教授は私に、満洲学と清朝史のあらゆる分野に関する書籍や論文の長いリストを手渡した。その中には一九二〇年代から四〇年代にまでさかのぼる文献もあった。また、彼は私のためにＡＡ研の中に研究室を手配してくれ、私はＡＡ研の図書館にも自由に出入りでき、コピーも無料で使うことができるようになった。

最初の一年間、私たちは定期的に会って、私が日本語で読んだ本について討論した（最初に私が読んだのは岡田教授の『康熙帝の手紙』だった）。その頃、私の日本語会話能力は実際上ないも同然だったので、会話は完全に英語で行なわれた（今に至るまで、日本生まれであんなに上手に英語を話す人に、私は会ったことがない）。

これらの会談によって、私の知的構築は根底からくつがえった。やがて私は八旗制度の構造や清朝初期の発展についてより深く知るようになったが、とくに岡田教授が清朝を元朝の「回復」と述べたことは、モンゴル人を初めとするかつての草原出身の征服者と満洲人との歴史的関係を理解する上で大いに役立った。彼の指導のもとで私が獲得した洞察力は、私のシナ史の見方を根本的に形づくり、今もなお、私の思考の中に生き続けている。私があちこちで発言している、満洲人の帝国の特徴は内陸アジアに起源があるという考えや、満洲語とその他の非漢語史料の重視や、世界史的な枠組みなどの「新清史 New Qing History」と呼ばれるものの多くは「岡田史学」の影響である。

東京での一年が過ぎた頃、岡田教授はドイツのボン大学に半年招聘されて、その間私は直接の指導を受けることができなくなった。私は、彼が紹介してくれた東洋文庫の研究会に参加して研究を続けた。

一九八九年の春私は一旦帰国し、秋に東京に戻った。先生が帰国して関係が再開してからは、彼は真の師匠になった。秋のある夜、彼と妻の淳子は、私と婚約者を銀座の素敵なフランス料理店に招待してくれた。今でもありありと目に浮かぶが、仕立てのいい夏の背広を着てパナマ帽をかぶった彼はなんておしゃれだっただろう。ワインリストにも慣れていて、いろいろな会話で盛り上がった中には、シアトルでの学生時代の話もあった。その年の十二月、妻と私が東京で結婚した時には、彼は我々にシャンパンを贈ってお祝いしてくれた。

一九九一年初めに北京から東京に戻った私は、さらに六ヶ月間をAA研で過ごし、私が見つけた文書類を彼と調査研究する機会を得た。それらを私は自著 *The Manchu Way* で利用したが、彼はたぶん私よりも前に、それらの資料の重要性を知っていたと思う。

一九九一年夏に私は日本を離れ、何年かたって助教授として教え始めたが、岡田教授との師弟関係はそれで終わりではなかった。一九九九年、私は日本学術振興会の招聘で日本大学客員研究員として東京に戻ってきた。このとき、私は再び彼に弟子入りした。今回は、彼が満洲語よりもさらに通じている古典モンゴル語を教えてもらうことになったのである。

彼はすでに退職していたのでAA研に研究室はなかったが、駒込駅の近くに私設研究室を持ち、そこで私たちはテキストを読んだ。以前ともう一つ大きく違ったのは、私の日本語能力が上がり、今回のゼミがほとんど日本語で行なわれたことである。私は彼と、私たちの会談につきあってくれた淳子に心から感謝している。彼は忙しい合間に私と座り、ちょうど日本語訳刊行の準備をしていた『蒙古源流（エルデニイン・トブチ）』のテキストの何節も、私が判読する手助けをしてくれた。

私が彼と知り合ってから三十年近くたつが、先生から学んだたくさんのことの中で最も感化を受けたことは二つある。一つは、正確な学問と原典史料を注意深く読むことへの献身であり、もう一つは、専門家だけではなく一般読者に向けて書く立場を明確にしたことである。私もこれらの才能をある程度は彼から受け継いだと思いたい。それこそ、はるか昔、何の面識もなかった若いアメリカ人学生を支援し、それ以来変わらぬ励ましと友情を持ち続けてくれる先生に報いる唯一の道であると私は思うからである。

（宮脇淳子訳）

（Mark Elliott／清朝史・内陸アジア史　ハーヴァード大学教授）

岡田英弘――個人的な思い出と歴史上の反響

ニコラ・ディ・コスモ

私がはじめて岡田英弘に会ったのは、一九八四年六月、ヴァルバーベルクというドイツのへんぴな村で開催された第二十七回常設国際アルタイ学会（ＰＩＡＣ）だった。当時私は若くて大学を出たばかりで、国際学会は言うまでもなく学会などというものに何の経験もなかった。ヴァルバーベルクで私が出会った学者たちは、ニコラス・ポッペ、ヘルベルト・フランケ、デニス・サイナー、ヴァルター・ハイシヒなど、私がすでに読んだか読みたいと思っている本の背表紙で知っているだけの、内陸アジア学の権威たちだった。

この印象的な集まりで、私はある満洲史料について発表した。それは（あと知恵であるが）たいして重要なものではなく、私の先生であるジョヴァンニ・スターリが興味を持ち、私のような初心者にはよい課題だと考えたという程度のものだった。資料が配られ、私のへたくそな英語の発表が終わるやいなや、岡田教授は椅子から立ち上がり、とても厳粛ではあるけれども少しも威嚇的ではなく意見を述べた。しかし彼の批評は（文字通り異議を唱えて叱責するもので）断固としていたので、私にできることは唯一、生徒が先生から教えを受ける態度を示すだけだったが、その経験はやはり恐ろしいものだった。岡田英弘の膨大な経験と知識がひじょうに威嚇的だったことは疑うべくもない。

それでも、同じ年の秋、インディアナ大学ウラル・アルタイ学部に進級することになった私は、この教訓を心に刻み込んだ。学部のトップがＰＩＡＣ書記長をしていたデニス・サイナーだったので、毎年のＰＩＡＣ会議に参加するのはほとんど慣例になり、実際に楽しみになった。岡田英弘と宮脇淳子はいつも参加していたので、何年かのちには互いにもっと知り合うようになり、個人的に親しくなるだけでなく、私自身の学びが進んだことにより、満洲学とモンゴル学に対する岡田の学識がどんなに先鋭的であるかを、だんだん私は理解するようになった。参加したすべてのＰＩＡＣにおける彼の発言を一つでも聞き損なったことがあるとは私は思わない。

一九八八年に中国を訪問したあと二ヶ月間、私は東京に滞在する機会があった。岡田教授は〔東京外国語大学〕ＡＡ研に私を受け入れることに同意した。私はまだ大学院生だったので、始まったばかりの学位論文の計画に必要と思われるものは、どんなことでも広く知るために自分の時間を使わなければと思った。私の調査はほとんど東洋文庫の満洲語文献にあてられた。その頃、私は清の辺疆とくに新疆に興味を持っており、この題目で学位論文を書こうという空想にふけっていた(この考えはのちに放棄した)。岡田教授は、史料を教えてくれるだけでなく、私を助けてくれそうな人を私に紹介する労を惜しまなかった。もっとも忘れがたい出会いは、新疆史における最高に有名な一人、佐口透教授とのものである。

日本における私の滞在はきわめて短く、岡田を私の先生とか師匠の一人と主張する権利は私にはないけれども、彼の影響はずっと続いている。彼の業績から私がもっとも恩恵をこうむった分野は、モンゴル・満洲の歴史と、世界史である。この二つはかなり異なった種類の学問を代表している。

一方は、古い手書きの写本を熟読し、それらから注意深く巧みに事件の物語を抽出する文献学的訓練が必要な学問である。固有名詞や日付や場所などに関するあらゆる謎と矛盾は、論破されないように言語学と歴史学の厳密な知識で武装し、豊富な注釈を付けて緻密に分析しなければならない。

もう一方は、まったく異なった知的訓練、つまり歴史というものの意味により深く近づくため、広い範囲の知識を探求する学問である。いまや古典であり、この分野での岡田の学問のなかで私の知っているもっともよい例が、一九九二年に刊行された『世界史の誕生』である。この本の重要な思想は、地中海世界とシナ世界の統合という大きな功績により、モンゴル帝国から世界史が始まったというものである。すなわち、岡田の考えでは、モンゴル帝国が世界史の始まりに相当するのである。このとき文明同士がより密接に関係するようになり、モンゴルによって創り出された新たな政治秩序から新しい国家や帝国が生まれた。さらにモンゴルは（われわれが今日言うところの）よりグローバルな経済の先触れとなる国際貿易の発展を奨励した。最後に、モンゴルが大陸の貿易路を独占したことが、近代世界の特徴の一つである海上貿易の発展を促したのである。いまでこそジャネット・アブールゴドやトーマス・オールセンや他の人々が世界史の原型をモンゴル時代に置くようになってきたが、岡田の考えはユニークで独創的だった。今では岡田英弘は真に時代を切り拓いたとわれわれは言うことができる。

これら岡田の学問の二つの「ソウル（魂）」はどのように私を鼓舞したか。歴史を理解する、というよりも歴史を愛するには、異なるレベルの経験が必要である。一つは、自分がその時代に生きて行動している人間として、史料に現れた事件をできるだけ注意深く整合させるというレベルである。もう一つは、アンリ・ピレンヌが「世界史の大潮流 *les grands courants de l'histoire universelle*」と呼んだものを理解し、それによって人類の歴史の異なった質を見通すことができる思想のレベルである。私は自分の出版物でそうする努力をしてきたし、これら二つの異なったレベルを行き来する必要を今もなお感じている。岡田は私の先生であり、彼の業績はまだ完全には認められていないけれども、私はそれを立証するものである。

（宮脇淳子訳）

（Nicola Di Cosmo／歴史学　プリンストン大学高等研究所教授）

私が模範としたい人

タチアーナ・パン

一九八〇年代の初め、私がはじめて満洲学という学問分野を知るようになったとき、この分野におけるもっとも優れた業績のひとつが、日本で刊行された『満文老檔』（一六〇七～三七年の満洲王朝の秘密の年代記）七巻（東京、一九五五～六三年）だった。それは、当時はまだ若い学者のグループによって日本語訳され、注釈がつけられたものだったが、その学者グループのなかに岡田英弘の名前もあった。その業績は、ごく初期の満洲史に新しい史料を付け加えたことにより、世界の満洲学に革命を起こした（のちにそれらは中国語訳され、いま部分的にロシア語にもなっている）。ずいぶんあとになって、私が岡田さんから聞いたところでは、その学者グループは、日本の人文科学における傑出した貢献に対する天皇陛下

の最高の褒賞〔日本学士院賞―訳者注〕を受けたということである。

当然ながら、われわれロシア人学者たちは、東洋学の新しい傾向を取り入れるために、海外の同学の士たちの業績を手に入れ、できれば個人的に知り合いになりたいと強く思っていた。まもなく私は、一九八六年にタシュケントで開催された常設国際アルタイ学会（ＰＩＡＣ）に参加する機会を得て、そこで初めて日本人の同学の士、岡田さんと宮脇淳子に会った。彼らは二人とも、どこかふつうではなく魅力的で、エレガントで堂々としていた。ふるまいはいかにも日本人らしかったが、まわりへのわけへだてのない精神は完全に西洋風だった。その独特の組み合わせは、岡田さんが、アメリカ合衆国とドイツで長い実りある研究期間を過ごす機会があったという事実によって説明できる。こうして、史料に対する深い知識という日本の〔東洋的な〕伝統と、西洋的分析という二つの学問的な伝統が結合したのである。一九七〇年代に日本人がそのような経験をすることがいかに普通ではなかったか、そしてその後、日本で地位を得ることがいかに難しかったかを、私はずいぶんあとになって理解した。岡田さんが強い人格を持っていたから、そしてそういう岡田さんだからこそできたことである。

私は自分を幸運だと思い誇りにも感じるのは、それ以来、私たちは、単に満洲の歴史や文化という共通の興味を持つ同学の士というだけでなく、個人的にも友人になったことである。私がよく覚えているのは、常設国際アルタイ学会の書記長であるデニス・サイナーが、ジョヴァンニ・スターリやハルトムート・ヴァルラーヴェンスなどのような研究仲間であり友人でもある学者も岡田さんと一緒にして「マンチュ・マフィア」としょっちゅう呼んだことである。これは、満洲研究に対する世界的な関心が高まり、われわれの業績への反応も出てきたことをサイナーが強調したのである。

私はたくさんの国際学会で岡田さんに会った。ほとんどは世界中のどこかで毎年開催されるPIACの席上だったが、その他にも、台北や香港で開かれる中国史やその辺疆問題についての国際学会で一緒になった。私はいつも必ず岡田さんの研究発表を聴いたが、取り上げる話題に関する完璧な知識と、史料の論理的な陳述と、彼が話す美しい英語に最初から最後まで魅了された。彼は幅広い知識があったので、どんな質問にでもたやすく答えた。彼は厳しい人で、自身と自分の弟子たちに対してだけでなく同学の士にも厳正さを求めた。ある国際学会で、満洲言語学のひとつの論文発表に彼が厳しい批評をしたことを私は覚えている。われわれはと言えば、同僚を批判することができないというよりも、むしろそうすることを避けようとしていたのに。それは私に、学者として完全であろうとするなら、このように戦わねばならないと教えてくれる、じつによい授業だった。

同時に、私にとって岡田さんは、同学の士への寛大さという点においてもよき模範である。岡田さんは、いつでも自分の知識や持っている資料を惜しみなく分け与えてくれる。私はしばしば、日本人による研究を探す手伝いを頼んだり、彼の論文を送ってくれるように頼んできた。

私は二度日本を訪問しているが、その都度、彼の気前のいい親切なもてなしを経験している。最初は一九九五年夏、岡田さんと淳子が第三十八回PIACを川崎で開催したときで、彼らは多くのロシア人と旧共産圏の同僚たちを苦労して日本に招き、その学会を忘れられないイベントにした。

世界中の研究仲間たちへの招待を手配し、あらゆる正式な手続きを成し遂げるのは、財政的な支出だけではなく極めて骨の折れる仕事である。そのとき私は、その学会の運営を手伝っていた日本人の友人たちから、二人がどんなに尊敬されているかを自分の目で確かめることができた。それはまた、世界中から集まったＰＩＡＣメンバーを魅了する大きな学問的イベントでもあった。メンバーはみな岡田さんと淳子に国際的な敬意を表したのである。

私は東洋文庫で開かれた満洲学会に参加するため、翌年の一九九六年十二月に再び日本を訪れた。われわれ〔ジョヴァンニ・スターリと一緒だった――訳者注〕は岡田さんと淳子に、東京外国語大学ＡＡ研の彼の研究室で会い、つぎに中華料理店で一緒に食事をした。私たちは仲良く話をし、岡田さんはニコラス・ポッペのもとでシアトルでアルタイ学を研究していた頃の思い出を活き活きと語った。彼がどんなに深く心から自分の先生を尊敬していたか！　それもまた、私のような若い学者にとっては学ぶべき授業だった。

帰国する前の日、私はホテルのレセプションで岡田さんが置いていった包みを受け取った。その前の夕刻に私たちが話していたニコラス・ポッペの『回想録』のゼロックス・コピーと、小さな赤い漆のカップ「枡（ます）」だった。

英弘と淳子と金文字で書かれたその枡は、彼らが一九九六年十一月二十四日に結婚式を挙げたときの引き出物だった。このカップは、岡田さんと淳子に対する深い友情と、彼らの幸福と健康と愛を祈る象徴として、私のもっとも大切な思い出とともに私の本棚にある。彼らが互いに献身し助け合い、生き抜く強い希望と能力を持っていることに私はいつも感心している。彼らは二人とも、私が模範としたい人たちである。

（宮脇淳子訳）

（Tatiana Pang／満洲学　ロシア科学アカデミー・サンクトペテルブルグ支部）

岡田英弘とモンゴル学——感謝を込めて

クリストファー・アトウッド

モンゴル史を書く場合のモンゴル人学者と西欧の学者の間にある根本的な相違点は、連続性という問題である。モンゴル史は、紀元前三世紀の匈奴（きょうど）帝国から現在に至るまでの長い間、国家としての伝統が継承され、同じ民族によって自主的に発展を遂げてきた歴史なのだろうか。それとも、拡大しては崩壊し、大発展したと思うと、それまでの精巧な伝統がすべて失われる暗黒の時代が来て、言語や宗教や国際的な文化の型まで変容するという繰り返しの歴史なのだろうか。前者は『モンゴル人民共和国史』の初版本（一九五四年刊行）から、ウラーンバートルやフフホト刊行の最新版に至るまで、モンゴル国や内モンゴルの学者たちによって描かれてきた姿である。これに対して欧米の学者たちはしばしば後者の立場を取る。

欧米の学者はふつう、モンゴル史には、ある時代に根本的な断絶があったと記述する傾向が強い。初期の遊牧帝国を研究する学者はだいたいシナ史家として訓練を受けているので、チンギス・ハーンとその継承者たちが統治したモンゴル帝国の歴史を中東学者に任せてしまう。一方、現代モンゴル史はロシア史と共産圏の付属物のように扱われる。この時代まで敢えて範囲に入れて英語で書く者は、だいたい独学者か他の地域や時代の専門家で、一次資料や原文に通じていることが要求される学問的な歴史学の伝統にのっとって書いたりはしない。わずかな例外（オウエン・ラティモアが最も有名だが）以外はモンゴル語も読まなかった。

二〇〇二年、私はニューヨークの出版社 Facts on File から「モンゴリアとモンゴル帝国百科全書」の依頼を受けた。私は一九八七〜八八年に中国内モンゴル師範大学でモンゴル史を勉強し、二〇〇一〜〇二年にはモンゴル国科学アカデミー会員研究者として古文書調査をしたので、私が親しんできた英語の歴史書が、長所はあっても不十分であることはわかっていた。しかし同時に、モンゴル国や中国のマルクス主義者によって書かれた多くの権威ある書物の説く、社会の進化という構造論にも満足していなかった。とくにモンゴル帝国と現代の間に横たわるモンゴルの「中世」に関しては、モンゴル語史料を深く読み込み、モンゴル史を広く見渡す視野を持つという両方の面で書かれたものはほとんどなかった。

このような状況下で、岡田英弘教授の手になるすべての範囲におよぶ研究を知ることができたのは、私の経歴にとって本当に有益であった。彼のいくつかの英語の研究についてはもともと学部生の頃から知ってはいたが、百科全書を書くために、私は日本語の学術雑誌と常設国際アルタイ学会（ＰＩＡＣ）会議録の両方から彼の仕事を系統的によりわけた。岡田教授は毎年のように英語で新しい論文を刊行していたので、私も読むことができたのだが、それらは私にモンゴル史の連続性について、ことにそれまで私にとっては「暗黒の世紀」に過ぎなかった「中世」についてまったく新しい鑑識眼をもたらした。完成した私の百科全書の多くの項目の最後に付けた「参考文献」を見ればわかるように、彼の諸論文は私にとって必読文献だった。

岡田教授がこの「暗黒の時代」を進む道標（みちしるべ）としたのは、チンギス統原理（チンギス・ハーンの血統の正統性）であった。時代を越えてモンゴルの諸制度が継承されたことを保証するのは、宗教制度と文学の伝統である。もちろん西洋でも東洋でも、文学と宗教の継続は、どの集団の歴史においてもふつうに見られるものであるが、モンゴル史におけるこれらの伝統の重要性を私が認識したのははじめてだった。

岡田教授の業績は、モンゴル語、満洲語、漢語に通じているのみならず、浮き浮きするような大胆な構想力によって特徴づけられる。結論が定説とどんなに隔たっているときでも、彼の仕事はつねに理路整然としておりエキサイティングである。多くの研究での漢文史料とモンゴル史料の綿密な比較など、わくわくさせられる。

岡田教授には何度かしかお目にかかったことはないけれども、私は彼を、学問的には私の偉大な師匠の一人と考えている。彼の同僚であり妻でもある宮脇淳子による業績とともに、彼の業績は、日本のモンゴル学の豊かな蓄積を私の前に開いてくれただけでなく、モンゴル帝国の世界と大清帝国の世界とを結びつけ、さらには現代モンゴルにもつながることを私に可能にしてくれた。彼の業績こそが、決まった段階を経て社会は発展するという機械的な社会進化論におちいることなく、チンギス・ハーンの時代から現代の幕開けに至るまで、モンゴルが経験した歴史を、私が総体として理解できる根本的な道標となった。このような次第で、私は彼の著作集が日本語で刊行されることを喜ぶとともに、私が編集する彼の英語の著作集が早く刊行され、その独特で刺激的なモンゴル研究が世界中の読者に読まれることを心より望むものである。

（宮脇淳子訳）

（Christopher P. Atwood／中央ユーラシア学　ペンシルヴェニア大学教授）

日本の漢学研究への、全く新しい視点

渡部昇一

日本には、千数百年に及ぶ漢学の伝統がある。そして現代に至るまでに、ほとんどすべてのシナ

の古典的作品は「読み下し文」にされている。つまり精密な翻訳ができているということである。

特に江戸時代から以降は、すぐれた漢学者が簇簇乎として現われた。田舎の大名でも藩校を造り漢学を重視した。漢学者——儒者と言われていた——の中には、千石の高禄で大名に招かれるというような例もあった。また漢詩文で名声をあげると諸侯の賓師として招かれたので、一種の登龍門のようなものになった。そして日本の漢文というのは精密極まりない解釈をやるので、文献についての考察がうるさい。京大の吉川幸次郎博士も「日本の文献学は本家・清国のそれより百年は先に進んでいた」と称賛している。同じく京大の狩野直喜博士は、荻生徂徠の弟子の山井鼎の『七経孟子考文』からシナ古典の本文批判が始まり、清朝の校勘学者の盧文紹や阮元も大きな影響を受けたことを指摘している。

明治の頃になると文人・学者のみならず、伊藤博文のような政治家、乃木稀典のような軍人、渋沢栄一のような実業家も立派な漢詩を作るほど漢学は普及していた。漢字の識字率は大陸や朝鮮を遥かに超えていたと思われる。

このように日本には輝かしい漢文・漢詩やシナの歴史の研究の伝統がある。シナ古典の稀覯書の蔵書でも、静嘉堂文庫をはじめ世界に冠たるものがある。ところがこうした日本の漢学研究の伝統——近頃の言葉では「中国研究」の伝統——に対して、全く新しい視点を提供する学者が二十世紀の後半に現われた。それが岡田英弘氏である。

岡田氏と最初にお会いしたのは、当時『諸君！』（文藝春秋）の編集長だった堤堯氏と、銀座のバーであったと記憶している。まず、日米開戦の時に感じた感じ方が、二人とも全く同じなので驚いた。そのことが若い堤氏を驚かしたことも記憶に新しい。そしてその後岡田氏の本は私を啓蒙してくれることになる。それは千数百年にわたる日本漢学の輝かしい伝統の盲点ともなっていることを私に教えてくれたことであった。

岡田氏はシナ大陸の歴史と文化を、その周辺から観るという視点を持っていたのである。その視点は伊藤仁斎にも荻生徂徠にも根本通明にも、昭和のシナ学者や〝中国〟学者にもないものであった。私は大学で英文科にいたが、国漢の教師免許のための単位を取り、『孟子』なども朱子の集注本で読まされた人間だから、岡田氏との出会いは「啓蒙」そのものだったのである。

では私は岡田氏から何を学んだか、ということになる。まず第一に、われわれ日本人が千数百年間、シナの古典として尊重してきたものは「周」の文明であったということである。周は西のアテネの如く、驚くべく高い文明を作った。孔子がその文明が滅びないようにと五経を残したのは、正に「述ベテ作ラズ」であった。その周の民族から見て鮮卑と呼ばれていた蛮族が隋や唐を建国したと知って目が醒める思いがした。隋は聖徳太子が文通した国である。隋の煬帝は隋を中国、あるいは中夏の国と思ったはずである。そして日本を東夷と思ったはずだ。そして後の唐も宋も明も清も、そして今の中華人民共和国も。

しかし岡田氏の示すところによると、隋以後に出来た「中国」でも、孔子の「周」の文明からすれば鮮卑や他の蛮族の国なのである。ただ周の文明のすぐれていることを知って、科挙などに周の文明を記したものを尊んだのだ。

この発想は日本の漢学者にも日本の「中国」学者にもないものだった。要するにシナ大陸という大陸で、政権を握った民族は、どれでも周の民族の直系だと思いこんでしまっていたのである——丁度、日本で奈良、平安の文化を作ったのが今の日本人の直系だと今の日本人が思いこんでいるように。今の日本の場合は、たしかに古代日本文化を作った人たちの直系の子孫だ。しかしシナ大陸では、民族がその度ごとに別なのである。レジナルド・ジョンストンが言ったように、シナ大陸にあるのはいろいろ違った民族の王朝なのだ。この見方に岡田氏は見事に、説得力ある論証を与えてくれている。つまり「中国」とは、シナ大陸の覇権を握った民族が周の文化を自分の先祖の文化と誇称した名称である。アテネの文明が西洋文明のもとだからという理由で、今の西欧の民族、たとえばドイツ人がアテネのギリシア人の子孫と言ったら滑稽だが、今日の「中国」研究者にはこのことがわからないらしい。岡田さんの出番である。

（わたなべ・しょういち／英語学・評論家　上智大学名誉教授）

日本人が学ぶべき岡田史学

日下公人

岡田先生の本の愛読者は多い。私もその一人で、お書きになっていることが一々もっともで腑におちる。今まで読んだ本に感じていた疑問が氷解する。もっと読みたい、もっと教えて下さいの気持ちが湧いてきて次々に読んでいる。

今回の著作集の出版は大感謝で、全八巻を読み終えるころには、多分、私でも、多少歴史に詳しくなって大満足が味わえるのではないか、と今から期待に胸を躍らせている。

岡田英弘・司馬遼太郎・安倍晋三の三人には何か共通点があるように感じるので、それを書いて店主・藤原良雄氏への御礼としよう。岡田先生による〝モンゴルから世界史がはじまった〟と、司馬遼太郎の〝この国のかたち〟と、安倍首相が展開中の〝地球儀外交〟の三つが、私には重なってみえるのである。

まず、岡田先生の〝モンゴルから世界史がはじまった〟のご指摘を知る前に、私は中国の社会科学院と北京大学経済学部で、「イギリスの資本主義と日本の資本主義はちがう」という話をしたが、そのとき、北京大学のカリキュラムをみせて貰うと、「世界経済論」という課目があったので、こんな漠然としたテーマでは話しようがないから、結局は毛沢東のイデオロギーに頼った話になるのだろうと想像したことがある。

その頃の私は、学問とは「要素分解主義」で、下へ下へと「分析」を進めるものだと思いこんでいたから、抽象的総合的に上から考えるものにはイデオロギーしか思いつかなかったのである。

したがって、「総合的視点を直観力によって発見する」のは科学的でないからただの随筆であるとか、理づめでないから学者の仕事ではないとか、アカデミズムの伝統に反するとか考えていたが、岡田先生から「東西にまたがる元帝国が誕生したとき、世界が誕生した」、だから「その前には世界史なんかない」と言われたときは目からウロコの思いがした。

岡田先生が「世界」の発見者であり、同時に「世界史をつくった人だ」と今も思っている。

先生が世界という概念をつくったから、それに従って、世界、及び、世界史ができたとも言える。ファミリーレストランをハワード・ジョンソンが発想したから、「すかいらーく」その他が誕生したとか、トーマス・ジェファーソンが独立宣言をかいたからアメリカ国が誕生したというようなものである。発想が、やがて実体になるのである。

司馬遼太郎は〝この国のかたち〟と言って、わが国のかたちと言わなかったのは奇異に感じたが、大阪外国語大学モンゴル学科の出身なら日本を見下して、そう言う資格がある。世界帝国から日本をみれば……である。そういう視点をもって日本をみる人は昔からたくさんいた。中心に置く世界帝国は唐であったり、イギリスであったり、アメリカであったりしたが、ともかくそれは日本は辺境の小国だとする考えで、特に第二次世界大戦に負けてからはそう考える人が多数になった。それを認めない人はナショナリストとか国粋主義者とされたが、七十年も経過すると、そういう辺境意識が実体に合わなくなってきた。日本は復旧し復興し、さらに新しい文化と文明を世界に対して身を以て示すようになり、その上、これまで世界の中心を自認した国々の劣化が進んだから、今はこの「新しい世界」の説明の登場が待たれるようになった。

しかし、これからの世界を説明するのに使える新しいコンセプトがまだ現れない。これまで愛用されてきたコンセプトの限界を指摘する声はたくさんあるが、「結局どうなんだ」の声に答えるのは難しい。

国家がめざすものとして、経済発展、技術進歩、民主化、自由化、社会の安定、生活の安心、紛争の平和的解決、医療の進歩と普及、家族の幸福、個人の満足等のキレイごとはたくさんあるが、それらをまとめて一言で言えるかどうか。それらを実現すれば日本のような素晴しい国になれるかどうか。あるいは個々の問題についてもその答を言えるかどうか。それから優先順位を示せるかどうか。言えないとすれば国家も論者も問題を背負いこみすぎていることになる。あるいは言葉で説明せよという要求の方が無謀だとなる。直観力と実行力にすぐれた日本人は、ともかく実行、ともかく現場で何でも解決するが、その代表は安倍首相の〃地球儀外交〃だと思う。

安倍首相のよく分るスピーチや発言の根底にあるのは、世界・国家・人間に関する豊かな「暗黙智」で、暗黙智にめぐまれた人は物事の真実を既成の言語に頼らずに直観することができる。それを他人に伝えるのに言葉を使うか、たとえ話を使うか、あるいはマンガや映画にして見せるか、それとも学術論文に書くか、など方法はいろいろあるが、ともかく最初の発想にどんな著者の「暗黙智」があるかが大事である。読者としては、それに触れることが一番の楽しみであり、勉強である（日本語なら暗黙智が通じやすい）。

以上、日本が世界の檜舞台に上ろうとしている今、岡田史学のメガネを頼りに世界を勉強するのは誠に時宜を得たことだと思う。〝日本人とは何か〟は、その世界観ができてから考えよう。答えは、多分、アイデンティティ・クライシスの有無だと思う。

（くさか・きみんど／日本財団特別顧問）

挑発をつづける歴史家

川田順造

ＡＡ研での出会い

岡田英弘さんに初めてめぐり会ったのは、一九七五年十一月、私が日本の大学を離れてフランスとアフリカで五年半勉強をしたあと日本に戻り、折から通称ＡＡ研、東京外国語大学アジア・アフリカ言語文化研究所で助教授を公募していたのでそれに応募した、その選考面接の場でだった。岡田さんは六人の面接委員（歴史、言語、民族の三分野で、所員と外部からそれぞれ一人）の、所員の歴史部門を代表した委員だった。

なぜ私が帰国早々、当然のようにＡＡ研に志願したのか、「前史」を手短に書いておきたい。私が東京大学博士課程二年目の一九六二年、フランス政府給費留学生として初めて渡仏した翌年、日本で私をアフリカ研究に導いて下さった岡正雄先生が、ＡＡ研設立の準備で海外のアジア・アフリカ研究施設を視察するため、言語学者三根谷徹さん、文部省の担当官と、パリにおいでになった。

私の指導教授で高等研究院のアフリカ研究センターを主宰していたジョルジュ・バランディエ先生や、当時パリの国立東洋語学校で日本語、日本文化を教えていた森有正さんとの面談を準備し、ご一緒した。岡先生は、帰国したらAA研においで、と言ってお帰りになった。

岡先生はAA研の初代所長になられたが、一九六五年に帰国した私は、東京大学での恩師泉靖一先生の意向で、東京大学文化人類学研究室の初代助手になり、その翌々年、国立大学では東京大学に次いで埼玉大学に新設された文化人類学課程の主任助教授（教授は東北大学から非常勤で石田英一郎先生）として赴任、またもAA研は遠のいた。埼玉大学で三期生までを教えてから、アフリカ研究に本腰を入れるために日本の職を離れて一九七五年秋に帰国すると、羽田空港でばったりAA研前所長徳永康元さん（お能でよくお目にかかり、埼玉大学の非常勤講師にも来ていただいた）にお会いし、いま助教授を公募している、応募してはどうかと言われた。

助手でなく助教授を公募したのはAA研では初めてだそうで、その時の応募者は三部門合わせて四〇人を超えていたという。採用されるのは一人だから私は落ちるのは覚悟で、AA研に入れてくれなければわが家を私設BB研にして、アフリカ調査の資料をまとめることに専念しようと思っていた。

面接の場では、岡田さんは何も発言されなかった。だが運良く採用されて翌年四月にAA研の所員に加えてもらうと、その頃昼食には所員は連れ立って、歩いて五分、都電荒川線西ヶ原四丁目の停留所脇の一膳飯屋に行って食事をすることが多く、新前の私も、岡田先生（やたらに「先生」をつけて人を呼ぶのが嫌いな私も、この誇り高き歴史学の俊英に対しては、恐れ憚る気持ちから、始めのうちはつい先生づけをしていた）に誘われてご一緒した。忘れもしないその初めての昼食の時だ、岡田先生は私に「無文字社会の歴史」だなんてナンセンスだよ君、と断定的におっしゃった。

その前私はパリ大学に提出した博士論文の方法論の部分を、日本語で展開して岩波書店の月刊誌『思想』に、「無文字社会の歴史」と題して断続的に連載していた。それが前年に完結して単行本にもなり、六年ぶりに帰国する早々、私が所属していた日本民族学会の若手研究者に贈られる「澁澤賞」を受け、堀米庸三さんや二宮宏之さんにも、歴史研究に新しい展望を拓いたとして評価していただいて、やや安易な気持になっていたかも知れなかったから、この岡田先生の一言には、頭から冷水を浴びせられた思いがした。

私なりに反論はしたものの、これをきっかけに岡田先生には研究室にうかがってよく議論の相手をしていただくことになり、牢固にして壮大な岡田史学の一端に触れることができたのは、ＡＡ研に入った幸せの一つだった。

無文字社会における「歴史」

それから十五年、岡田史学にじかに接しながら勉強を続けた甲斐があったのか、一九九〇年秋に岡田さんが招集した学際的セミナー「文化としての歴史――歴史のある文明・歴史のない文明」に参加を呼びかけて下さった。山内昌之さん、樺山紘一さんと共に、三人の基調報告者の一人として、

「〝歴史への意志〟をめぐって――アフリカの無文字社会が提起するもの」と題して報告をした。会田雄次さん、芳賀徹さんはじめ、三人の外国人歴史学者も混じる錚々たる二十人の討論参加者を得て、足掛け三日間、大磯に泊まりがけで議論を沸騰させた（その成果は、岡田・樺山・川田・山内（編）『歴史のある文明・歴史のない文明』筑摩書房、一九九二年）。

このセミナーでまず基調報告をした岡田さんは、私の基調報告につづく討論で、こんな発言をなさっている。「私の基調報告の中で、都市生活のある、文字のある、記録のある文明でも、歴史のない文明はありうると申しました。しかし、これは必ずしも、文字があり、記録がなければ歴史はありえない、と言ったわけではないのです。そこに余地を残しておいたつもりです。岡田英弘は過激ですけれども、御自分でも認められたとおり、川田順造はさらに過激なのです。告白しますと、私はAA研で、しばしば川田順造に爆撃を受けている。ですから私の過激さの何分の一かは、川田順造からきていると思います」（同書、一九〇頁）。私自身は爆撃など大それたことをした記憶はなく、岡田さんをひたすら畏れ敬っていたと思っていたが、岡田さんの目からは、無文字性を問題にし続ける私は、それなりに過激・頑迷に映ったのであろう。ただ、岡田さんがこのセミナーの最後にまとめとして言われたことは、私などの立場も吸いとって下さった上での、極めて広い視野に立つ発言だった。

文字記録をもたないアフリカのモシ王国にも口承の、あるいは太鼓の音で伝えられた権力者の「歴史」があったとして、物質文化や技術、身体技法などの広汎な比較によって、言葉で伝えられなかった「歴史」の側面が明らかにされうると考え、それらを明らかにしようとしている私は、どこに立っているのか。自分の視点を相対化するための「文化の三角測量」を目指しながらも、現在まで模索を続けている、この根本的な問題も、岡田さんからの批判や教示の恩恵を受けて、私自身にとって明確にされてきた部分が大きい。ご自身がユニヴァーサルな視野をもった歴史家であるだけでなく、私のような周縁の歴史研究者にも、強い影響力を及ぼす啓発者、挑発者としての一面も、岡田さんの学徳として評価されるべきだろうと、いま改めて考えさせられる。

（かわだ・じゅんぞう／人類学　神奈川大学特別招聘教授・神奈川大学日本常民文化研究所客員研究員）

岡田史学と『国民の歴史』

西尾幹二

私はいまはもう「新しい歴史教科書をつくる会」には関係していないが、会が発足した平成八年（一九九六）十二月に会長を任され、四年後の最初の教科書の検定・採択までは大変だった。ただ予想外の世間の期待と応援の声に勇気づけられてもいた。岡田英弘先生から会の幹部向けのご講義をいただいたのは熱っぽいそんな活動のさ中だった。

江戸時代研究の大石慎三郎先生や、神話学の吉田敦彦先生など当代の碩学を次々と理事会にお招きして、まず関係者は自分たちが勉強せねばと狭い部屋に雁首を揃えた。岡田先生からのご講話は平成十年九月十四日のことである。

私が強烈に印象づけられたのは文字と言語の関係についてである。「漢字は表意文字で表音文字ではない。言葉は音である。」「漢文は言葉を書いているのではない。意味だけしか表現していない。しかも変化がまったくない。格変化もないし時称もないし、性も数もないし、要するに文法がまったくない。」「ありきたりのことしか言えないのが漢文の宿命である。これは論理表現の方法がない、感情表現の方法がないという恐るべきことである。」「非常に情報量が少ない。中国史というのは不利な立場にある。伝えられる内容が貧弱なのである。」「しかし逆にだからこそ漢字漢文は中国で非常に便利である。大雑把なコミュニケーションではあるが、あの広い大陸に漢字で書けば何とか意味が通じさせせられるから。」(私の記録文に依り文責は私)

なぜか十三億の民の寒々とした心理とことあるたびに湧き起こる罵声や怒号、あの国の政治過剰の背景が分るような気がした。ご講話をいただいたこの日のことを私は『国民の歴史』6の「神話と歴史」に二ページにわたって報告している。

岡田先生と私が最初に出会ったのはいつであったかはっきり記憶がない。七〇年代から専門を離れた各種の文化人会議が開かれていたから、お目にかかる機会は無数にあったと思う。

平成九年十一月三日から『産経新聞』に「はじめて書かれる地球日本史」という五百年史が六十

三回、執筆者総数四十八名で連載され、私が主査を任されていた。第一回は責任上「日本とヨーロッパの同時勃興」を私が書いたが、第二回は岡田先生の「モンゴルから始まった世界史」で、最終回を先生の「明治文明がつくった現代中国」でしめくくった。私がいかに先生を信頼し、否、単なる信頼以上にいかに先生に依存していたかが分るだろう。(その後明治中期から日米開戦までを四十回、追加執筆者三十名で書き継ぎ、扶桑社より『地球日本史』『㊪地球日本史』全五巻として刊行した。)

ユーラシア大陸の東端の海上にある日本が西端のヨーロッパと奇妙に符合する歴史の共通点を持っていることは、梅棹忠夫、村上泰亮、マルク・ブロックなどに夙に指摘されていたが、中間にあるモンゴル帝国から世界史が始まったという岡田説はじつに衝撃的で、新鮮だった。私は西洋中心史観でも中国中心史観でもない、日本を中心に据えた世界史像の中にあらためて日本史を置いて描くのが本来的だと思っていた。東西文明の並行という以上のもの、既成の歴史観念を破壊する鍵を岡田説に見た。

「新しい歴史教科書をつくる会」は教科書のパイロット版として日本史の通史を私に書くよう無理難題を課した。会は何人かの協力的専門家に個別の草稿(ドラフト)を書いてもらい、私に押しつけた。実際に利用させてもらったのは岡田先生のドラフトだけだった。こうして平成十一年十月に出た『国民の歴史』14は『『世界史』はモンゴル帝国から始まった」という岡田説そのままの継承となった。私は美術史その他の傍証もたくさん書きこんではいるが、この14節の根本は岡田説である。

『国民の歴史』は共同著作であって、私の著作ではないとされた。出版契約書に縛られ、五年間拘束された後、私が文春文庫から『決定版　国民の歴史』を刊行できたのは平成二十一年十月だった。そこではじめて自分の著作であることを宣言できた。14節に「モンゴルと中国の関係略史」（一）（二）として、岡田先生に全面的に依存している部分をも明示した。

こんな風に先生に依存し、甘えることができたのは教科書改善運動の大義に先生が共鳴して下さっていたからである。しかし私の方は岡田史学の底深さを本当に理解していたのかどうか分らない。日本という国号が生まれる七世紀まで日本は存在しなかったのだ、縄文も弥生もまだ日本ではない、と先生が仰有ったのを聞いて、東アジアの権力構造の歴史を私は十分に理解していないせいかもしれないとも思った。日本語と中国語は根本から異なり、縄文原語が推定され得るので、日本は大陸とは独立した別の文明と見ることははたして許されないのだろうか、一度先生にお訊ねしてみたいと思っている。

（にしお・かんじ／電気通信大学名誉教授）

新たな東洋学を創出した哲人

黄文雄

文革の後期から終結するまでの期間、衛藤瀋吉（えとうしんきち）東大教授の助手として『人民日報』の内容分析を手伝ったことがある。当時、チベット出身のペマ・ギャルポ氏が衞藤教授とチベット問題をめぐって議論になり、ペマ氏が衞藤教授に「中国語で書かれたチベットに関する資料だけでなく、チベット語で書かれた書物も是非読んでください」と訴えた言葉は、強烈な「ハチの一刺し」として今も忘れられない。

歴史をもつ民族もあれば、歴史をもたない、というよりもはっきりしない民族もある。文字をもつ民族もあれば、もたない民族もある。台湾人の前史は後者に属している。

歴史学に登場するのは英雄豪傑のみで常民の歴史がない。考古学はただ金石銘文や死人の骨ばかり叩くのみで、精神史は見えてこないという批判から、柳田国男が「民俗学」を旗揚げしたのである。

文字と文明の関係を考察することは未開拓の分野であった。八〇年代に入って、私が比較文明論にひかれたのは、文字と文明の関係の謎を探りたいという好奇心に駆られたことが一因である。

黄河中下流域の中原（ちゅうげん）地方から生まれた黄河文明は、秦の始皇帝の列国併呑により、長江文明の流れをくむ列国だけでなく、江南の百越（ひゃくえつ）の地まで中華世界に呑み込んだ。政治や軍事の力によるものだけではなく、文字も漢字によって統一され、農耕民の通交のメディアとして漢字文明圏をも確立したのである。

しかし漢字文明はその漢字の統一によって造語力を失う。漢字文明の限界は生態学的な限界にもみられ、万里の長城をのりこえることが難しかったのも、その限界を示す象徴の一つである。

ことに唐の最盛期が過ぎた後、漢字文明の拡散力は俄然失われる。日本がカナ文字を創出し、漢字カナ文字混じりの文章体系を確立したのをはじめ、環唐周辺諸語族は競って独自の文字を創出し、独自の文化を強調することが時代の一大潮流となった。契丹文字や女真文字、西夏文字、突厥文字、そして南方の越南でも字喃文字が創出されている。

三国時代から五胡十六国、南北朝、隋唐以後、なぜ宋（華）、元（夷）、明（華）、清（夷）のように華夷が交替で王朝をつくり、北方の遊牧民が農耕民と交替で中華世界に君臨したのだろうか。「正史」や『春秋』『資治通鑑』『明通鑑』など編年史だけに依拠して歴史を語るのでは、中華史観の独断と偏見に堕する恐れが大きい。

中華の史料、史説、史観からのみ中華世界、東亜世界を語るのは中国の文人だけでなく、日本の朱子学者、中国学者、東洋学者も変わりはない。

江戸中期以来の国学者があれほど「漢意唐心」と「和魂和心」を分別する鋭い洞察力をもっていたのに、朱子学者が幻想を抱いていたのと同様に戦後の中国学者が中華世界を「聖人の国」「道徳の国」「仁の国」そして「地上の楽園」と流布してきたことは、空想や妄想を超えて「犯罪」であり、罪を問うべきである。

中華を中心とする世界観の中にあって、非漢字世界から中華・東亜世界を直視する岡田先生は、アジアにとってだけでなく、世界にとっても特別な存在である。清王朝の外交公文書は、満蒙文と拉丁（ラテン）文での表記が「常識」で、漢文併記になったのは南京条約以降である。

西太后が臣下の盛宣懐に下賜した「詔書」なるものを、「尖閣諸島」が中国固有の領土であることを示す証明だとして、中国側がひっぱり出してきたが、この「詔書」が偽作であったことは専門家によってすぐに見破られてしまう。それは、いくら西太后が最高実力者であっても、皇帝でなければ「詔書」を出せなかったこと以外に、内容の荒唐無稽さが数多く指摘され、ことに清王朝の「詔書」が漢文表記のみであることは絶対ありえないことも「常識」だからである。「満蒙」学はほかならぬ岡田先生の専門分野であり、日中だけでなく、世界にとっても貴重な存在である。

中華世界は時代の変遷とともに中原を起点として拡大と縮小を繰り返し膨張しつづけてきた複合文化集団の吹き溜まりである。その膨張のしくみと原理については、中華史観だけでは説明できない。なぜ六朝時代に中華帝国は隋帝国として転生したのか。安史の乱後、モンゴル人の大元が五百年にわたってカオス状態にあった中華世界を鎮めたのはなぜか。満洲人はいかにして、明帝国の版図より三倍も中華世界を広げたのだろうか。

それを解き明かすには、岡田史観を以てして以外にはほとんど不可能である。私も若いころに岡田史観にひかれた一人である。岡田史観というよりも「岡田学」として学び、歴史のみならず、世界観を開眼する恩恵を受けた一人である。

アーノルド・トインビーは文明論で、統一帝国の成立は文明没落の象徴と説いている。中華文明の没落と衰亡は、いかにして再生と転生をなしたか、「夷狄」がはたしてきた歴史的な役割については、「岡田学」によってしか解明できない。

私は岡田英弘先生を一人の学者としてよりも、新たな東洋学を創出した哲人と評価すべきであると思う。その学の真髄はこの著作集にある。

(こう・ぶんゆう／作家)

文字資料中心の歴史は歴史ではありえない

田中英道

「チンギス・ハーンが世界をつくる」と述べ、世界史がこれまで、西洋の東洋植民地支配から、西洋中心の歴史の視点によって語られてきた説を否定するという卓見を披露した日本の注目すべき国際的な学者が、一方で、日本の歴史を語るとき、中国の一部として見るというおかしな歴史となってしまう、その原因は何であろう。それは、端的にいえば文字資料からのみ歴史を語ろうとする見解から出ており、日本が中国から漢字を輸入してからの歴史となってしまうからである。本エッセイは、編集協力者でもある宮脇淳子さんから、そうした論を反論する意図でもいいとお墨付きを頂いて書く、岡田歴史理論への批判的エッセイである。

私はただ日本国史家を自認し、ナショナリズムを肯定する学者だから、こう言っているのではない。私の学者としての出発点は美術史学であるから、研究対象は無文字文化である。「無文字社会の歴史」などナンセンスと言われると、美術史は成り立たなくなってしまう。川田順造氏は人類学の立場から、「無文字社会の歴史」を研究されておられるが、岡田氏からそう言われて、「頭から冷水を浴びせられた」とエッセイで述べられていた（月報２）。同氏は東京外国語大学のＡＡ研で同僚であったから、決してそれ以上、岡田氏の理論を批判されていなかったが、私のそれは、「美的価値」という、さらに主観的解釈と批判されかねない基準をもとにした学問なのである。川田氏に対してそのような態度を示されたのなら、美術史学など認められないに違いない。

確かに、日本の美術史家は、美術作品に対して、文字資料しか認めない傾向にあり、それが見出せない作品に対してはアトリビューションが出来ず、あれほど有名な運慶でさえ、戦後数十年間は、たった三点しか彼の作品ではなかったといわれていた。ましてや、奈良時代の国中連公麻呂（くになかのむらじきみまろ）などになると、大仏以外は何も認めない、という悲喜劇が生まれている。公麻呂は、『続日本紀』に卒伝が書かれ、四位下という貴族の位を得ている大仏師である。その仏師の作品が一点しかない、というお粗末な学者たちの学界となっている。

ただそれは、作品の形の様式を見る観察眼に確信を持てない学者が多いだけの話で、美術史学は、立派に成り立っている。また成り立たせなければならない。日本の美術史学が遅れているのは、そうした訓練を基礎にしていないからである。別に、西洋の学問方法を絶対化するものではないが、西洋の美術史学は、まずこの様式分析を基礎として成り立っていることは周知の事実である。現在のルーヴル美術館をはじめとする西洋美術館は、まさにその成果の上で出来上がっている。

「倭国は中国世界の一部であった」とか、日本の「古代史」を『魏志倭人伝』しか認めない歴史とはいかに偏頗であるか。「七世紀後半に日本誕生す」とか、『古事記』は偽書であるとか、『日本書紀』には捏造があるとする。しかし、ここから生み出される歴史は、遺跡ばかりでなく、そこから発掘される土器、土偶、埴輪などの形象を、無視せざるをえない。こうした観点は誤りであることは、形から類推される当時の社会の豊かさ、面白さを見逃してしまうことからも明らかである。

まず日本の縄文時代には、形象の資料として、まず大量に造られた縄文土器や土偶がある。それらが中国には全く出ないものである事実だけで、日本は中国とは異なる文化地域であったことがわかる。火炎土器といわれる装飾土器は、その形の成熟度から見て、すでに中国の文化と大いに違うものなのだ。弥生時代になって、稲作が大陸から来たとされ、この時代に作られている銅剣、銅矛、銅鐸、銅鏡など多数ある。出雲で発見された銅剣三百五十八本の形は、中国の銅剣に似ているものの、実際に使用できるものではなく、装飾用で、武器として使われていない。銅鏡などは中国のものと思われてきたが、出雲では未だに同じものが発見されていない。ましてや銅鐸に描かれた簡略な図柄は、中国風を少しも見せていない。おそらく日本に来た大陸人たちは、日本に完全に同化し、母国の言葉さえ忘れてしまう傾向があったのだろう。文字を知っているはずの彼らが来ても、この時代の日本に文字の痕跡が一切ないのである。日本では、別の口承言語があったとしか考えられない。

そして決定的なのは、古墳文化である。前方後円墳といわれる巨大な古墳の形は、大陸には一切見られない（朝鮮半島の似た墓は後の時代である）。それらが鹿児島から岩手まで同一形態のものが数千も造成されている。また円墳、方墳などを入れれば、十六万とか二十万以上の墳墓が残されている。そこに統一文化をもった中国人とは別の共同体があったことは明らかである。むろん、日本という言葉があったわけではない。しかし岡田氏が言うように、「外圧」がなければ国家は成立しないという仮説と異なって、この古墳の時代は、統一した国家があったと考えられるのである。国家の統一機構も軍隊もあった可能性が十分あり、すでに統一した共同体があったといえるであろう。古墳創成が、ちょうど神武天皇の国家統一の時期と重なっていると考えられるのである。記紀の神武天皇の国家統一の話は、そのことを明示している。

岡田氏は日本語が、七世紀の中国語百済方言、というが、朝鮮半島になぜ、『万葉集』の歌のような表現がなかったのだろう。中国史書の「でたらめ」ぶりをいうなら、なぜ『魏志倭人伝』から、当時の日本を類推するのであろう。そこから日本の建国者は華僑などという結論が出てくるとき、それは縄文時代から中国とは関係なく居住していた原日本人のことを忘却に付してしまう。私はこの縄文人たちが、後で中国、朝鮮など大陸から来た人々に「国譲り」をしていくと考えているから、全く岡田氏の所論と異にする。私は近々縄文・弥生の時代に、日高見国（ひたかみのくに）があったとする論文集を出すことになっている。縄文・弥生時代は関東、東北には貝塚をつくって住んでいた。人口も多く、大半はそこに住み、一つの祭祀国をつくっていたと述べている。

（たなか・ひでみち／美術史　東北大学名誉教授）

岡田英弘の衝撃

三浦雅士

岡田英弘の『世界史の誕生』（現在ちくま文庫）を読んだときの衝撃はいまも忘れられない。完全に説得され、その後、岡田英弘の著作はあまさず読むようになった。内容について縷々説明する必要はない。著作集に集約されているからである。ここで一言しておきたいことは二つ。一つは、私のような一般人をこれほど魅了したからには多くの人々に評価されて当然と思えるのに、必ずしもそうなっていないのはなぜかということ。もう一つは、その史観は音楽、舞踊などの分野にも適用可能なのではないかということ。

前者について言えば、たとえば江上波夫の騎馬民族渡来説をはじめ、司馬遼太郎のモンゴル史観そのほか、関連して論じられうる諸説が少なくないにもかかわらず、そういう文脈で話題にならないのはなぜか、ということである。たとえば、漢字学者・白川静の説く殷から周への転換の内実は、岡田英弘の所説と見事に合致すると私には思われる。殷周革命は中国史の根幹。学者たちは互いに協力し合っていっそうスケールの大きい思想的潮流を生み出して当然なのだが、まるっきりそうなっていないのは奇怪としか言いようがない。新しい史観、すなわち視野を拡大した史観は、新たな歴史的現実を提示せずにはおかない、そして新たな歴史的現実は新たな政治運動を惹き起こさずにはおかないのである。岡田史観にはそれだけの力、革命的な力があると私には思われるのだが、にもかかわらずそうなっていないのは、いったいなぜか。

岡田自身の性格が与かって大きいのではないかというのが、私の実感。岡田英弘は狷介である。私がこれまでお目にかかったことのある人物のなかで、狷介ということにおいて氏の右に出るものはない。他の誤りを糾すことにおいていささかの容赦もない。小異を捨てて大同につき、自身の着想を人の手にゆだねていっそう巨大化してゆくといった要素は微塵もないのである。ファンとしては、残念なような、しかしまたそれが当然なのだろうなというような、まことにもって複雑微妙な気持になってしまう。

関連するので、ここで岡田史観、少なくともその核心は、マルクスがすでに披瀝していることに注意を促しておきたい。『資本論』「商品と貨幣」の「遊牧民族が、最初に貨幣形態を発展させる」という一節である。「彼らの一切の財産は動かしうる、したがって直接に譲渡しうる形態にあるからであり、また彼らの生活様式は、彼らをつねに他の共同体と接触させ、したがって、生産物交換を引起していくからである」と続く。岡田英弘は往年のマルクス主義者たちの必読文献でもありうるのだ。

さて、後者。私は舞踊、とりわけバレエが好きで、月刊『ダンスマガジン』という雑誌を創刊したほどなのだが、このバレエという芸術は、イタリアで生まれ、フランスで育ち、ロシアで成人したと一般に言われている。ところで、バレエがイタリアで生まれたのは、私の考えでは、イタリアがアジア貿易を行なっていたからなのだ。アジア貿易がイタリアにルネサンスをもたらしたわけだが、このアジア貿易のなかには間接的であれ音楽、舞踊も含まれていたのである。バレエの種子にはアジアの血、遊牧民の血が流れていたと私は確信している。

また、バレエがロシアで成人したのにはさらに明瞭な理由がある。フランスに入ったバレエは宮廷化され女性化した。革命をはさんで市民階級に広がってもその潮流に変化がなかったのは、産業資本主義のもとでは男性が舞台で踊ることに馴染めなかったからである。だが、ロシアは違っていた。産業化が遅れて、なお踊る男の伝統が薄れていなかったからだが、それだけではない。もともとロシアには踊る男の強い伝統があったのだ。すなわち、コサック・ダンスひとつに明らかだが、遊牧民の伝統、馬上で演技する伝統である。

要するにバレエは、出生においても、成人においても、アジアの血を決定的に必要としたのである。このアジアの血とは、ロシアの普通の感覚で言えばコーカサスの血である。プーシキンが、レールモントフが、トルストイが訪れたのはコーカサスであって、それこそがアジアの玄関だったのだ。南下すればトルコに、ペルシャに至り、東方へ向かえばカザフを通ってウイグルへと至る。

コーカサス、たとえばグルジアの民族舞踊がいかにバレエの伝統へと流れ込んでいったかを説明する紙数はないが、民族舞踊だけではない、民族音楽もまたロシア音楽のなかに大量に流れ込んでいることだけは指摘しておかなければならない。チャイコフスキー、ストラヴィンスキー、ショスタコーヴィチその他、いかにアジアの旋律に染め上げられているか、驚くほかないのである。グルジア、アルメニア、トルコと続くが、そのトルコももとは中央ユーラシアである。西洋音楽もまたアジア起源なのだと言いたいほどだ。

世界史の誕生だけではない。世界音楽の誕生、世界舞踊の誕生においても中央ユーラシアは決定的な役割を果たしていたのである。

（みうら・まさし／文芸評論家）

岡田史学に圧倒される

山口瑞鳳

東洋文庫の古い研究室のあった廊下で、私は初めて岡田さんに遇った。多分昭和三十年過ぎであろう。当時の彼は『満文老檔』の研究で最も意気が昂揚していた頃なのかも知れない。とすれば、すでに二十世紀を睥睨している気骨が肩で風を切っているかのように見えたであろう。先輩をも凌駕するその能力が別格なことは、東洋史に関心を持つものの間でつとに噂されていた。私などは田舎で呑気に過ごし、高校の二次試験の日取りを間違ってすべり止めの高等工業で間抜けの我が身を嘲笑いながら拗ねて過ごした後、敗戦のどさくさの中で東京の高校に紛れ込んだだけの貧書生だったから、都会の中学で競争を勝ち抜いた秀才然とした同級生に感嘆するだけで過ごし、大学院に辿りつき、いわゆるアルバイトで文庫にいて俊秀をぬすみ見たのだった。

旧制大学院で長閑な日々に微睡む同輩を見ている内に漸くそれを我が身の姿と気付き、眼を擦って足掻きながら、私は何とかこの国を抜け出した。その秋に、紛れもないかの岡田さんが学士院賞を受けたと聞いた。

フランスで師事したスタン教授から〈丹念に資料を読み、書き留められている本音を摑めば、沢山の駄文を綴り、無用な注記で人の眼を欺く徒労は不用になる〉と愚昧のこの身に繰り返し説いて頂いたが、都会型研究者の見せる厖大な活字の影に怯える身に決別し、古今の著作から紛らわしい謬説を探り当て、驚きの呻きで身を奮い立たせるように変わるまでになお年月を要した。

当の岡田さんの方は、誰もが知るように別世界から降り立った天稟稀な歴史学者であったから、多年学界が持て余した満洲語・モンゴル語をいち早く身に付け、自らの知悉した漢籍には説かれていない世界を把握したばかりか、それを克明に照らし出して世に見せれば、歯に衣を着せずに披露する資質が煙たがられ、早くから仲間の埒外に押しやられていたように見えた。その環境の中で漢籍の読み方を指南し、日本の古代史観の迷妄も砕き、果てはモンゴルから清朝まで連ねて括りあげた史観は、まさに麒麟児

にしか見据えられぬ大綱であった。

筆者などはチベットに囚われるだけであったから、『モンゴル帝国の興亡』『中国文明の歴史』『だれが中国をつくったか』と書き飛ばされた名篇を読みながら、岡田さんと雑談を交わす機会も余りなかった身の憾みを補っていた。本年初めに再刊された『康熙帝の手紙』を再読しながら、いつもながらの〈丹念に資料を読み、書き留められている本音を摑む〉真摯な姿が改めて確認できる思いに駆られ、改めて師範と感じた。

今『モンゴル帝国から大清帝国へ』を通読しただけで、著者が傑出した稀代の歴史学者として登場した実績が窺い知られる。この現実を確と認識するため、若い研究者に、時間を割いて大著を精読するよう勧めたい。

藤原書店が企画した『岡田英弘著作集』は読書人の期待に沿う〈著作〉揃いになるであろうが、今日のわが国周辺の事情を深く吟味する方の座右にも欠かせないものになるであろう。その趣旨が粛々と江湖に認識されることを心から願いたい。

二〇一三年四月六日
（やまぐち・ずいほう／チベット学・仏教哲学　東京大学名誉教授）

岡田英弘教授にことよせて

湯山　明

岡田英弘教授は、国際舞台で、学際的にも大活躍する歴史家である。この学際という言葉（あまり好きな造語ではない）が、拝眉の栄に浴す機会を逸した私を先生に繋いでくれる鍵語であるように思う。

岡田先生の業績を、私が初めて目にしたのは、ポッペ教授などとの編纂になる東洋文庫の満蒙典籍の精緻な目録を利用させて戴いた時である。初めて耳にしたのは、私がオランダ留学中に出会ったジーン・スミス君からだった。彼は岡田先生が、シアトルのワシントン大学で蔵蒙学を修めていたころ同窓にあったといい、折に触れては懐かしげに私に話すのが印象的だった。シアトルの美しい大学構内を歩くと、栗鼠（りす）が足許を伺って来たり、図書館の方たちも懇切で、心地よい環境だった。ここで碩学の講筵（こうえん）に列して、岡田先生は猛勉したのだと、私は訪れる度に感じた。

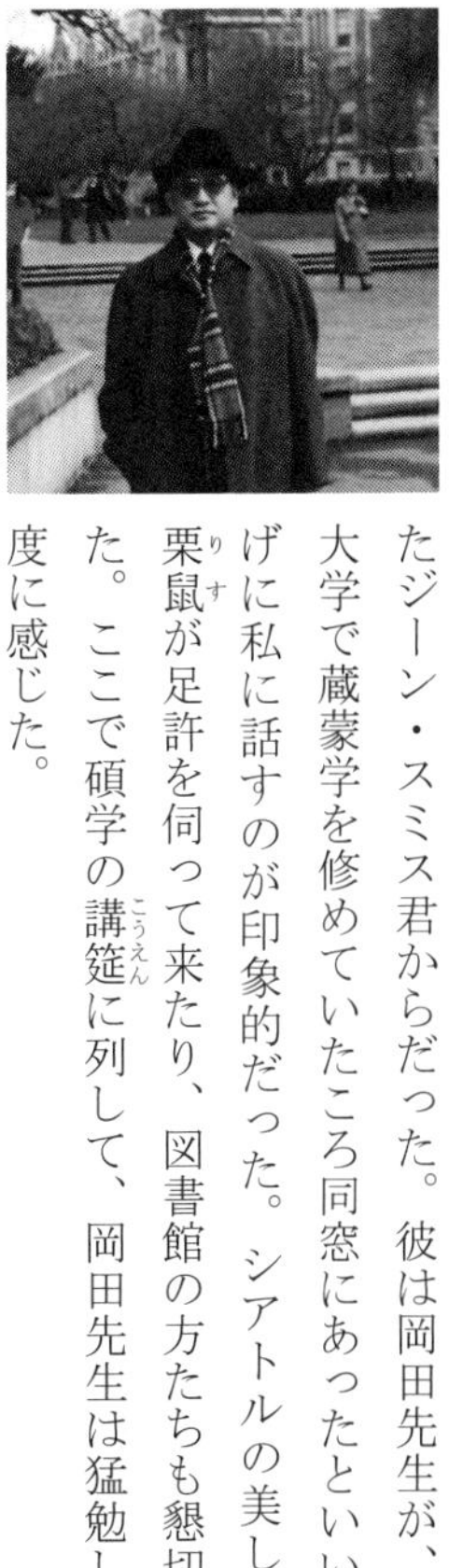

私が梵語仏典の蔵蒙への展開を探ろうとすると、ハイシッヒ教授などボンの碩学達の業績に接する。すると、自ずとオカダの名が脳裡を掠めてくるのだ。

長い外地生活を引上げて帰国してから、学際的・文化学的な面にも気を配らなくてはならないと私は感じていた。小さな機関だが、そこで種々の研究者を囲む小集会を企てた。こうした席に、宮脇淳子博士が偶(たま)に出て下さり、岡田先生との物理的には遠隔の連帯感を近隣に引き寄せてくれた。

かつて朝鮮史の末松保和教授から、開城演福寺銅鐘の碑銘解読を依頼された。ランツァ文字の東端を占める貴重な鐘銘の主体は佛頂尊勝陀羅尼だった。爾来、各地で発見される典籍の解明に、どうしてもインドからの伝播・展開の経路が気になる。すると、元代の欽定版ともいうべき仏典類の、中央アジア全域を介しての壮大な展開を考えなければならないと思うようになった。仏教の伝播経路を印↓漢↓和などとするこれまでの図式は論外で、印↓蔵／漢↓蒙／鮮／和なども既に単純過ぎる発想で、再熟考すべきことだと気づく。

こうしているうちに、岡田先生の壮大な世界史観が、私には雲を摑むようだが少しは見えてきた。覚束ないが、何とか岡田先生の論著を読んで解決の緒を摑みたいと思うが、歴史学の素養にまったく欠ける私は蟻地獄に落込むしかない。

学問研究は、その方法論を見出す事こそが最重要と考える私には、岡田先生から学ぶ事が多い。多言語に通ずる先生は、原資料の文献学的基礎をしかと固めてから、史学的考察を揺るぎなく推し進めておられる。

いうまでもなく著作集の各巻から学ぶべき事柄・方法も多いが、どうやら最終の二巻が、岡田史学への道標と示唆を与えてくれるものがあると私かに期待している。

一九七〇年代初めに、東京外国語大学付置のアジア・アフリカ言語文化研究所（ＡＡ研）に、インド学部門が出来るので応募してみないかと、当時キャンベラのオーストラリア国立大学（ＡＮＵ）にあった私を誘ってくれる方があった。魅力ある機関なので乗り気になっていたが、石油ショックで計画は流れたと聞き落胆した。今となっては時効だろうから、ここに記したが、いまだに懐かしく心残りに思い出す。

というのも、世界各地からの寄合い所帯だったＡＮＵの東洋学舎は、教職員談話室が、種々の分野の専門家が互いに耳学問を楽しむ場でもあった。先学の一言が、若い私たちの舌を巻かせ圧倒したりもする。学問の幅が拡がる思いがした。

聞けば、ＡＡ研も、こうした雰囲気に包まれていたらしい。岡田先生を囲めば、居合わせた者たちもタジタジにされた事が多かったという。今にも目に見えるようで、私は本当に惜しい機会を失したことになる。

この岡田先生は、数多の業績をものして、内外の多くの学徒に恩恵をもたらしてきた。それなのに、講義演習をもって、次世代を直に指導する機会が殆どなかったのではないか。これこそ極めて大きな損失で、惜しみても余りあると残念でならない。有為の若者たちに、碩学の謦咳に接する機会を失わせたことになったからだ。

近頃しきりに若者の外国留学を促す言動が目立つが、まずは日本で基礎をきちんと固めてからでも決して遅くはない。岡田教授のような先学に師事してから外遊したら、その留学の成果は倍増するに違いない。これは日本の東洋学・人文学にとって大きな損失であったと、かねてから悲しく感じている。

しかし、岡田先生の業績が、今回の著作集に結実しているので、その大冊八巻の完結を念じ、せめてもの慰めとしたい。更にその先には、決して健筆を休めることなく、後学をもっと導いて戴きたい。

幸いに、夫人の宮脇淳子博士が岡田史学を継ぐ師資相承の要にある。彼女の助力にも声援を送り、鴛鴦学者夫妻の益々のご健勝とご発展を祈念し、要を得ない文を綴ったに違いないが、更めて感謝をこめて筆を擱きたい。

（ゆやま・あきら／仏教梵語文献学　創価大学名誉教授）

歴史家岡田英弘の新しい顔

田中克彦

外国史の研究にたずさわっている人には、どこかえこじな孤独感がただよい、いらいらした腹立ちに似た感情を全身からにじませていることが多い。たぶん、一般の人にむかってみずからの仕事について説明するのがやっかいなことも、その原因の一つだろう。もっとも、たとえばフランスをやっている人の場合は多少ちがうかもしれない。その研究対象はいわば自明のものとして、前おきなしに、ずばり本題に入って行けるからであろう。

しかしそうでない場合の方が圧倒的に多く、たとえばダヤン・ハーンについて話を持ち出そうとしたら、どれだけの手続きが必要になるだろうか。学会の専門誌に書くのならば、こうした手続きは不要、そのかわりに、読者は数人くらいしか期待できないこともあろう。かまうものか、学問は、真実の探求は、多数決じゃないんだぞ！とつっぱねてみる。そういう人には権威ある大学の教授職をあてがうか、栄誉ある賞を与えてなぐさめておけばいいかもしれないけれども、もしもかれが本

物の歴史家ならば、その傷ついた孤独感はそんなことではいやされないはずである。

歴史学は大衆的な基盤を持たなければ成りたたない、不幸で不純な学問だ。すなわち、一定数の、質はよくなくても、読者層を必要とするのである。歴史学は、生きて社会を動かす力をもつのでなければ、ほとんど意味がないことは、歴史家本人が一番よく知っている。折り折りの権力が、学校教科書などを通じて、くもらせようとする事実や真実に光をあて、読者の前にそれを示し得たときはじめて歴史家は孤独でなくなる。

そこに至るまで、しかしかれは、まばらに残された史料を薄明かりの中に手さぐりしながら、少しずつ空白を塗りつぶしては前へすすむという、途方もない骨折りを省くわけに行かないのである。ちょっとまわりくどいなあと思いながら、こういう書き方になってしまうのは、岡田英弘その人をではないが、そのような人を念頭においていると、おのずとこういう書き方になってしまう。

岡田さんは濃密で精緻な内容のモノグラフを多数残された。量においても質においても疑いようのない驚くべき偉業である。それらは冷静な記述であるにもかかわらず、行間からはおさえてもついしみ出してくるような腹立ちが感じとられる。

だから岡田さんのためにつくづくよかったなあと思われるのは、こうしたモノグラフのほかに、いくつもの新書を書いて、広汎な読者に訴えかける機会と技術をそなえていたことである。これは岡田さんの精神の健康を維持するためにはほんとによかったなあ――と思っていたところ、しばらく前から、かれの中にたまっていたらしい何かが臨界点に達したらしく、はじけ出るようなぐあいになってきた。

私は一九九二年にかれが出した『世界史の誕生』と、同じ年にあらわれた、岡田英弘、川田順造、樺山紘一、山内昌之の四人による座談集『歴史のある文明・歴史のない文明』には、それまではあらわにならなかった、岡田英弘の新しい顔を見出したのである。

『誕生』の方は、ソ連邦の崩壊の予兆が感じられるようになった一九八〇―九〇年頃に、レフ・グミリョフがたてつづけに出した一連の著作を思わせるところがある。ただ、グミリョフが、ロシアを成立させたのは、テュルク、モンゴルの遊牧民政権だったとするのに対して、(あるいはそれに並行して)岡田さんは、中国はモンゴルが作ったのだと、力点の置き場所がちがう。

グミリョフの所説は、ボリシェヴィキの追及をのがれてプラハなどに逃げた、すでに一九二〇年代からのユーラシア主義者たちの遺産の蘇生という性格が強いのに対し、岡田さんのは、より多く、自身のモンゴル、西域研究の実証から自生したという感じが強い。グミリョフがエトノスの動態を中心にすえた文明論であるのに対し、岡田さんの方は、より深く歴史の実証の中に根をおろしている。

『文明』の方は、岡田さんが他の三人の対話者を唖然とさせながら、かまわず持論を展開して行くありさまが、たいへんおもしろかった。他の三人には聞きなれない新見解だったらしい様子がつたわって来るのは、座談というスタイルのおもしろさであろう。

グミリョフも、またユーラシア主義の元祖の一人である、たとえばトルベツコーイも、決してふれず気がついていないのは、中国の国家形成にとっての漢字の意義である。岡田さんの著作が読まれ、こうした視点がかれらにもぜひ知られるようになってほしいものだ。

それにしても――と私は思う。藤原書店はよくここまで執念をもって、今度の『著作集』にとりくんだものだと。かれ、岡田さんが、ゆるぎのない専門論文を書くことは万人周知のことだ。しかし、この『著作集』がとり込もうと企てているのは、今まであまり知られることのなかった岡田の新しい顔だ。「西洋史」、「東洋史」、「日本史」への「分断史学」を解体して、日本人が世界、なかんづく中国を誤まりなく見るためにも、この著作集が多くの読者を得ることを期待している。

（たなか・かつひこ／言語学　一橋大学名誉教授）

子供の頃の兄　英弘

岡田茂弘

兄　英弘の足跡については、『岡田英弘著作集1』第V部の「私の学者人生」に述べられているが、研究者生活に重点が置かれているので、大学卒業以前、主として幼少の頃の兄についての思い出を記したい。

兄　英弘は、岡田正弘の長男として一九三一（昭和六）年一月に東京市本郷区（現文京区）曙町で誕生した。命名に当たって父は「弘」字を継承させた。もっとも父は「正弘」、伯父は「正方」で我が家には「弘」字を継承する習慣は無かったが、一九二三（大正十二）年生まれの従兄が「安弘」なので、それに倣って息子にも「弘」を継がせたと考えられる。「英弘」は姓名判断を参考にして姓名の総画数が整うように命名したと聞いたことがあるが、当然「英才・英傑・英明」等を考えての命名であろう。兄の次ぎに生まれた私の命名時に父が記した奉書の別紙に「岡田茂弘　才徳英茂、

足以興隆国嗣　晋書（裴頠傳）（以下略）」とあり、中国古典・史書等を参考にしていたのは明らかである。

父は生まれつき呼吸器系が弱かったため、都心よりも空気のきれいな郊外に住むよう勧められており、鎌倉にある母の実家の持家に転居したが通勤に長時間を要するため、世田谷区の経堂に転居し、兄はそこで和光学園の幼稚園に入った。ついで兄の小学校入学直前に武蔵野町（現武蔵野市）吉祥寺に引っ越し、その後吉祥寺には敗戦直後まで約十年間生活している。父の勤務先の東京高等歯科医学校（現東京医科歯科大学）のある御茶ノ水まで電車の乗換え無しに通勤でき、さらに近くに成蹊学園があるので兄の進学を考慮したのかもしれない。もっとも兄は成蹊学園初等科には進学せずに近所の児童たちと共に町立の武蔵野第一尋常小学校に入学し、敗戦後に成蹊学園に転入した。

私達の兄弟姉妹は、兄を筆頭に三歳下の私、十歳下の妹京子（現　内藤京子）と十九歳下の妹和子（現宮崎和子）の四人だが、妹達とは年が離れ過ぎるため、兄弟喧嘩の対象とはならず、喧嘩騒ぎは私達二人の間だけで、口喧嘩は日常だったが腕力での喧嘩はあまり記憶に無い。それも常に兄に言い負かされていた。

転居のため子供の友達がいなくなることを心配した父は、実験動物として購入したタイワンザルの仔を自宅に持ち帰り、玄関上の二階ベランダで飼育した。門外からも見えるベランダのサルはたちまち近所の人々の注目を集めて評判になった。サルに触れたい近所の児童が遊びに来るようになり、私達は友に不自由しなくなった。ベランダに面した二階子供部屋には各種の玩具や、『のらくろ』等の漫画本や『講談社の絵本』などの図書が置かれていたので、サルを見飽きると玩具や絵本で遊ぶようになり、後にはそれを目的に訪れる子供が増えた。

兄が小学校へ入学した一九三七（昭和十二）年の七月に盧溝橋事件が起こり、見る間に戦線が拡大していくと、世論や報道に影響された子供たちはみな軍国少年となり、戦争ごっこに興じるようになった。当時の吉祥寺は各所に野原や雑木林があり、戦争ごっこの舞台には不自由しなかったので、私達兄弟も玩具の兵器を持ち出してこれに加わった。しかし、戸外での遊びが好きな私に比べると、兄は積極的に戦争ごっこに加わる方では無く、室内でゲームをしたり、読書を好んでいた。兄は小学校でも体育の授業は得意ではなく、加えて寝起きが悪く小学校低学年の時には授業開始ぎりぎりに登校することが多いため、「消防自動車」とあだなされた。始業のサイレンと共に教室に現れるからである。

吉祥寺の周辺には、井の頭公園を始め杉並区の善福寺池、練馬区の三宝寺池などがあり、父は私達兄弟を連れて日曜日毎に散歩に出かけ、絵画が趣味であった母もしばしばスケッチブックを持って同行していたが、父の健康維持が目的であった。同様に夏には奥多摩や三浦半島油壺、あるいは信州などに避暑と運動を兼ねて一家で長期間滞在するのが習慣であった。もっとも、戦火が拡大すると一家で避暑する余裕は失われ、一九四三（昭和十八）年夏に暁星中学一年の兄と二人で神戸の父の実家を訪れ、阪神に住む伯父母を歴訪し、従兄姉たちと逢ったのが、最後の夏休みらしい旅行となった。この時の兄は阪神の名所や観光地の見物を断り、伯父の家の蔵書を読みふけっていたのが印象的であった。

（おかだ・しげひろ／考古学　国立歴史民俗博物館名誉教授）

岡田英弘の人と学問

菅野裕臣

わたくしが大学に入学したころニコラス・ポッペ先生が東洋文庫のモンゴル本の調査のために来日された。われわれはこの高名なモンゴル学者の宿舎を訪れたりしたが、今から思えばポッペ先生はわれわれのずいぶん失礼な質問にも快く応じてくれたものである。

そのうち東洋文庫でポッペ先生の講演会があった。この時通訳を担当したのが新進気鋭の岡田英弘さんで、これがわたくしが遠くから岡田さんを眺めた最初だった。この時の岡田さんの名通訳ぶりをわたくしは今でも忘れない。岡田さん一流の流暢な英語はもちろんのこと、ポッペ先生のモンゴル文献の解説に際して、素人には難解な術語や理解しづらいことがらが、岡田さんの通訳にかかると、単なる日本語訳を越えて、極めて分かりやすいこなれた講演となるのであった。

およそ易しく話すということがどれほど難しいか、岡田さんの才能が非凡なものであることは学生のわたくしにもただちに了解され、以後もしもわたくしが学術的な講演とか講義の通訳をするようなことがあれば、この時の岡田さんの通訳ぶりを参考にすべしと心に決めた。その後ずっとのちにただの一回だけ、そのような機会はソウルでの小さな学会での小澤重男先生の『元朝秘史』の言語についての講演の際に訪れた。

その後わたくしは東洋文庫やアジア・アフリカ言語文化研究所（以下ＡＡ研）、クリルタイなどで岡田さんにお目にかかり、直接お話をお伺いする機会を得、遠い存在がずっと近い存在になった。岡田さんの著書をいただきながら、そのたいそうな蘊蓄に直接耳を傾ける機会もあった。

岡田さんと流暢な英語という取り合わせは岡田さんの学問で重要な意味を持つ。およそ世界から孤立していた日本の東洋学（朝鮮は勿論、モンゴルその他の地域を含む）にあって岡田さんほど明確に世界を志向し得た学者はまれだったのではなかったか？　岡田さんがアメリカでポッペに師事したことは、岡田さんの日本で培われた持ち前の中国古典を含む中国文化に対する深い知識に、さらに欧米人の発想に対する理解がつけ加わったことを意味する。およそ欧米的思惟に触れることのないわれわれにとって岡田さんのアメリカ的価値観についての話はまたとない教科書だった。

岡田さんは朝鮮史をその研究の出発点とする。『三国史記』、『三国遺事』を熟読した岡田さんにかかると、常識的な朝鮮史学者の説など簡単に覆ってしまう。朝鮮言語学を専攻とするわたくしにとってそれはまさに驚異そのものだった。すでに一九七七年には岡田さんは大胆にも次のように言っている。「日本史学者は対馬島外のことを知らず、朝鮮史学者は鴨緑江外のことを知らない。東洋史学者は中国に気を取られて、朝鮮半島や日本列島の出来事まで東洋史に組みこむには手が回らない。」「南北〔朝鮮〕ともに新しい民族のアイデンティティを求めるあまり、中国に対しては半島が受けた影響を無視し、日本に対しては半島が与えた影響を誇張する傾向が強く現われる。……だいいち冷静に考えるならば、朝鮮の民族文化と呼び得るものが成立するのは、新羅王国が半島の南部を統一した七世紀後半よりもあとの話である。つまり日本の建国と同時かそのあとなのである。まだ成立もしていない朝鮮文化が日本文化の源流だと言い、帰化人（渡来人）が朝鮮＝韓国人であるかのように言うのは、アナクロニズム以外の何物でもない。」（『倭国　東アジア世界の中で』の「まえがき」）爾後わたくしは岡田さんの言葉には注意深く耳を傾けるようになった。

一言で岡田さんの学問は中国に対する確かな素養に加えて東洋、世界に関する関心の広さ、発想の大胆さという特徴を持つ。言語学の立場から歴史学を眺める者としては当時マルクス的史観に貫かれた特に朝鮮関係の諸論を含む東洋史、世界史に対する岡田さんの論は極めて新鮮であり、最近は特にその論の貴重さが浮き彫りにされる。

一般に文化人類学や国際関係論の専門家たちの多く、歴史学のかなりの学者たちは多くの言語を操りながらも言語の何たるかについての造詣に疑問のある人が少なくないが、岡田さんがＡＡ研でも言語学を解するまれな歴史学者であることは、岡田さんの著述に随所に表れる。例えば日本語「ウマ（馬）」が朝鮮語やモンゴル語ではなく日本に来たシナ人の言語を直接の起源とする説がそうであり、枚挙にいとまがない。

残念ながらわたくしが渇望していたＡＡ研所長あるいは東京外国語大学学長としての岡田さんにお目にかかれなかったのは、もっぱら両機関の学問上の限界を物語るものである。岡田さんはその特異な才能にもかかわらずさまざまな苦難を経験されたが、宮脇淳子さんという類まれな弟子にして伴侶を見出されてからは特にその人間性に深みを増された。岡田さんの一層のご活躍を願ってやまない。

（かんの・ひろおみ／朝鮮言語学　東京外国語大学名誉教授）

深い洞察に基づく岡田先生の台湾研究

鄭欽仁

これまでの台湾の民主化の過程は、多難であった。その間、良識ある多くの海外の学者が我々に協力と同情を寄せてくださった。岡田英弘先生もそのような学者の一人である。ただ台湾においては、ほとんど誰にも、このような事実は知られていない。

岡田先生は日本史、中国史、東北アジア史、北アジア史に関する造詣が深く、そのため著作も多岐の分野にわたるが、先生はまだ若いときに、『満文老檔』の研究によって学界に知られるようになり、日本学士院賞を受賞した。一九六二年には満洲語文献の調査のため台湾を訪れており、以後、台湾と深い絆で結ばれることとなる。

私が岡田先生と知り合ったのは一九六八年のことである。当時、私は台湾大学で教鞭を執っていたが、ハーヴァード燕京研究所の奨学金を得て、東京大学に留学した。そのとき、私の指導教授である護（もり）雅夫先生が岡田先生とともに東洋文庫の研究員だった縁で、岡田先生を紹介された。当時の私の研究テーマは北魏の政治制度史であり、北アジア史と関係が深く、多くのことを岡田先生から学んだ。

一九七九年十二月末に、岡田先生が台北を訪問し、第五回東亜アルタイ学会に参加した際に、我々は再会することができた。当時は、『美麗島』事件が起こってまもなくであり、台湾じゅうが恐怖に包まれていた。私との話に基づき、岡田先生は台湾の政情が転換し始めたことに注意するよう、日本国政府に働きかけた。一九八一年、私が東京に行くと、岡田先生は私に以下のようなことを語った。日本の駐台機関と外務省は依然として陳腐な型どおりの報告をあげており、昔とまったく変わっていなかったが、大平正芳首相が自分の報告を目にして大いに驚き、外務省が

事態を把握していなかったことを叱責した。以後、大平首相は台湾の民主化に関心を持ち始めたが、不幸なことに間もなく急逝したため、日本の対台湾政策には何も変化は見られなかった、と。

一九七九年末に台北でお会いしたときに、私は、中国の対台湾政策はすでに転換しているようであり、もし台湾が独立すれば、中国共産党はおそらく承認するであろうと思うが、ただこのような判断を下すには、台湾が戒厳令下にあり、海外情報と隔絶されており、確信が持てずにいることを、岡田先生に話した。岡田先生も同様の見方をしており、すでに『正論』の一九八〇年一月号（実際には一九七九年十二月刊行）に一文を発表していた。岡田先生は帰国後すぐに、その論説を私に送ってくださった。私は漢語に翻訳したが、国民党の一党独裁に反対の立場をとる刊行物に掲載することはひかえ、後に「北京は中華民国を承認するであろう」と題して、私の論文集『生死存亡時代の台湾』（稲郷出版社）に載録した。

岡田先生の洞察力は非常に深く、判断は完全に正確であった。国民党の経済官僚の汪彝定（おういてい）は回想録『関鍵（かんけん）の年代を歩む』で、スペインが国民政府と一九八一年に国交樹立を目論んでいたことに言及している。当時スペインが提案した国名は、①台湾共和国、②台湾、③中国（台湾）、④中国（台北）の四つである。また汪彝定は「交渉中、スペイン側は自分たちが提案する四つの国名は、すでに中国共産党と相談していたことを示唆した」と記し、末尾には「我々は現実外交の態度をとるのが少し遅すぎたのかもしれない」と感慨を述べている。

一九七九年から八一年までは鄧小平再起の時期である。中国の立ち後れた状況のため、「四つの現代化」を急いで行なう必要があり、猶予がないので、台湾がともかく独立できさえすれば、中国は台湾独立に関与する余裕はなかった。しかし蔣経国一族と国民党の統治は国を誤らせただけではなく、みすみす独立の機会を逃した。さらに『美麗島』事件を利用して台湾の民主化を抑圧し、台湾の前途を今なお非常に不安定ななかに押し留めたのである。

岡田先生が明らかにしてきた清朝史、すなわち清朝がどのように中国と台湾を征服したのか、その統治はどのような性格のものであったのか、清朝は台湾を中国の一部と見なしていたのかは、衆人の関心を集める問題である。特に一九九五年の下関条約締結百周年は、台湾史の再検討を促し、外来政権の歴史的位置づけを検討する機会となった。その年に岡田先生が自由時報社主催の国際学術会議「下関条約一百年——台湾の命運の回顧と展望」で発表した論文は、台湾の各界人士を大いに啓発した。

最後に、台湾が国際社会で孤立するなかにあって、永年にわたって日本社会が台湾を理解し、台湾と向き合うように促し、日本の政界と財界に影響力を発揮した岡田先生に、私は台湾国民の一人として感謝の意を示したい。そして、岡田先生による台湾論を主要な内容とする本書の刊行を心から慶びたい。

（楠木賢道訳）

（てい・きんじん／政治史　台北大学名誉教授）

「よい歴史」と「悪い歴史」——歴史家岡田英弘がめざしたもの

間野英二

人は誰でもそうだが、歴史家も、やはり長生きするのが望ましいようである。あの偉大なアジア史家の宮崎市定先生が文化功労者に選ばれたのは先生八十八歳の年、また先生の全集が完結したのは九十二歳の時であった。思うに、偉大な歴史家ほど、特に日本では世間がその価値を認めるのに時間がかかるようである。岡田先生の場合も同様に思われる。現在、先生は八十二歳、近年、先生のモンゴル年代記『蒙古源流』の待望久しい邦訳が出版されたし、また初の学術書『モンゴル帝国から大清帝国へ』につづき、内容を一新した『康熙帝の手紙』も出版された。さらに今、先生の著作集全八巻の刊行も始まった。先生がこの歳になられて、世間がようやく先生を正当に評価しはじめたように思われる。孤高を怖れぬ先生には世間の評価などどうでもよいであろう。しかし、私たち後進にとって、これは慶賀すべき状況の変化であり、また大きなよろこびでもある。

岡田先生は、ときどき、思いがけない、しかし的を射た言葉を使って私たちを驚かせる。『歴史とは何か』に何度も登場する「よい歴史」と「悪い歴史」もその一例である。先生独自のこれらの言葉は、歴史家としての先生の本質をよく反映しており、先生が「よい歴史」を書くことを、その生涯の目標にしてこられたことを明白に示すものといえる。

では、先生がめざされた「よい歴史」、つまり「できのよい歴史」とは何か。先生によれば、「よい歴史」とは、歴史の材料とはなりえない神話を完全に排除した歴史叙述を指す。神話とは、日本史における「騎馬民族征服王朝説」などの、歴史とはいえないファンタジーのことである。そして先生の「よい歴史」とは、まず神話を排除し、史料のあらゆる情報を一貫した論理で矛盾なく解釈し説明した世界史を指す。そして先生によれば、このような説明こそ、歴史家がめざすべき「歴史的真実」にほかならない。つまり、先生が終始めざされたものは、まさにこの「歴史的真実」であった。

ただし、岡田先生がいわれるように、歴史家がその全人格を投入して掘り起こした「歴史的真実」が、他の人、あるいは他の国家に歓迎されるとは限らない。むしろ事実はその逆で、それは個人や国家の立場と衝突しやすい性格を持ち、また、普通の人々が好む神話としての歴史、つまり「歴史のロマン」とも相容れない性向を持つ。この結果、「歴史のロマン」ではなく、「歴史的真実」を追求する歴史家に対する世間の評価も、当然、簡単には高くはならない。それでも、真の歴史家は「歴史的真実」を追いつづけ、その筆を曲げることはない。そのため、岡田先生のような「良心的な歴史家は（真実を述べすぎるため）損な役割をになうことになる」のである。そして、良心的な歴史家が自己の良心に従ってこの損な役割を果たしつづけているうちに、その傍らをいつしか多くの歳月が流れていく。なお、先生

の「悪い歴史」とは、神話としての歴史、「歴史的真実」からは程遠い、ファンタジーとしての歴史を指す。このような「悪い歴史」、つまりファンタスティックな歴史を書く歴史家が、しばしば優れた歴史家としてもてはやされるのが、残念ながら、昨今の日本の現実である。

岡田先生は独創的な歴史家である。『歴史とは何か』の中にも、先生の独自の見解が随所に展開されている。私個人としては、アメリカでなぜ国際関係論や地域研究が盛んなのかについての明快な説明や、世界史の時代区分に関する二区分論、世界史はモンゴル帝国に始まるとする卓越した創見などを、あらためて熟読玩味した。

さてこれからは私事になるが、私は、三十歳代末の一九七七年に『中央アジアの歴史——草原とオアシスの世界』という小著を出版した。この書物で私は、シルクロードを通じての東西交易の消長が中央アジアの盛衰を決定づけたとする、当時の学界の通説（「シルクロード史観」）に異議をとなえた。その結果、私は通説を護持する東京方面の大先生たちから、手厳しい批判を相次いで頂戴した。この時、小著に対する好意的な書評を書いてくださったのが、当時東京外大アジア・アフリカ言語文化研究所におられた岡田先生である。先生は私にとって実に頼もしい援軍であった。以来、先生には常にご愛顧をいただいている。先生が東京外大AA研で主宰された研究会にも長いあいだ共同研究員として参加し、内陸アジア史の諸問題について多くを学んだ。また、著書を公にされるごとに、先生はいつも一部を寄贈してくださった。先生の長年にわたるご指導とご愛顧に今あらためて感謝したい。

十数年前に、岡田先生は体調を崩され、しばらく入院されたことがある。それを聞いた時、先生のご回復を衷心から祈るとともに、夫人の宮脇淳子さんの心境はいかばかりかと心を痛めたことを思い出す。しかし幸い、先生は無事退院され、少しずつ元の生活に戻られた。その後の先生のご活躍については記すまでもないであろう。なお、宮脇淳子さんは京大の学生時代に、私のイスラーム史の講義を熱心に聞いてくださった、私のありがたい受講生のお一人でもある。

岡田先生には、宮脇淳子さんともども、いつまでも、ますますお元気で活躍され、「よい歴史」を世に広め、「歴史家も、やはり長生きするのが望ましい」という私の考えを、今後も実証しつづけてくださることを心から願ってやまない。

（まの・えいじ／中央アジア史・テュルク学　龍谷大学客員教授・京都大学名誉教授）

最善を目ざして徹底的に努力する

志茂碩敏

二〇一二年十二月、岡田先生の奥様、宮脇淳子さんから電話を受けた。ご療養中の先生の容態がおもわしくなく、先生ご自身ですら最期になると覚悟しておられるとのことであった。

「〝頭のよい人〟は長生きするのです」という、かれこれ二十年ほど前、岡田先生が雑談中にポツリともらされた言葉がすぐさま脳裏にひらめいた。

宮脇さんに「〝頭のよい〟岡田先生なら必ずここで踏み留まるはずです。藤原書店からの著作集出版という大仕事を前にして命を落とすなど、こんな悔しいことはないでしょう」と申し上げた。宮脇さんの、「この激励、しっかりと岡田に伝えます」という緊張した声で電話は切れた。年が明け、岡田先生から「退院しました」という電話を頂戴した。

先生の奇跡的な回復は、医師団の懸命な処置、宮脇さんの全霊をかけた献身的な介護にあったことは間違いない。

しかしながら、この時期の岡田先生の病状は、「最高血圧五〇までの降下」、「脈もとれない極度の不整脈の発生」、「重篤な心不全」、「腎機能の急激な低下」等々、誰一人として「助かる」とは想像できない状態であったという。この全くの危機的状況をはねのけて生還されたのは、「ここで死んでたまるか」という学問に対する強い執念が、先生の内部から計り知れない生命力、エネルギーを噴出させたからに違いないと思う。

以前、先生が脳梗塞を患われ、言語を失われた際、脳神経にバイパスを作るべく、子供の積み木遊びからリハビリを始め、自ら地道な努力を重ね完全復帰された様子を拝見した。

最善の結果を目ざし、徹底的に努力し続けるという日頃の先生の生き方は、研究にあたっても全く同様であった。

私は、卓見に満ちあふれた岡田先生の膨大な数の論稿は、頭脳明晰な先生から、次から次へと、泉が湧き出る如く、筆が流れるように生み出されたものだと考えていた。ところが内実は全く異なることを知った。先生がおっしゃるには、原稿は幾度も幾度も書き直しているという。一字一句、吟味されているともいう。意に添う論稿に仕上がるまでは発表を見あわせるという。一旦、仕上がった原稿でも、全文破棄することもあったと聞く。「才にまかせて、流れるように書き飛ばしていく原稿」とは正反対のものなのである。論点が明確で、平易な言葉で直截に書かれている様々の論稿は、実は推敲に推敲を重ねたものであった。

先生の諸論稿には、誤字、脱字の類が全くというほど見当らない。そして二十年前、三十年前、四十年前の論稿は今に通用する。それどころか、現行研究の水準の遥か上を行く。こうした事実は、徹底した推敲がなされていることを見事に証明している。

何事においても最善を目ざして努力し続ける岡田先生の姿勢は、ご自分の命をも助けることとなった。三年前の奇跡的な生還について先生は、「私がまだ生き長らえることができているのは、著作集の刊行を見届けることが私に課せられた神の御意志だからだと思う」と謙虚に述べておられる。確かにその通りであろう。但し、神の御意志を手もとに強く引き寄せたのは先生ご自身である。

「〝頭のよい人〟は長生きするのです」という冒頭の言は、寿命の長短を言っているものではない。生涯かけて自らの歴史学を全うすべく、若い頃から自らを律し、自らに課し続けてきた、歴史学者としての岡田先生の「信条」であると私は理解している。岡田英弘、宮脇淳子御夫妻のさらなる御活躍を祈念する次第である。

（しも・ひろとし／モンゴル帝国史　東洋文庫研究員）

「野尻湖クリルタイ」での岡田先生

樋口康一

いかにも歴史の門外漢にふさわしく、筆者が最初に拝読した先生の文章は、実は映画論であった。その「誌上公開　アントニオーニの映画『中国』」は、岡田宮脇研究室のウェブ・サイト所掲の著述目録によれば、一九七四年六月刊行の『文藝春秋』に掲載されている。それまでも『諸君！』の目次で時々お名前を見かけることはあったものの、まだ学部在籍中の貧乏学生には月刊誌を購入する経済的余裕もなかった。ただ、おそらく本好きの亡母が購読していたものか、『文藝春秋』はいつも家にあったのである。今から思えば、その真価も、その母胎である知的蓄積もその時は皆目わかってはいなかったのだろうが、そこで紹介されている精緻な観察は印象的であった。

一九七六年、まだ野尻湖ホテルで開催されていた第十三回野尻湖クリルタイに初めて参加した。先輩で、昨春亡くなられた庄垣内正弘京都大学名誉教授（当時は助手）の研究発表を拝聴するためである。駆け出しの院生にとって最大の関門は、恒例と聞くコンフェッションである。しきたりの存在は庄垣内助手から聞いてはいたが、その詳細を尋ねると、自分の業績を懺悔して方々から罵声を浴びるのだとの答えを得た。始まれば、例によって一杯喰わされたことが判明し安堵したのも今となれば懐かしい。残念ながら、当時は史上最多と聞いた参加者の中で遠くから仰ぎ見るだけの先生とは直接お話できる機会を得なかった。

　管見の及ぶ限り、このときは報告をどこにも書かれてはいないようだが、クリルタイといえば、会場である眺望絶佳の野尻湖ホテル会議室で長机に端坐して頻りにペンを動かしておられる先生のお姿が思い浮かぶ。常設国際アルタイ学会（PIAC）についても同様だが、必ずその年の『東洋学報』かアジア・アフリカ言語文化研究所の『通信』に学会報告を載せておられた。研究発表はもちろん、一人ひとりのコンフェッションについても、簡にして要を得た紹介がなされており、研究発表に対しては端的ながら的確なご意見も交えてある。言語学に関しても、とかく視野狭窄に陥りがちな筆者らにとって新鮮な視点からのご指摘がある。そのご手腕のほどには、読むたびに驚くほかなかった。数年を閲して筆者自身がここで研究発表した時もそれにはあらためて感じ入ったもので

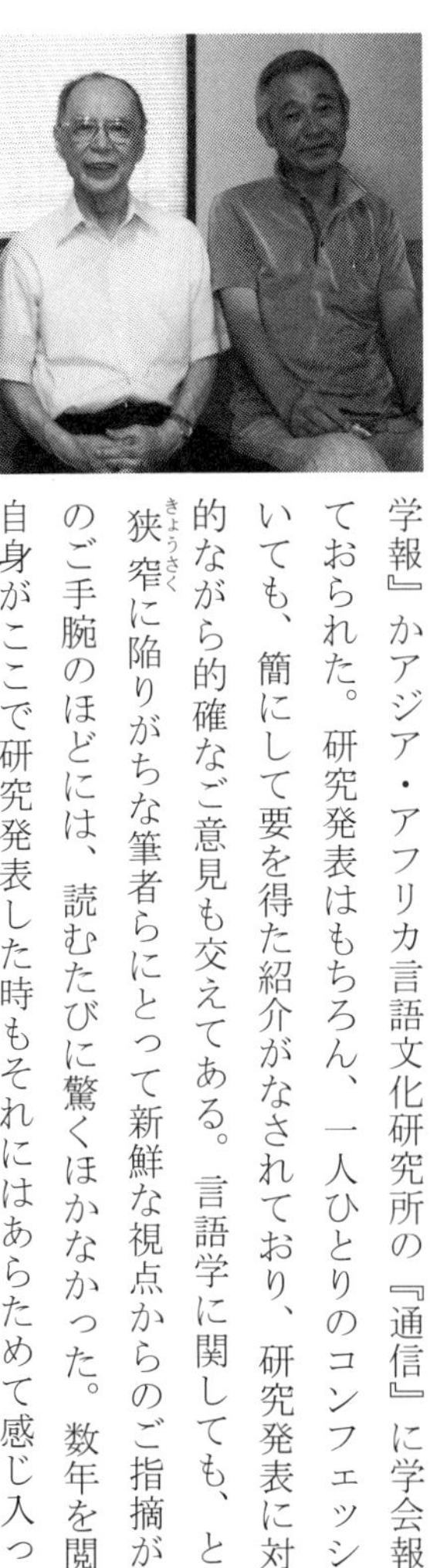

ある。本著作集最終巻にはそれらの報告が網羅的に掲載されるとか。この種のいわば雑文は「業績」からは割愛されることも多いが、藤原書店のご英断がそれを可能にしたと聞いた。そのご見識を高く評価したい。

その後、助手を経て現在の勤務先に配置換え（と当時は称した）になってからは、上記研究所の共同研究プロジェクト「アジア遊牧民の歴史と言語」にも加えていただいた。その席で、後に様々なかたちで世に問われる、世界史がモンゴルから始まったというご高説を初めて拝聴したときは、そのスケールの大きさに感服したものである。たまに整理をすると何もかも捨ててしまい、後になって臍（ほぞ）を嚙（か）むことを続けてきた筆者だが、手元にその時のメモが残っているのはやはり感銘の大きさのなせるわざであろう。あとでうかがったが、大学入試センター試験の出題委員をなさった時に各種の「世界史」の教科書を通読する機会があり、それもこの着想を生むヒントの一つになったとのことである。

一九九二年には、台北で開催されたＰＩＡＣにお誘いいただいた。若い研究者には想像もできないだろうが、従前認められなかった公費による海外渡航がようやく実現できたのはその頃のことなのである。それ以降、それほど勤勉ではないものの断続的に参加して多くの知己を得るとともに成果を発表する機会に恵まれているのは、ありがたい限りである。

着任当時、全学でも留学生の数が二けたになるかならないかであった四国の片田舎の大学でも、昨今は各国から三〇〇名を超える留学生を迎え入れている。モンゴル人を含む少なからぬ留学生の世話をするなど、当時は想像できなかった。そんな学生の集う資料室にご恵贈にあずかった本著作集を置いているのだが、各巻を最も丹念に読み、様々な知的刺激を受けていると思しいのが、実は漢民族のある留学生に他ならない。その姿を見て想起されるのは、他ならぬ第四巻所収の「魯迅の悲劇」の末尾である。果たして彼女はどのような人生行路をたどるのであろうか。先生にはいつまでもお元気で過ごされ、それを報告できる日が来ることを切に願っている。

（ひぐち・こういち／言語学　愛媛大学教授）

天才と巫女の稀有な著作集

古田博司

全集というジャンルは特別なジャンルなのだと思うことがある。図書館にはいくつもの著者の全集、著作集があるが、これらをじかに手に取って片端から読み潰していくのが私の趣味だ。その遍歴から大体三つのことが言える。

第一に、その時代に大いに流行った著者の、破れ繕いのテープや人々の手垢にまみれたものがある。具体的には、『竹内好全集』や『加藤周一著作集』などだが、これらは数十年後にはほとんど読めないのである。時代に耐えないのである。『竹内好全集』からキラキラしたものを拾えば、ちくま学芸文庫の『日本とアジア』（一九九三年）一冊になって終わりである。私がそう言うと、筑摩の該当本編集者も然りと言っていた。

第二には、手に取る人も僅少なのだろう。ほとんど真っさらの全集本がある。『渡辺一夫著作集』や『吉川幸次郎全集』『青木正児全集』などで、これらはその人のつまらない身辺雑記を除けば全部いまでも読める。歴史物だということも保存効果を高めているようだ。

最後に、その人の理想が全部実現してしまい、逆に手に取る意味がなくなってしまう著者がいる。たとえば、『厨川白村全集』がそれだ。明治の頃には珍しかったロマンチック・ラブ・イデオロギーも、実現してしまえば「なんだったのこれ？」という肩すかしになってしまう好例である。

今回、『岡田英弘著作集』の月報への執筆を依頼され、私が得たのはまず先見性だった。岡田先生の著作集はおそらく真ん中だろう。と、すれば数十年後に図書の回廊を歩くひとが、白くきれいな本を何の気なしに手に取り、はらりと月報が落ちてくるようなのが麗しい。月報を読むと、「嗚呼、こんな方でしたか」と微笑み、その巻から借り出していくようなものを書くのがよいだろうと思った。

ところが、なかなかそうはいかない。二番目の全集たちと岡田本では明らかに違う点がある。前者は偉大な凡人たちの書き物なのだが、岡田氏は正真正銘の天才なのである。天才は向う側からの理力（フォース）に突き動かされ、いつも怒っている。加えて因果律を壊しながら歩くので、火中の栗を拾いながら歩くように見える。「直観をえて、超越する」ので学説墨守の人や熱心な通説擁護者が彼を亡き者にしようと目の仇にする。と、まぁこんなところだろうか。

岡田本を開いても恐ろしいことばかりが書いてある。「モンゴル帝国から世界史が始まる」とか、「漢字の音には意味がない」とか、本当のことが太古から粘土板に刻み込まれていたかのように書かれている。バビロニアの昔から、実はこうだったのだ。だが、人々は気づかなかった。気づかなかった者たちは何という幸せ者だったのだろうか。正直をいうと、「考古学は歴史学の代用にはならない」という一節まで読み進んだ私は、あまりの恐ろしさにパタンと本を閉じたのであった。学者としてこれ以上知らない方が身のためというものではないか。

岡田先生と私との出会いは、私が『朝鮮民族を読み解く』(一九九五年)を上梓した後のことだから二十一世紀に入ってからだと思う。岡田先生はご病気ののち寡黙になられたとのこと。私の知る先生は殆どしゃべらなかった。会話はいつも、先生の傍らにぴたりと寄り添い、口寄せをする巫女を通じて行われた。先生の奥さん、宮脇淳子さんのことである。

天才はこの素晴らしいパートナーを得て、快癒後もますます執筆に励まれた由。すべて伝聞で書かざるを得ないのは、先生と直接話したことがほとんどないので、今次この稿を書くに当たり、色々な人に取材したからである。取材した人の中には、一九九〇年頃、先生と会話を交わしたことのある編集者や、私同様先生と直接話した記憶がない人が含まれている。

前者によれば、一九九〇年の十一月三十日から十二月二日の二泊三日、大磯のプリンスホテルで、セミナー「文化としての歴史――歴史のある文明・歴史のない文明」が岡田先生提唱で行われた。

この会議では、もう一人の狷者の天才との鍔迫り合いがあった模様である。某編集者は、本会議で岡田・宮脇御両人から声をかけられ、後日、講演筆記「ユーラシア大陸の歴史と民族——草原の民が「世界史」を創る」（『文化会議』一九九〇年七月一日）が送られてきた。そこからちくまライブラリーの『世界史の誕生』（一九九二年）が誕生したのだという。その頃の先生はあふれ出てくるものに突き動かされ、たえず怒っているようだったと語る。天才の天才たるゆえんであろう。

（ふるた・ひろし／東アジア政治思想・朝鮮政治　筑波大学教授）

まるで透視能力者

斎藤純男

高校時代の私は毎日好き勝手なことをやって過ごしており、学校の勉強は全くと言っていい程していなかった。歴史について言えば、出来事の羅列にすぎなかった教科書とそれに沿って進められる授業に魅力を感じることはなかった。受験勉強も、やったのは直前の二箇月半だけで、そのほとんどを世界史の暗記に費やしたが、詰め込みの知識は詰め込んだときと同じぐらいのスピードできれいに失われた。

志したアルタイ言語学を学ぶべく東京外国語大学に入学したが、学部時代はモンゴル語などのいわゆるアルタイ諸言語と論文を読むための欧州諸言語、それと一般言語学や一般音声学の勉強で手一杯で、キャパシティーの小さい私には歴史学に目を向ける余裕はなかった。ところが、大学院在学中に一年間、アルタイ学で知られたインディアナ大学大学院で学び、そこでデニス・サイナー氏のアルタイ諸民族に関する講義を受けたのがきっかけで歴史にも目が開かれ、帰国後、大学院に岡田英弘先生の講義があったので出席してみた。先生はすでに有名人であられたし、インディアナ大学のジョン・クルーガー氏の演習でも先生の書かれたものが課題に出されたりしていたから、お名前は存じ上げていたが、直接お目にかかったのはそのときが初めてだった。当時は今と違って、男はドブネズミ色の（と一般に形容されていた）地味なスーツばかりだったと言ってもいい時代だったが、先生がずいぶんと明るく白に近い色のスーツを着ていらっしゃったのが新鮮で印象的であった。

授業の正規の登録者は私を含めて二人であったが、当時研究員として先生のところに来られていた宮脇淳子さんも加わられて、一緒に『蒙古源流』を講読した。授業はアジア・アフリカ言語文化研究所内の先生の研究室で行われたが、先生があの縦書きのモンゴル語をささざっと斜め読みして求める箇所を瞬く間に探し当てられるのを目のあたりにして驚いた。先生にとってモンゴル語はいくつもの言語の中のひとつであったにすぎないのにそのようで

あったのである。

しかし、語学力について言えば、多民族の行き交う地域を研究している学者には超人的な人が多くいる。岡田先生が他の学者と決定的に違ってすごいところは他にある。それは、物事の裏まで見通してその本質を見抜いてしまう能力である。私は、だれもがそうであるように、先生の書かれた本に仰天した。どの本もページをめくるたびに「そういうことか!」「そうだったのか!」の連続なのである。そんな岡田先生が暴かれるウラの中には中国にとって都合の悪いこともたくさんあったらしく、先生が中国政府から目を付けられているという噂を聞いたこともある。世の中には、綿密にデータを分析して凡人には見えないずっと先の方まで見通してしまう千里眼のような学者は何人もいるが、厚い壁の向こう側が見えてしまう透視能力の持ち主は岡田先生ぐらいではないかと思う。「千里眼」の学者の書いたものはすばらしく、読むと非常に感銘を受けるが、先生のものを読ませていただいたときはそれどころではない。思いもよらなかった内容にぶったまげるのである。透視能力者・岡田英弘——これが私にとっての岡田先生である。

先生とはPIACと呼ばれるアルタイ研究に関する国際的な学会で何度かご一緒させていただいたこともある。私が初めてそれに参加したのは、岡田先生と宮脇さんがその学会を日本で開催されたときだった。お二人はそのために何年も前から大変な準備をされたそうだが、何よりも驚いたのは、国の情勢によって参加が経済的にむずかしかった何人もの学者に先生が自腹で費用を出してあげられていたことである。先生のオーガナイザーとしての能力だけでなく、研究者仲間とその互いの交流を大切にされるお人柄がよく分かった学会であった。また、私のような小者にも参加しないかと声をかけてくださり、それがきっかけで私も世界のアルタイ学者たちとの知己を得ることができ、大きな恩恵を受けた。先生のおかげである。

（さいとう・よしお／言語学　東京学芸大学教授）

苦しいとき、そばに岡田先生の本があった

楠木賢道

先生にはじめて直接ご教示いただいたのは、一九八四年十一月三日の東洋史研究会の懇親会の席上だった。若者の特権として何も恐れずにいきなり名乗って、卒論で書いたばかりの三万衛（遼寧省開原に明朝が設置した女真族の駐屯軍）について質問したが、私が生まれる以前に関連の研究をしていた先生は、懇切丁寧にご教示くださった。そのとき、清朝初期の満洲語史料に現れる「水の三万の女真」と三万衛の「三万」とは同根ですよとおっしゃった。この言葉が、満洲語史料に取り組もうとする私の背中を強く押してくれた。

その後、かつて先生がお世話をしていた研究者集会、野尻湖クリルタイ（第八巻を参照）の世話人を私が引き受け、以来、親しくさせていただいている。やがて私は博士課程の院生まで教え、伝

統的な中国史にとらわれない清朝史を毎年講義するようになったが、スタンダードな入門書がなく、それを書く能力が自分にないことに焦燥感を感じていた。そこで杉山清彦先生と示し合わせ、クリルタイの懇親会で、先生が神田信夫、松村潤の両先生と執筆した『紫禁城の栄光』（一九六八）の再刊をお願いした。岡田先生と奥様の宮脇淳子先生は即座に快諾くださり、二〇〇五年の再刊となった。刊行後、お手伝いのお礼とて岡田、松村両先生から、杉山先生と駒込駅前でふぐをご馳走になった。宴が終わり外に出ると折悪しく雨が降っていたが、岡田先生、宮脇先生は一本の傘をさしかけながら、駅のほうに歩まれていった。その背中をお見送りしながら、とても温かい気持ちになったことを今でも思い出す。

このように岡田先生を宮脇先生、杉山先生といっしょにお手伝いしながら、清朝史の本を出す流れは、藤原書店「別冊 環」の『清朝とは何か』（二〇〇九）に繫がった。さらに藤原書店から藤原良雄社長が、先生監修の「清朝史叢書」の創刊を提案くださり、現在刊行中である。一方で藤原書店からは、岡田先生の研究論文集『モンゴル帝国から大清帝国へ』（二〇一〇）に続いて、『岡田英弘著作集』全八巻（二〇一三〜二〇一六）が刊行されていった。

そのようななかで、私はゆえあって勤務大学を去らねばならなくなってしまった。岡田先生にもご迷惑をおかけしたが、先生は藤原社長、宮脇先生と相談して、私に著作集編集のお手伝いという仕事をくださった。この恩情により、私は精神的にも経済的にも、かろうじて学問の世界に踏みとどまることができた。満腔ただただ感謝するばかりである。

このお手伝いで私は先生の専門以外の文章を系統的に読む貴重な機会を得た。圧巻だったのは、国共内戦の戦局を決定した四平街の戦いを論じる論考などを収める第4巻『現代中国の見方』である。先生は文献史学の応用問題として取り組まれ、チャイナウォッチャーと同じ分析方法に独自に到達し、しかも彼らよりも深い分析を行なっていた。

その第四巻の編集作業がすんでまもなく、私は清朝史研究の拠点を作ろうとする中国の吉林師範大学から博士課程担当教授として招聘された。四平街の戦いが起こった吉林省四平市にある大学である。また私が繰り返し読んだ先生の論考「清の太宗嗣立の事情」と縁の深い海西女直イェヘ部の城址は大学から二〇キロの郊外にあり、三万衛があった開原は広大なこの地のスケールから考えると隣町である。しかも四平市は、岡田先生が専門とされたモンゴル世界と満洲世界の境界にある。私は運命的なものを感じて招聘を受けることにした。岡田先生には、諸手続きが完了した二〇一五年一月に報告したが、喜んでくださった。

三月に着任すると、新疆ウイグル自治区出身のシベ族F君が院生として待っていた。F君は、先生が親交を結ばれていた台湾の満洲学の泰斗、広禄先生の曽孫である（第六巻を参照）。F君はいま私が主宰する満洲語史料講読会に出席し、しばしば私の研究助言を受けている。

私はこれまで、自分自身でテーマを設定して研究し、進む道を決めてきたつもりでいた。また研究の座標軸となる現代東アジア情勢の認識において、多分私の無知のためだと思うが、先生のそれとはかなり隔たりがある。にもかかわらず、未熟な私は、同行二人、お遍路を続けながら、札所で先生からもらう応用問題を考えてきたのではないかと感じることがある。思えば遠くに来たものであるが、私にはもう少しお遍路を続ける力が残っているようである。

（くすのき・よしみち／清朝史・東北アジア史　吉林師範大学教授）

ステップ史観と一致する岡田史学

楊海英

私は南モンゴル（内モンゴル自治区）のオルドス高原生まれのモンゴル人である。一九八九年春に来日し、翌年に国立民族学博物館併設の総合研究大学院大学の博士課程に入り、文化人類学を学んだ。中国で受けた教育には、モンゴルの歴史と文化に関する内容が皆無だったので、日本の自由な環境のなかで、日本人研究者の学知を身につけたかった。しかし、一部の研究者からは、「民族の栄光の歴史をやりたいんだろう」と揶揄された。皮肉を言われるような苦境から私を救ったのが、岡田英弘先生の名著、『世界史の誕生』（一九九二年）である。

世界史に生きる

「過去に栄光の歴史があった」事実は、子どもの頃から知っていた。当時は文化大革命期後半で、政治的なテロに覆われた時代だった。それでも、大人たちはこっそりとチンギス・ハーン云々と話し合っていた。あたかも自分で見てきたような語り口で、十三世紀の物語を共有していた。なかには「聖なる祖先に不敬な内容」も含まれていた。チンギス・ハーンが西夏王国を征服してから、その王妃と一夜を共にした。王妃の秘部に隠されていた利器によって生殖器を傷つけられた大ハーンは不帰の人となった、という話である。歴史の話で盛り上がった後には決まって、「われわれモンゴルはシナとは違って、インドやチベットとつながっている」と締めくくったものである。

大人になってから分かったが、あのときモンゴル人たちは『蒙古源流(エルデニイン・トブチ)』のなかの内容を語り合っていたのである。これは一六六二年にオルドス部の貴族が書いた年代記である。著者のサガン・セチェン・ホンタイジを祭った祭殿は我が家の近くにあったし、我が家も代々その貴族の属民だった。

岡田先生は『世界史の誕生』のなかで、『蒙古源流』を取りあげている。モンゴル人の年代記作家はまず宇宙の起源について論じてから人類の発生を述べる。人類最初の王統はインドに淵源し、そしてチベットやモンゴルへと拡大していく、という歴史観で、名実ともにモンゴル語による初の世界史である。私の身近に存在してきた年代記を世界史的に位置づけた岡田先生の著書を読んでから、私は堂々とモンゴル史について論ずることができるようになったのである。

シナの復活と満洲人の名誉回復　モンゴル人は昔から中国をシナ(Janagh)

と呼んだり、中国人即ち漢族をイルゲン・フンと呼んだりしてきた。イルゲンとは属民で、フンは人間を指す。恐らくモンゴル帝国時代の記憶が後世に残した呼称のひとつであろう。隣人をどのように呼ぶかは時として政治的な問題に発展する。モンゴル人の一部が中国籍を取らざるを得なくなった時から、支配者である中国人の呼称があらためて政治的な議題となったが、私たちは謙虚にシナ人を用いることにした。相手を属民と称する方がむしろ帝国的な情緒をひきずっている、とモンゴル人も自粛したからである。

ところが、日本に来てびっくりしたのは、シナはタブーだということだった。私が博士論文の草稿でシナ云々と表現したら、たちまち差別用語だから、止めるよう指導された。文化人類学が重視するところの、現地人の表現であるシナを割愛しなければならなかった。学位取得を優先としたが、腑には落ちなかった。

その後、私もシナを使えるようになった。「もともと、英語の「チャイナ China」に対応する日本語は「シナ（支那）」だった。ところが、第二次世界大戦後、日本を占領下に置いたGHQの命令と、日本人自身の過剰な自己規制により、すべて「中国」と言い換えてしまったために、その後、嘘が拡大して今日に至った」（『岡田英弘著作集IV　シナ（チャイナ）とは何か』）。中国とはあくまでも戦後に東アジアに現れた現代国家で、シナこそが古い文明の担い手だった。シナの名誉を回復したのは岡田先生で、その岡田史観は私たちステップの遊牧民たちの昔からの認識とみごとに一致するのである。

岡田先生がシナの定義を学術的に確立した意義は、モンゴル国における「満洲人」の名誉回復にもつながった。モンゴル国は人民共和国となった一九二四年からソ連のイデオロギー下に置かれてきた。それでも、伝統的にはシナと対峙し、近代に入ってからシナ人の経済的な搾取と軍事侵略を受けてきたので、「清朝時代にシナ・満洲人に抑圧されたが、独立により民族の解放が実現できた」との国家史観が定着していた。岡田先生の『世界史の誕生』がモンゴル語に翻訳された結果、モンゴル人たちも、清朝時代には満洲人はモンゴル人の同盟者で、いびつな搾取と抑圧体制を敷いていたのは、シナ人即ち漢人だと厳密に区別できるようになった。国立歴史博物館の展示もそのように大幅に変わったのである。

（よう・かいえい／文化人類学　静岡大学教授）

「師事」なお遠くとも——私淑から親炙

杉山清彦

この著作集の月報で多くの方々が触れているのと同じく、私もまた、岡田英弘先生の名作『世界史の誕生』（一九九二年）に衝撃を受けた一人であった。しかし、私の受けた衝撃は、あるいは軽かったというべきかもしれない。すでにそれぞれの分野で一家を成しておられた方々と違って、岡田先生とは四十一歳も離れた一介の学生にすぎなかった私には、まだ突き崩されるほどの観念も知識もなかったからである。

それでも、そのときなりにはその斬新さ、明晰さに衝撃を受けた。ただ、そのときは、今の東洋史学はこういう水準なのかと驚きながら惹きつけられたのだが、勉強していくうちに、実はそうではなく、岡田先生は独りはるか先を疾走されていたのであって、それが学界の通説というわけではないということがわかった。あるいは、その方が〝衝撃〟であった。

しかし、岡田先生の学説を道しるべにアジア史・世界史を見直したいと思って、私は満洲・モンゴル史の道に進んだ。それだけに、私にとっては「岡田英弘」という名は、歴史上の人物と半ば同列の感覚であり、もっぱらその著作を熟読して私淑するばかりであった。

読書家としてでなく、学生として読むのであれば、『北アジア史（新版）』（一九八一年）の「モンゴルの統一」「モンゴルの分裂」（『モンゴル帝国から大清帝国へ』所収）や、『漢民族と中国社会』（一九八三年）の「東アジア大陸における民族」（著作集第四巻所収）といった、比較的教科書的な概説を手に取ることになる。しかしそこには、教科書どころか、当時も、否、この月報を書いている現在でさえもなお他に類を見ない、そして今なお価値を失わない、斬新あるいは壮大な内容が述べられているのである。もとより、より一般向けの文章でも専門論文でも、それは変らない。

いったい、研究での高度な専門性と、概説などで平易・簡明に語るということとを両立させるのは、ただでさえ難しい。ところが岡田先生は、それをやすやすとこなされるのみならず、学界の最先端を切り拓く知見を、明快な言葉で直接読者に語るという離れ業をやってのけるのである。実証に閉じこもりがちな歴史学界では、このように言い放たれる岡田説に対しては、「論文で述べられたものではない」「史料が示されていない」と称して無視を決めこむ向きも多い。しかし先生は、独擅場であるモンゴル語史料はもとより、漢籍についても、疎かにするどころか、むしろ並の中国史研究者よりもはるかに読み込まれている。そのことは、著作を読めば常に感じられることであり、たんにいちいち挙げないだけなのである。注意して読めば、一見天馬空を行くが如き一言一言の背後に、史料的根拠や先行学説が透けて見える。それをふまえつつ、しかもその向こうを見抜いて言い放たれているのである。

そうであれば、それを判別して受け止めるべきは、読み手としての研究者の力量・度量であるはずであろう。研究者であれば、投げられたボールは、返さなければならない——私はつねづね、私淑しながらそのように思った。

私はといえば、清＝満洲人王朝という観点から、大清帝国史を研究している。この分野での必読論文が、岡田先生が一九七二年に発表した「清の太宗嗣立の事情」である。この論文はわずか十一頁、しかも注もないという短編である。ところがその内容は、当時台湾で再発見されたばかりの満洲語の古文書冊を駆使した文献学的研究を基礎に、政治史の深奥を解明するものであり、しかもその一篇にとどまらず今後の研究の指針を示すケーススタディにもなっているという名編である。私はこの論文を手がかりに研究を出発させ、二十六歳の時に処女論文を『史学雑誌』に発表することができた。私淑してきた岡田先生にも、恐る恐る手紙を書いて、その抜刷を献呈したのであった。

その時は夢にも思わなかったが、それから五年後、岡田先生が、ご令室の宮脇淳子先生とともに野尻湖クリルタイに久方ぶりに参加され、それを機に、お仕事をお手伝いすることとなった。論文集の刊行が決まった際には、「モンゴル帝国」と「大清帝国」を冠するよう提案して採用いただいた。その『モンゴル帝国から大清帝国へ』に「清の太宗嗣立の事情」を収録するに当っては、注を附する作業をさせていただくこととなり、まこと感慨に堪えない。

顧みて、「私淑」から始まって、「親炙」と呼べるようにはなったかと思うが、「師事」というのはなお畏れ多い。しかし、仰ぎみた先生の著作集が大詰めを迎えるのと並行して、昨年、先生の研究に導かれて始めた自らの研究を小著『大清帝国の形成と八旗制』としてまとめることができた。「私淑」して学ばせていただいた者として、一つのご恩返しではないかと思っている。また、親炙の機縁を賜ることとなった野尻湖クリルタイについては第八巻第Ⅲ部に詳しいが、現在その世話人を務めており、次の世代にそのような機会を提供することで、学恩に報いたいと念じている。

(すぎやま・きよひこ／大清帝国史　東京大学准教授)

学者としての基礎体力と世界観に学ぶ

倉山 満

私は、憲政史を研究している。憲政史とは死語になった言葉だが、憲法というルールに基づいて行なわれた政治というゲームの歴史のことである。果たして、そのような者と岡田先生が何の関係があるか。そんな私が、岡田先生から何を学んだかを書いておこう。

元々、私が学問の道を志したのは、「憲政の常道」という、これまた死語になった言葉の意味を知りたかったからだ。時はちょうど、細川護熙連立内閣が瞬く間に崩壊し、自民党と社会党の連立による村山富市政権が成立したころだった。めまぐるしい政変の中で、政治家たちは政敵を批判するときに「憲政の常道の蹂躙だ」と罵っていた。では、憲政の常道とは何なのか。いまだ研究途上で本当の意味での結論は出せていないのだが、とにもかくにも大学院の国史学専攻に進んだ。卒業論文で昭和初期の憲政の常道について書いたので、専門は近代史の政治外交史に割り振られた。修士論文では昭和六年九月十八日の満洲事変勃発から同年十二月十二日の犬養毅内閣成立を扱った。主題は、第二次若槻内閣が満洲事変にどのように対処したかである。

主たる関心が内政にあるとはいえ、昭和初期の専門家を名乗る以上、日中関係に関しても最低限の知識がないと恥ずかしい。中国史に関して体系的な研究をしているのは誰か。大学院生時代、樋口恒晴常磐大学教授には事実上のチューターとして手取り足取り教えていただいたのだが、その時に勧められたのが岡田先生だった。それで、貸出制限ギリギリまで使って母校中央大学図書館から岡田先生の著作を借りてリュックサックに詰め、片っ端から読み漁った。

最初は岡田先生の語学力に圧倒されるばかりだった。朝鮮、満洲、モンゴル、新疆ウイグル、チベットと、「中華」の歴史を周辺から批判的に検証していく手法には感嘆するばかりだった。それまでに習った東洋史と言えば、「中華」は文字通り中心であり、自国日本も含めて周辺と扱う手法がすべてだっただけに、新鮮だった。また、「支那」と「中国」の厳密な定義と峻別など、学問における用語の重要性を学べた。語学的な面では私はまったくの落第生だが、言葉を大切にする学問の基本は体で覚えたつもりでいる。

俗に言う「岡田史観」は、学徒――肩書が大学教員であれ、そうでなくても――を魅了する。学問とは「世界を説明すること」に尽きるはずだが、この当たり前の姿勢、哲学を忘れている者がいかに多いか。つまり、何のために学問をしているのかを見失う人がどれほど多いか。岡田先生の世界観は、単に中国とその周辺を意味する東洋史に留まらず、西洋との関係やイスラムへも広がり、そしてもちろん我が国への関心が土台となっている。本著作集の各巻名が示すが、「歴史とは」「世界史とは」「日本とは」という大きな課題に真正面から取り組める学者がどれほどいようか。

ある方面では、岡田先生を論壇の人と看做す向きもある。華麗な表現力はえてしてそういう評価を招く。それはそれで良いが、岡田先生の学者としての基礎体力をわかって言っているのだろうか。史上最年少で学士院賞を受賞した『満文老檔』の研究は、満洲語の文書を逐一解説した史料集であるし、『康熙帝の手紙』は、清朝第四代皇帝の書簡を年代順に並べなおすという作業の上に成立している。歴史学の基礎は文書学であり、その文書の内容を検証するのが史料批判だが、「作成日」「宛所」「作成者」「文書名」「伝来の素因」など様式の特定が前提である。形式の議論にイデオロギーは介在しない。歴史学が本来、ロジカルな学問である所以である。文書学の様式論さえ踏まえていれば、いかにイデオロギーが異なる者でも、共通の土台で議論できるという意味で、ロジカル（科学的）なのである。岡田先生の基礎体力を知れば、ロジカルであることをまた堪能できるだろう。

最後に。日本社会は岡田先生に正当な評価をしてきただろうか。学界のことである。自分の経験で言えば、「私は昭和六年九月十八日から十二月十二日までの政治外交史が専門ですから、十二月十三日に金解禁を停止したなど経済史のことを聞かれても困ります」と答えても、平気で通用していた。冗談かと思われるが、学界のタコツボとはここまでの病気なのだ。そのような学界の人たちにまともさを求めても無駄だろう。

だが、学問的著作は学者の仕事として永遠に残る。遥かに及ばずながら、あやかりたいと思っている。（くらやま・みつる／憲政史家）

岡田英弘　略年譜（一九三一〜　）

＊年齢は満年齢で表記。
詳細年譜は『著作集』第七巻を参照。

一九三一（昭和六）年……………………………**〇歳**
一月二十四日、東京市本郷区曙町十一番地に生まれる。

一九三七（昭和十二）年…………………………**六歳**
四月、武蔵野町第一尋常小学校に入学。

一九四一（昭和十六）年…………………………**十歳**
九月、武蔵野第四国民学校初等科第五学年に転じる。

一九四三（昭和十八）年………………………**十二歳**
三月、武蔵野第四国民学校初等科を卒業。四月、暁星中学校に進む。

一九四六（昭和二十一）年……………………**十五歳**
四月、成蹊高等学校尋常科第四学年に転じる。

一九四七（昭和二十二）年……………………**十六歳**
四月、成蹊高等学校理科乙類に進む。

一九五〇（昭和二十五）年……………………**十九歳**
三月、成蹊高等学校を卒業。四月、東京大学文学部東洋史学科第一学年に入学。

一九五三（昭和二十八）年…………………**二十二歳**
三月、東京大学を卒業。四月、東京大学大学院に進む。学習院大学東洋文化研究所助手（〜一九五五年八月）。

一九五五（昭和三十）年……………………**二十四歳**
九月、国際基督教大学助手（〜一九五八年八月）。

一九五七（昭和三十二）年……………………**二十六歳**
六月、「満文老檔」の共同研究により、日本学士院賞を受ける。

一九五八（昭和三十三）年……………………**二十七歳**
三月、東京大学大学院を満期退学。九月、財団法人東洋文庫研究生（〜一九六六年三月）。

一九五九（昭和三十四）年……………………**二十八歳**
九月、フルブライト奨学金を受け、アメリカ合衆国ワシントン州シアトル市ワシントン大学極東ロシア研究所に留学し、ポッペ（Nicholas Poppe）に師事（一九六一年八月、帰国）。

一九六二（昭和三十七）年……………………**三十一歳**
四月、クアラルンプールのAsian-American Assemblyに出席。途次、香港、バンコク、シンガポールの学術研究機関を歴訪。十月、ユネスコ東アジア文化研究センター調査資料室長。秋、神田信夫、松村潤とともに、初めて中華民国台湾を訪れる。

一九六三（昭和三十八）年……………………**三十二歳**
十月、ドイツ研究協会の奨学金を受け、ドイツ連邦共和国ボン市に赴き、ボン大学東洋研究所の客員研究員となる。ハイシヒ（Walther Heissig）、フックス（Walter Fuchs）に師事（一九六五年七月、帰国）。

一九六四（昭和三十九）年……………………**三十三歳**
八月、オランダ・アルンヘムでの常設国際アルタイ学会（Permanent International Altaistic Conference、以下ＰＩＡＣ）第七回会議に初めて参加。

一九六六（昭和四十一）年……………………**三十五歳**
四月、東京外国語大学アジア・アフリカ言語文化研究所（以下、ＡＡ研）助教授。東洋文庫兼任研究員。七月、京都・東京での第一回東亜アルタイ学会に参加。

一九六八（昭和四十三）年……………………三十七歳
九月、アメリカ合衆国ワシントン大学アジア言語文学部客員副教授。モンゴル語を教える（一九六九年七月、帰国）。

一九六九（昭和四十四）年……………………三十八歳
八月、台湾での第三回東亜アルタイ学会に参加。九月、アメリカ合衆国に出張（翌年六月帰国）。

一九七〇（昭和四十五）年……………………三十九歳
十二月、アメリカ合衆国に出張（翌年六月、ワシントン大学客員副教授を辞し、帰国）。

一九七一（昭和四十六）年……………………四十歳
八月、台湾・台北でニクソン訪中について取材。十二月、台湾での第四回東亜アルタイ学会に参加。

一九七二（昭和四十七）年……………………四十一歳
五月、台湾に出張。台北陽明山中山堂での中華民国第五期総統蔣中正の就任式を参観。八月、イスラエルに出張。

一九七三（昭和四十八）年……………………四十二歳
四月、ニュージーランドに出張。六月、東京外国語大学ＡＡ研教授。

一九七四（昭和四十九）年……………………四十三歳
四月、台湾・台北にてアントニオーニの映画『中国』を観る。

一九七五（昭和五十）年……………………四十四歳
七月十三日、シンガポール、マレーシア、タイ、ネパールに出張。

一九七六（昭和五十一）年……………………四十五歳
五月、大韓民国に出張。九月、ソビエト社会主義共和国連邦、フィンランド、スウェーデン、デンマーク、ドイツ民主共和国、ドイツ連邦共和国、フランス、連合王国、アメリカ合衆国、カナダに出張。ポッペ老師を見て自叙伝口述の事を慫慂し、カセットレコーダーを贈る。十二月、財団法人日本文化会議会員。

一九七七（昭和五十二）年……四十六歳

八月、オランダ、連合王国、アメリカ合衆国に出張。オランダ・レイデンでのＰＩＡＣ第二十回会議に参加。

一九七八（昭和五十三）年……四十七歳

七月、台湾・台北での国際清史檔案研討会に参加。

一九七九（昭和五十四）年……四十八歳

四月、国立民族学博物館研究協力者を委嘱される（任期三年）。十月、大韓民国ソウルでの The Fourth Asian Cultural Scholars' Convention に参加。十二月、台湾・台北での第五回東亜アルタイ学会に参加。

一九八〇（昭和五十五）年……四十九歳

十二月、中華人民共和国・北京にて中国社会科学院を訪れる。

一九八一（昭和五十六）年……五十歳

五～六月、大韓民国ソウルの韓国国際文化協会を訪れる。十月、大韓民国・大邱にて慶北大学校第九回国際学術セミナー「新経学」に参加。十二月、台湾・台北での第六回東亜アルタイ学会に参加。

一九八二（昭和五十七）年……五十一歳

四月、国立民族学博物館研究協力者（任期三年）。

一九八三（昭和五十八）年……五十二歳

八月、東京での第三十一回国際アジア・北アフリカ人文科学会議に参加。九月、台湾・台北での亜洲族譜学術研討会に参加。

一九八四（昭和五十九）年……五十三歳

四月、台湾・台北での国際中国辺疆学術会議に参加。台中市東の中興新村で、台湾省主席李登輝に面会。六月、ドイツ連邦共和国ヴァルバーベルクでのＰＩＡＣ第二十七回会議に参加。

一九八五（昭和六十）年……五十四歳

五月、台湾・台北での中韓文化関係学術研討会に参加。七月、イタリア・ヴェネツィアでのＰＩＡＣ第二十八回会議に参加。

一九八六（昭和六十一）年……………………**五十五歳**

一月、アメリカ合衆国サンタバーバラでの国際中国少数民族言語文化歴史シンポジウムに参加。八月、ドイツ連邦共和国、ソヴィエト社会主義共和国連邦、フィンランドに出張。ハンブルグでの第三十二回国際アジア・北アフリカ研究会議に参加。タシュケントでのＰＩＡＣ第二十九回会議に参加。

一九八七（昭和六十二）年……………………**五十六歳**

六月、アメリカ合衆国インディアナ州ブルーミントンでのＰＩＡＣ第三十回会議に参加。九月、中華人民共和国・呼和浩特（フフホト）での内蒙古大学蒙古学国際討論会に参加。十二月、台湾・台北での第二届中国域外漢籍国際学術会議に参加。

一九八八（昭和六十三）年……………………**五十七歳**

六月、ドイツ民主共和国ヴァイマールでのＰＩＡＣ第三十一回会議に参加。九月、ドイツ連邦共和国、ドイツ民主共和国、オーストリアに出張。ボン大学中央アジア言語文化研究所に研究滞在。

一九八九（昭和六十四、平成元）年………**五十八歳**

六月、ノルウェー、連合王国に出張。オスロでのＰＩＡＣ第三十二回会議に参加。ロンドン・ケンブリッジ大学モンゴル・内陸アジア研究施設を訪れ講演。八月、千葉県成田市での第五回国際チベット学会学術セミナーに参加。

一九九〇（平成二）年……………………………**五十九歳**

六月、オーストリア、ハンガリーに出張。ブダペシュトでのＰＩＡＣ第三十三回会議に参加。

一九九一（平成三）年………………………………**六十歳**

三月、連合王国ロンドン大学東洋アフリカ学部での「モンゴル帝国とその遺産」国際セミナーに参加。七月、フランス、ドイツに出張。ユネスコ本部を訪れる。ベルリンでのＰＩＡＣ第三十四回会議に参加。八月、台湾・台北での第六回中国域外漢籍国際学術会議に参加。十月、台湾での第六回亜洲族譜学術研討会に参加。

一九九二（平成四）年……………………**六十一歳**
五月、台湾・台北での蒙古文化国際学術研討会に参加。八月、モンゴル・ウラーンバートルでの第六回国際モンゴル学者会議に参加。九月、台湾・台北でのＰＩＡＣ第三十五回会議に参加。

一九九三（平成五）年……………………**六十二歳**
三月、東京外国語大学ＡＡ研教授を定年退官。五月、台湾での第七回亜洲族譜学術研討会、第八回中国域外漢籍国際学術会議に参加。八月、香港での第三十四回国際アジア・北アフリカ研究会議に参加。

一九九四（平成六）年……………………**六十三歳**
六月、フランス・シャンティイでのＰＩＡＣ第三十七回会議に参加。八月、モンゴル行。

一九九五（平成七）年……………………**六十四歳**
四月、台湾での『自由時報』主催の国際学術シンポジウム「馬関条約一百年――台湾の命運の回顧と展望」に参加。八月、ＰＩＡＣ第三十八回会議の会長となり日本に招聘、三菱信託銀行川崎研修所にて開催。

一九九六（平成八）年……………………**六十五歳**
四月、水戸市常磐大学国際学部教授。六月、オーストリア、ウィーンでのＰＩＡＣ第三十九回会議に参加。

一九九七（平成九）年……………………**六十六歳**
六月、アメリカ合衆国ユタ州プロヴォでのＰＩＡＣ第四十回会議に参加。八月、モンゴル国での第七回国際モンゴル学者会議に参加。

一九九八（平成十）年……………………**六十七歳**
七月、フィンランドでのＰＩＡＣ第四十一回会議に参加。

一九九九（平成十一）年……………………**六十八歳**
四月二十一日、脳梗塞で倒れる。日本医科大学付属病院に入院。喚語障害を発症。九月、アメリカ合衆国インディアナ大学より、生涯にわたる学問への貢献に対し、アルタイ学賞（通称ＰＩＡＣメダル）が授与される。

二〇〇〇（平成十二）年……………………**六十九歳**
三月、常磐大学を退職。九月、ベルギー・ラナケンでのＰＩＡＣ第四十三回会議に参加。

二〇〇一（平成十三）年……………………**七十歳**
八月、ドイツ・ヴァルバーベルクでのＰＩＡＣ第四十四回会議に参加。

二〇〇二（平成十四）年……………………**七十一歳**
二月、アメリカ合衆国に渡航。二カ月間、インディアナ大学キャンパス内のゲストルームに滞在。八月、モンゴル国ウラーンバートルでの第八回国際モンゴル学者会議に参加、開会式のチンギス・ハーン生誕八四〇年記念式典の壇上に並ぶ。テレビ出演。

二〇〇三（平成十五）年……………………**七十二歳**
六月、トルコ共和国・アンカラでのＰＩＡＣ第四十六回会議に参加。

二〇〇四（平成十六）年……………………**七十三歳**
七月、イギリス・ケンブリッジでのＰＩＡＣ第四十七回会議に参加。九月、韓国での第六回ソウル国際アルタイ学会に参加。さらにモンゴル国ウラーンバートルでのモンゴル科学アカデミー歴史研究所主催「モンゴル帝国の形成、発展、衰退」会議に参加。テレビ局のインタビューを受ける。

二〇〇五（平成十七）年……………………**七十四歳**
四月五日、卒倒し、救急車で日医大付属病院救急センターに搬送される。四谷の胃腸病院に転院し、二十九日、退院。

二〇〇六（平成十八）年……………………**七十五歳**
七月、ドイツ・ベルリンでのＰＩＡＣ第四十九回会議に参加。八月、ドイツ・ケーニヒスウィンターでの第十一回国際チベット学会学術セミナーに参加。

二〇〇七（平成十九）年……………………**七十六歳**
四月二十一日、心筋梗塞により日医大付属病院に入院、集中治療室に入る。五月二十九日、心臓冠動脈五カ所のバイパス手術および左心室と左心房の間にリング埋め込み術（人工心肺を使い計九時間）。

二〇〇八（平成二十）年……………**七十七歳**
五月二十日、モンゴル国政府より北極星勲章授与。

二〇一〇（平成二十二）年……………**七十九歳**
十一月、はじめての学術論文集『モンゴル帝国から大清帝国へ』が藤原書店から発刊。

二〇一二（平成二十四）年……………**八十一歳**
十一月二十二日、心不全と腎不全で日医大付属病院に入院。

二〇一三（平成二十五）年……………**八十二歳**
二月十九日、心臓除細動器埋め込み手術。六月、『岡田英弘著作集』全八巻が刊行開始。
十一月四日、『岡田英弘著作集』発刊記念シンポジウムが、東京の山の上ホテルにて開催。基調講演「歴史とは何か」。

二〇一六（平成二十八）年……………**八十五歳**
『岡田英弘著作集』全八巻完結。六月十八日、東京の山の上ホテルにて完結記念シンポジウム開催。

5　『鑲紅旗檔』東洋文庫，神田信夫・松村潤・細谷良夫と共同
『雍正朝』1972 年／『乾隆朝 1』1983 年
6　『『満文老檔』・『旧満洲檔』対照表　太宗朝』〈遊牧社会史探究 別冊〉1978 年
7　『蒙古源流　訳注』刀水書房，2004 年

■E　監修

1　襲延明 編『絵で見る中国の歴史』原書房，1995 年。監訳も担当
『第 1 巻 原始社会から戦国時代』／『第 2 巻 秦の統一から漢の時代』／『第 3 巻 三国時代から南北朝時代』／『第 4 巻 隋・唐の統一から五代十国の時代』／『第 5 巻 宋・遼・金から元の時代』／『第 6 巻 明の統一から清の時代』
2　宮脇淳子著『真実の中国史［1840-1949］』発行・李白社，発売・ビジネス社，2011 年。中国語繁体字版，2015 年
3　宮脇淳子著『真実の満洲史［1894-1956］』ビジネス社，2013 年。中国語繁体字版，2016 年
4　「清朝史叢書」藤原書店，2013 年〜

■F　翻訳

1　E.D. フィリップス著『モンゴル史——チンギス・ハーンの後継者たち』学生社，1976 年

＊全著作に関しては、『岡田英弘著作集 7』を参照。

2000年に再録
18 『対話　起源論』新書館，1998年。岸田秀と対談「歴史の起源」収録
19 『地球日本史3　江戸時代が可能にした明治維新』産経新聞ニュースサービス，1999年。西尾幹二編。23「明治文明が作った現代中国」収録。扶桑社文庫，2001年に再録
20 『現代「文明」の研究——普遍的価値の絆を求めて』朝日ソノラマ，1999年。鈴木治雄編。「「西欧 vs 非西欧」の歴史観の源流」「揺らぎだした国民国家」収録。鈴木治雄，住吉弘人，櫻井修，堤清二，椎名素夫，石坂泰彦，佐藤純一，粕谷一希と討論に参加

■C　編集，共編集

1 日野強著『伊犂紀行』芙蓉書房，1973年。「解説」収録
2 『アジアと日本人〈講座・比較文化2〉』研究社，1977年。「まえがき」／第五章「真実と言葉」／第十章「秘密結社」収録
3 『家族——文学の中の親子関係』PHP研究所，1981年。小堀桂一郎と共編。「日本の家族」「あとがき」収録。久保正彰，村松暎，白井浩司，木村浩，佐伯彰一と討論に参加
4 札奇斯欽著『我所知道的徳王和當時的内蒙古』AA研
『一』1985年。「解説」収録（『日本とモンゴル』日本モンゴル協会，1985年に再録）／『二』1993年。「後書」収録
5 『中央ユーラシアの世界〈民族の世界史4〉』山川出版社，1990年。護雅夫と共編。序章「中央ユーラシアの歴史世界」／第3部「モンゴル系民族」収録
6 『清朝とは何か〈別冊『環』⑯〉』藤原書店，2009年。論文「世界史のなかの大清帝国」「「満洲」の語源——文殊師利ではない」「北京で流行した満漢兼の子弟書」／インタビュー「清朝とは何か」収録

■D　訳注

1 『満文老檔』東洋文庫，1955〜63年。神田信夫・松村潤等と共同
『Ⅰ 太祖1』1955年／『Ⅱ 太祖2』1956年／『Ⅲ 太祖3』1958年／『Ⅳ 太宗1』1959年／『Ⅴ 太宗2』1961年／『Ⅵ 太宗3』1962年／『Ⅶ 太宗4』1963年
2 『欽定西域同文志』東洋文庫，1963〜64年，榎一雄編
『下冊』1963年。モンゴル語・チベット語・オイラト語の転写を担当／『研究篇』1964年。モンゴル語・チベット語・カルムィク語索引と系図を担当
3 『八旗通志列伝索引』東洋文庫，1965年。神田信夫・松村潤と共同
4 『旧満洲檔』東洋文庫，神田信夫・松村潤と共同
『天聡九年1』1972年／『天聡九年2』1975年

太良，ゲプハルト・ヒールシャー，高坂正堯，香山健一，佐伯彰一，佐瀬昌盛，ジェームズ・スチュワート，志水逸雄，鈴木重信，高階秀爾，西尾幹二，芳賀徹，本間長世，矢野暢，山崎正和，兪鎮午，渡辺昭夫と討論に参加

5 『世界の中の日本文字——その優れたシステムとはたらき』弘文堂，1980 年。橋本萬太郎，川本邦衛，新田春夫，松本昭と共著

6 『西欧の正義　日本の正義』三修社，1980 年。日本文化会議編。会田雄次，木村浩，公文俊平，佐藤誠三郎，霜山徳爾，鈴木孝夫，竹内靖雄，鳥羽鉤一郎，浜井修，ヨゼフ・ピタウ，三浦朱門，飽戸弘，木村尚三郎，小堀桂一郎，高坂正堯，志水速雄，鈴木重信，田中美知太郎，谷口茂，長尾龍一，原田統吉，本間長世，クラウス・リーゼンフーバーと討論に参加

7 『国際誤解と日本人』三修社，1980 年。日本文化会議編。「はじめに」／講演「東アジアにおける日本人のイメージ」収録

8 『北アジア史　新版〈世界各国史 12〉』山川出版社，1981 年。護雅夫・神田信夫編。第四章「モンゴルの統一」／第五章「モンゴルの分裂」収録

9 『適応力——新しい日本人の条件』三修社，1982 年。日本文化会議編。「はじめに」／講演「日本のプレゼンス」収録。『日本人の条件——適応力』として 1983 年に再版

10 『野尻湖クリルタイ紀要（二）』アルタイ学研究連絡組織，1982 年。羽田明，山田信夫，梅村担と共著

11 『倭人伝を読む』中公新書，1982 年。森浩一編。森と対談「「倭人伝」をどう読むか」収録

12 『日本と国際環境』三修社，1982 年。日本文化会議編。「はじめに」収録

13 『激動の近代中国〈人物中国の歴史 9〉』集英社，1982 年。「清朝帝国を築き上げた三名帝　康熙帝・雍正帝・乾隆帝」収録

14 『成熟社会への条件——自己変革の時代』三修社，1983 年。日本文化会議編。「はじめに」／講演「文化の表現としての外交」収録

15 『漢民族と中国社会〈民族の世界史 5〉』山川出版社，1983 年。橋本萬太郎編。第 I 章「東アジア大陸における民族」収録／座談会「現代の漢民族」に斯波義信，載國煇，橋本萬太郎と参加

16 『歴史のある文明　歴史のない文明』筑摩書房，1992 年。樺山紘一，川田順造，山内昌之と共著。「まえがき」「中国文明における歴史」収録／山内昌之，川田順造，樺山紘一，会田雄次，池田明史，井尻千男，入江隆則，大下尚一，大橋良介，加藤尚武，木村浩，小堀桂一郎，佐伯彰一，坂本多加雄，鳥海靖，西尾幹二，芳賀徹，ヘンリー・スミス，源了圓，ロマノ・ヴルピッタ，ルートヴィッヒ・アルムブルスターと討論に参加

17 『地球日本史 1　日本とヨーロッパの同時勃興』産経新聞ニュースサービス，1998 年。西尾幹二編。2「モンゴルから始まった世界史」収録。扶桑社文庫，

16 『中国文明の歴史』講談社現代新書，2004 年
17 『だれが中国をつくったか――負け惜しみの歴史観』PHP 新書，2005 年。韓国語版，2010 年
18 『モンゴル帝国から大清帝国へ』藤原書店，2010 年。中国語繁体字版，2016 年
19 『読む年表　中国の歴史』ワック，2012 年。WAC BUNKO，2015 年
20 『〈清朝史叢書〉康熙帝の手紙』藤原書店，2013 年。3 の 1979 年版を大幅改訂，増補。韓国語版，2014 年。『大清帝国隆盛期の実像――第四代康熙帝の手紙から 1661-1722』と改題・再版，2016 年
21 『岡田英弘著作集』藤原書店，2013 ～ 16 年
　1　歴史とは何か，2013 年
　「私の学者人生」書下し
　2　世界史とは何か，2013 年
　3　日本とは何か，2014 年
　4　シナ（チャイナ）とは何か，2014 年
　「書き言葉と話し言葉の関係」「日清戦争後の日本語の侵入」「現代中国における「和製漢語」の実態」「「時文」と「白話文」」「中国の文字改革――表音への志向と挫折」書下し
　5　現代中国の見方，2014 年
　6　東アジア史の実像，2015 年
　7　歴史家のまなざし，2016 年
　8　世界的ユーラシア研究の六十年，2016 年
22 『チンギス・ハーンとその子孫――もうひとつのモンゴル通史』ビジネス社，2016 年。5 の 1986 年版を大幅改訂

■B　共著

1 『紫禁城の栄光〈大世界史 11〉』文藝春秋，1968 年。改題『紫禁城の栄光』講談社学術文庫，2006 年，神田信夫・松村潤と共著。4「元朝はほろびず」／ 5「大ハーンと大ラマ」／ 10「康熙大帝」／ 11「草原の英雄」／ 12「ポタラの宮殿」／ 13「大義覚迷録」収録
2 『野尻湖クリルタイ紀要』京都大学西南アジア史研究室，1972 年。山田信夫と共著
3 『アジア文明の原像』日本放送出版協会，1979 年。飯島茂編。石井溥，岩田慶治，末成道男，高谷好一，坪内良博，橋本萬太郎，前田成文，家島彦一，渡部忠世，斯波義信と討論に参加
4 『国際誤解の構造――東西文化比較研究』PHP 研究所，1979 年。日本文化会議編。「外国人の日本人観」収録／飽戸弘，岡崎久彦，緒方四十郎，大林

岡田英弘 著書一覧

■A 単著

1 『倭国の時代――現代史としての古代日本史』文藝春秋，1976年。朝日文庫，1994年。ちくま文庫，2009年
2 『倭国――東アジア世界の中で』中公新書，1977年
3 『康熙帝の手紙』中公新書，1979年。→20の『〈清朝史叢書〉康熙帝の手紙』に収録
4 『中国のなかの日本』AA研，1982年
5 『〈中国の英傑9〉チンギス・ハーン』集英社，1986年。『チンギス・ハーン』と改題，増補改訂版，朝日文庫，1993年。→22の『チンギス・ハーンとその子孫』へ
6 『世界史の誕生』筑摩書房，1992年。ちくま文庫，1999年。韓国語版，2002年。モンゴル語版，2012年。中国語繁体字版，2013年，2016年。中国語簡体字版，2016年
7 『日本史の誕生――千三百年前の外圧が日本を作った』弓立社，1994年。ちくま文庫，2008年。中国語繁体字版，2016年
8 『台湾の命運――最も親日的な隣国』弓立社，1996年。中国語繁体字版，1997年
9 『妻も敵なり――中国人の本能と情念』ザ・マサダ，1997年。『この厄介な国，中国』と改題，WAC BUNKO，2001年。新版，2008年。モンゴル語版，2015年
10 『中国意外史』新書館，1997年。『やはり奇妙な中国の常識』と改題，WAC BUNKO，2003年
11 『現代中国と日本』新書館，1998年。『厄介な隣人，中国人』と改題，WAC BUNKO，2008年
12 『皇帝たちの中国』原書房，1998年。『誰も知らなかった皇帝たちの中国』と改題，WAC BUNKO，2006年
13 『歴史とはなにか』文春新書，2001年
14 『歴史の読み方――日本史と世界史を統一する』弓立社，2001年。『日本人のための歴史学――こうして世界史は創られた！』と改題，WAC BUNKO，2007年
15 『モンゴル帝国の興亡』ちくま新書，2001年。モンゴル語版，2012年

編集部から

「東洋史」から出発し、日本の歴史学の枠組みにとらわれず、チンギス・ハーンとその子孫の時代のモンゴルから世界史は始まったと問題提起した岡田英弘。その厖大な仕事を一望する『岡田英弘著作集』(全八巻)を今春完結した。本書は、その『著作集』を読み解くための手引きの書として、岡田氏に編集をお願いした。

まず第一部は、『著作集』の発刊と完結を記念して行われたシンポジウムや鼎談、そして『環』誌上での「岡田史学」小特集への寄稿などで構成されている。

第二部は、PR誌『機』誌上での「今、世界は」連載全十二回である。弟子であり夫人である宮脇淳子氏と共働で、各回約八百字という限られた紙面で、岡田氏の歴史観の全容を、簡潔で明快な文章でまとめていただいた。

第三部は、『著作集』全八巻に寄せていただいた「月報」原稿すべてを収録した。国内外にわたる多くの知己の方々からすばらしい御文章をいただいた。順序については、外国からの寄稿者を先に掲載して再構成した。

本書のために福島香織氏に特別に寄稿いただいた。二〇一五年春、中国の習近平国家主席の側近中の側近といわれる王岐山氏が、外国人記者たちを前にしたフランシス・フクヤマ氏や青木昌彦氏との対話の席上、岡田英弘氏を名指しで紹介し絶賛したという〝事件〟に関してお書きいただいたためである。

『岡田英弘著作集』(全八巻)は、二〇一三年春から刊行するや忽ち多くの反響があり、第一巻の『歴史とは何か』は、すでに三版である。後の巻の多くも版を重ねている。浩瀚な『著作集』をそのまま読み通すのは並大抵ではない。そこで、その〝入り口〟となるような本をと考えた次第である。読者の便宜となれば、そして本書をきっかけに『著作集』をぜひ手にとっていただければ、これほどの幸せはない。

(亮)

編者紹介

岡田英弘（おかだ・ひでひろ）
1931年東京生。歴史学者。シナ史、モンゴル史、満洲史、日本古代史と幅広く研究し、全く独自に「世界史」を打ち立てる。東京外国語大学名誉教授。
東京大学文学部東洋史学科卒業。1957年『満文老檔』の共同研究により、史上最年少の26歳で日本学士院賞を受賞。アメリカ、西ドイツに留学後、ワシントン大学客員教授、東京外国語大学アジア・アフリカ言語文化研究所教授を歴任。
著書に『歴史とはなにか』（文藝春秋）『倭国』（中央公論新社）『世界史の誕生』『日本史の誕生』『倭国の時代』（筑摩書房）『中国文明の歴史』（講談社）『読む年表 中国の歴史』（ワック）『モンゴル帝国から大清帝国へ』『〈清朝史叢書〉大清帝国隆盛期の実像』（藤原書店）『チンギス・ハーンとその子孫』（ビジネス社）他。編著に『清朝とは何か』（藤原書店）他。2016年、『岡田英弘著作集』全8巻（藤原書店）が完結。

モンゴルから世界史を問い直す

2017年1月10日　初版第1刷発行©

編　者　岡田英弘
発行者　藤原良雄
発行所　株式会社 藤原書店

〒162-0041　東京都新宿区早稲田鶴巻町523
電　話　03（5272）0301
FAX　03（5272）0450
振　替　00160-4-17013
info@fujiwara-shoten.co.jp

印刷・製本　中央精版印刷

落丁本・乱丁本はお取替えいたします
定価はカバーに表示してあります
Printed in Japan
ISBN978-4-86578-100-7

"世界史"の中で清朝を問い直す

別冊『環』⑯
清朝とは何か
岡田英弘編

〈インタビュー〉清朝とは何か　岡田英弘

I 清朝とは何か
宮脇淳子／岡田英弘／杉山清彦／岩井茂樹／M・エリオット（楠木賢道編訳）ほか

II 清朝の支配体制
杉山清彦／村上信明／宮脇淳子／山口瑞鳳／柳澤明／鈴木真／上田裕之ほか

III 支配体制の外側から見た清朝
岸本美緒／楠木賢道／渡辺美季／中村和之／渡辺純成／杉山清彦／宮脇淳子ほか

清朝史関連年表ほか　**カラー口絵二頁**

菊大判　三三六頁　**三八〇〇円**
（二〇〇九年五月刊）
◇978-4-89434-682-6

"岡田史学"の精髄

モンゴル帝国から大清帝国へ
岡田英弘

漢文史料のみならず満洲語、モンゴル語、チベット語を駆使し、モンゴル帝国から大清帝国（十三〜十八世紀）に至る北アジア全体の歴史を初めて構築した唯一の歴史学者の貴重な諸論文を集成した、初の本格的論文集。

［解説］「岡田英弘の学問」宮脇淳子

A5上製　五六〇頁　**八四〇〇円**
（二〇一〇年一一月刊）
◇978-4-89434-772-4

人口と家族から見た「日本」

歴史人口学研究
〈新しい近世日本像〉
速水　融

「近世―近代日本」の歴史に新たな光を当てた、碩学の集大成。
同時代の史料として世界的にも稀有な、"人類の文化遺産"たる宗門改帳・人別改帳を中心とする、ミクロ史料・マクロ史料を縦横に駆使し、日本の多様性と日本近代化の基層を鮮やかに描き出す。

A5上製　六〇六頁　**八八〇〇円**
（二〇〇九年一〇月刊）
◇978-4-89434-707-6

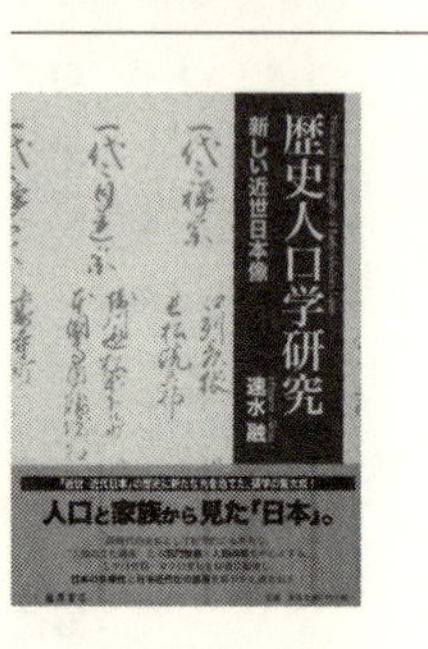

フランスの日本学最高権威の集大成

日本仏教曼荼羅
B・フランク
仏蘭久淳子訳

コレージュ・ド・フランス初代日本学講座教授であった著者が、独自に収集した数多の図像から、民衆仏教がもつ表現の柔軟性と教義的正統性の融合という斬新な特色を活写した、世界最高水準の積年の労作。図版多数

四六上製　四二四頁　**四八〇〇円**
（二〇〇二年五月刊）
◇978-4-89434-283-5

AMOUR, COLÈRE, COULEUR
Bernard FRANK

一九九五年二月二七日第三種郵便物認可　二〇一六年一一月一五日発行（毎月一回一五日発行）

月刊
機
2016
11
No. 296

発行所　株式会社 藤原書店©
〒一六二―〇〇四一　東京都新宿区早稲田鶴巻町五二三
電話　〇三・五二七二・〇三〇一（代）
FAX　〇三・五二七二・〇四五〇
◎本冊子表示の価格は消費税抜きの価格です。

編集兼発行人
藤原良雄
頒価 100円

大好評を博した『身体の歴史』（二〇一一年度日本翻訳出版文化賞受賞）に続く第二弾！

『男らしさの歴史』（全3巻）発刊！

A・コルバン氏（一九三六― ）

〝感性の歴史家〟として、『においの歴史』『娼婦』『浜辺の誕生』等多数の秀れた作品を発表してきたアラン・コルバン。十年前には、十年の構想のもと著された壮大な記念碑的大作『身体の歴史』（全三巻）が出版された。この度、その続編として、同じ協働者による『男らしさの歴史』（全三巻）が五年前に仏本国で出版され話題を呼んだ。気鋭の歴史家たちが、古代から現代までの時代や社会により多様な「男らしさ」を描き出す問題作の発刊！

編集部

●一一月号　目次●

古代から現代まで、「男らしさ」はどのように変貌してきたのか？
「男らしさ」とは何か――創出／勝利／危機　A・コルバンほか 2

ポスト冷戦の世界で、なぜテロは続発するか!?
世界はなぜ過激化（ラディカリザシオン）するのか？　F・コスロカヴァール 6
イスラム過激主義の製造工場　池村俊郎 8

従来の歴史学を問い直す「岡田史学」とは何か？
モンゴルから世界史を問い直す　岡田英弘 10

〝世界最古のスーク〟アレッポの破壊　黒田壽郎 12
海の道のフロンティア　岡本雅享 14
自ら祭る文　一海知義 16

〈リレー連載〉近代日本を作った100人32「成島柳北」楠木賢道 18　今、世界はⅢ―8「似かよった言語でも一つになりにくい」田中克彦 20　〈連載〉『ル・モンド』から世界を読むⅡ―3「ティム・ケインに注目」加藤晴久 21　沖縄からの声Ⅱ―5「沖縄に対する差別政策の根源を絶て」大田昌秀 22　花満径8「象徴と国事行為」中西進 23　生きているを見つめ、生きるを考える20「遺伝子決定論からの卒業を」中村桂子 24　力ある存在としての女性8『女性の解放』の影響」三砂ちづる 25　女性雑誌を読む103『番紅花』1」尾形明子 26
10・12月刊案内／読者の声・書評日誌／刊行案内・書店様へ／告知・出版随想

古代から現代まで、「男らしさ」はどのように変容してきたのか？

「男らしさ」とは何か——創出／勝利／危機

アラン・コルバンほか

「男らしさ」の伝統

男らしさは古くからの伝統を刻印されている。それは単に男性的であるということではなく、男性の本質そのものであり、男性の最も完全な部分ではないにしても、その最も「高貴な」部分を指す。男らしさとは徳であり、完成ということになる。フランス語の男らしさ virilite という語の由来になっているローマ時代の virilitas は、「精力的な」夫という明瞭に定義された性的特質を有しており、いまだに規範であり続けている。精力的な夫とは体が頑強で生殖能力が高いというだけでなく、同時に冷静で、たくましくてかつ慎み深く、勇敢でかつ節度ある夫という意味である。

男 vir は単なる男性 homo ではなく、男らしい男 viril は単なる男性 homme ではなく、それ以上のものなのだ。それは力強さと徳の理想、自信と成熟、確信と支配力を示す。男は挑戦するものだという伝統的な状況がそこから生まれる。男は「自己制御」と同じくらい「完璧さ」や優越性を目指さなければならない。そしてまた性的影響力と心理的影響力が結びつき、肉体的な力と精神的な力が結びつき、腕力とたくましさが勇気や「偉大さ」を伴う、というように多くの長所が交錯している。

それはたとえばアレクサンドロス大王からカエサルまで、テセウスからポンペイウスまで、プルタルコスが記述した偉人たちのような、一般に知られた英雄列伝の中で具体的に示されている。しかもこれは厳しい伝統であって、男の完璧さはつねに何らかの欠落によって脅かされているのだ。たとえば自信の中に巧妙に紛れ込む懐疑、期待していた成功を無に帰すかもしれないひそかな亀裂といったようなものである。

歴史とともに変容する価値観

フランスの田舎で、魔法使いが結婚初夜の男にまじないをかけて不能にすると

◀オットー三世と家臣団
『オットー三世の福音書』の挿絵。一〇〇〇年ころ。巨躯を誇る皇帝と、老若二人ずつの聖職者と非聖職者。貴族階級だけが男らしさを体現できる時代の到来である。（バイエルン州立図書館）

いう伝承は、伝統的に長男が次男に味わわせようとする挫折感と無関係ではない。完璧な男らしさというのは、必然的にさまざまな要求と対峙することになる。精力絶倫にも幻想はあるし、力強さも脆弱さと無縁ではない。前提とされる男の優越性には不安が伴っているのである。

より複雑な伝統であるこの男の優越性は、いかなる点においても男らしさを硬直した歴史の中に閉じこめることはできない。その特徴は時と共に再構成されていく。商業社会と軍事社会は同じような男らしさの理想を持つことはできないし、宮廷人と騎士は同じような男らしさの理想を持つことはできない。

たとえば宮廷人は、戦いの際に昔から必要とされてきた朴訥な価値観と、優雅な洗練という価値観をあわせ持たなければならない。宮廷人は同時代人からときには女性化していると非難されたことがあるが、支配力や勇気を失ったことはない。他方で、宮廷人における男らしさの理想は変化し、彼が名誉にとても固執することや、剣を手にして躊躇せず冷静に死に立ち向かうそのありさまは、現代人から見れば時代遅れに思われる。もちろん宮廷人はためらうことがない。

ブラントーム〔十六世紀フランスの軍人、作家〕が描いた十六世紀の宮廷人たちは、徹底的な男らしさを理想化した。性的な力強さは女性にたいする絶対的な影響力と結びつくと考えられていたし、洗練された自己表現は戦いの場で期待される勇気をまったく損なわないと考えられていた。男らしさは、それ自体が再考と手直しの対象になったとはいえ、ここでは義務として課され、外部に露出する。

男らしさは、いま

本書が跡付けるのは、西洋社会におけるこのような男らしさの理想の変遷であり、男としての完璧さへの期待、文化と時代性によってそれ自体が変貌していく影響力と支配のモデルにほかならない。われわれの企図が跡付けるのは、歴史を持たないと思われていたものに歴史を導入しようとする意志である。つまり日常的な慣習行動と社会的紐帯の中枢に位置する歴史、一つの社会、さらには一つの政治と経済の特徴を明らかにしてくれるような歴史である。

それはまた、西洋社会の考古学自体において古代以来、社会階層によって、さまざまな下位文化によって、あるいはまた都市住民の理想なのか農民の理想なのか、戦士の理想なのか教養人の理想なのかによって、男らしさというものがどれほど多様性に富むかを示そうとする意志にもとづいている。男らしさは不可避的に人類学の対象であると同時に、歴史的なものなのだ。

残されたのはきわめて現代的な問いかけである。その問いかけは男らしさの内容そのものに関わり、本書がなぜ編まれたかを部分的に説き明かしてくれる。

今日、男らしさはいかなる意味でも無条件の影響力をふるうことはできない。たしかに男性支配は残存しているが、その意味を失いつつあり、他方で男女平等が進展している。たとえば女性にたいする男性の「権威」にはいかなる根拠もありえないし、男らしさの減退や女性化を表わす表象にたいして、雄々しい男が有するとされる優越性にはいかなる根拠もない。

かつては当然と考えられていたことが、現在では滑稽に近いものとなる。男らしさのモデルは忘れられ、消滅し、つまらない郷愁の対象になる定めであり、ついには「男らしさ」という言葉そのものが無意味になるかもしれない。だからこそ本書では、西洋の歴史に踏み込んで長い行程を辿ってみたのである。

西洋の歴史において男らしさの伝統は数多くの変化を経た後に、今日では、崩壊した理想を守る時代錯誤的で硬直したようなどこかの保存場所に保管されているのかもしれないし、あるいは新たなアイデンティティを創出し、さらなる変貌を遂げていくのかもしれない。（小倉孝誠訳）

(Alain Corbin／パリ第一大学名誉教授)

「男らしさ」の変容を描く、初の大企画！　発刊

男らしさの歴史

（全3巻）

〈監修〉A・コルバン／J－J・クルティーヌ／G・ヴィガレロ
〈監訳〉小倉孝誠　鷲見洋一　岑村傑

A5上製　各巻本文約800頁／カラー口絵予48頁　各巻予8800円

I 男らしさの創出

——古代から啓蒙時代まで——

ヴィガレロ編　鷲見洋一監訳

第I巻序文　男らしさ、古代から近代まで
I 古代ギリシア人にとっての男らしさ
II 古代ローマ人にとっての男らしさ
III 蛮族の世界——男らしさの混合と変容
IV 中世、力、血
V 近代世界、絶対的男らしさ（十六—十八世紀）
VI 啓蒙と不安な男らしさ
監訳者解説

小川直之・片木智年・後平澪子・篠原洋治・寺田元一訳

本文七九二頁　口絵カラー四八頁　八八〇〇円

II 男らしさの勝利

——19世紀——

コルバン編　小倉孝誠監訳

I 自然主義をとおして見た男らしさ
II 男らしさの規範——教化の制度と方法
III 男らしさを誇示する絶好の機会
IV 男らしさの表象の社会的変動
V 男らしさを訓練する異国の舞台
VI 男らしさという重荷
結論　第一次世界大戦と男らしさの歴史
監訳者解説

［3月刊予定］

III 男らしさの危機？

——20—21世紀——

クルティーヌ編　岑村傑監訳

I 男性支配の起源、変容、瓦解
II 男らしさの製造所
III 模範、モデル、反モデル
IV イマージュ、ミラージュ、ファンタスム
監訳者解説

［7月刊予定］

ポスト冷戦、ポスト・イデオロギーの世界で、なぜテロは続発するか？

世界はなぜ過激化（ラディカリザシオン）するのか？

ファラッド・コスロカヴァール

パリを襲った自爆・乱射テロ

――パリを現場に世界を震撼させた都市型テロ事件が二〇一五年に相次いだ。いうまでもなく、一月に起きた風刺新聞『シャルリ・エブド』襲撃と十一月のパリ同時多発テロ事件だが、政治学者の中には風刺新聞の編集部襲撃には政治的狙いがあったのに比べ、十一月のテロは無差別なギャング的事件だと解釈する人がいる。教授の見解はどうか。

『シャルリ・エブド』襲撃は表現の自由への挑戦ととらえられ、フランスばかりか世界中で抗議デモが沸き起こった。パリ同時多発テロでは死者一三〇、負傷者三〇〇以上という前例のない規模の被害者を出す都市型無差別テロとなった。しかし、二つのテロ事件が一直線につながるわけではなく、明らかな違いもある。

まず、風刺新聞襲撃にはそれまで過激ジハード主義者がフランスで起こしてきたテロ事件と多くの共通点があった。たとえば、一九九五年にパリのサン・ミシェル駅で起きた爆弾テロや、二〇一二年に仏南西部トゥールーズで仏軍兵士やユダヤ人学校教師と児童が射殺された事件をあげよう。実行犯はいずれも大都市郊外の移民系住人が多い地区で育った「バンリューザール」と呼ばれる若者たちだった。彼らは社会において未来を閉ざされ、見捨てられ、拒絶されたと自覚した者たちだ。社会に対する報復をもくろみ、過激ジハード主義を掲げてテロへと突き進んだ。『シャルリ・エブド』事件の実行犯であったコアシ兄弟とアメディ・クリバリにもまた、同じ都市郊外育ちの「バンリューザール」という共通の背景があった。底辺の暮らしから犯罪に手を染め、刑務所を経て、そこで過激イスラム主義を介して仲間を得て、社会への報復をテロという暴力ではたす。そういう強い意思をもつ者たちだった。

ところが一〇か月後、パリを震撼させた連続多発テロの犯人たちには少し違う背景があった。中産階層の者が含まれており、パリ交通公団（RATP）に勤務し、公共バス運転手の経歴を持つ者さえいた。ベルギーの首都ブリュッセルにあってイスラム過激派の拠点とみられ始めたモレンビーク地区*でバー経営にあたる兄弟が犯行に加担していた。フランスの大都市郊外に広がる貧困地区育ちというこれまでのテロ犯と違い、中流の暮らしをしていた者が内戦のイラクやシリアへ渡航して初めて過激化し、狂暴なテロ実行犯となったものだ。

*この地区はイスラム系住民が多く、二〇一五年十一月パリ同時多発テロ事件後、過激派拠点として有名になった。翌一六年三月ブリュッセル空港・地下鉄自爆テロでも犯行集団の拠点とみなされた。

しかも、これまでのフランス育ちの移民系若者というわけでもなかった。モロッコ系ベルギー人であったり、シリア難民に混じって欧州へ来た者であったりした。多様な背景をもつ者たちが過激ジハード主義を共通項にして復讐の惨劇に向けて自爆し、銃の引き金をひいた。背後関係がより複雑であったし、テロを計画したのがベルギー、標的の現場がパリ。だから仏情報・治安機関も容易に犯人を特定できなかった。フランスとベルギー、それに内戦中のシリア、イラクという複数の国が組み合わさった上に、「イスラム国（ＩＳ）」が背後でテロ集団を支えるという、国境を越えた構図になった。

第三にパリ同時多発テロには若い女が介在した。主犯格とされたアブデルハミド・アバウドという男を手助けしたといわれる従妹のアスナー・アイトブラセンは、犯行グループの宿を手配したりした。これまでもテロ犯の恋人の影があった例はある。しかし、共犯の形で若い女が犯行集団にいたのは初めてといってよい。若い女の過激ジハード主義者がテロ現場に出現したといえるだろう。過激化のフェミニザシオン（女の登場）といえる現象が始まっているのだが、これは改めて議論したい。

*全文は「日本語版特別インタビュー」として本書所収。

聞き手＝池村俊郎

▲コスロカヴァール氏
（1948- F. Khosrokhavar）

仏社会科学高等研究所（EHESS）教授。イラン・テヘラン生まれ、社会学者。著書20冊以上、英、独、伊などでも翻訳。イラン革命や西欧イスラム系住民のフィールド調査で知られる。70年代にフランス留学。仏社会学者アラン・トゥレーヌの指導でイラン近代化研究により博士号（社会学）。イランの大学で教壇に立つが、イラン革命後、再度フランスへ。イェール、コロンビアほか米大学でも講じる。2003年から仏刑務所で受刑者調査を実施。イスラム過激派の社会学的分析の第一人者と評価される。仏米英、アラブ諸国の有力TV、ラジオ・メディアにしばしば登場。

イスラム過激主義の製造工場

池村俊郎

刑務所の実態

『シャルリ・エブド』襲撃事件の直後、『ニューヨーク・タイムズ』紙が掲載した教授の寄稿記事は、自由と平等の国フランスの刑務所で起きている現実をもとに、若いムスリム、つまりイスラム教徒が直面した「出口なし」の状況を指摘し、彼らが過激化へ向かう一つのパターンが存在することを教えた。それはイスラムに精通した社会学者がフィールドワークの現場に選んだ刑務所のいまを伝え、言論の自由か、信仰の尊重か、という理念論争とはまったく違う角度からフランスで起きたテロ事件の淵源に光をあてたものであり、アメリカの知的読者層にショックを与えたはずだ。

記事(同紙二〇一五年一月二十五日付)の要点は、当然ながら本書が詳述した内容と重なっている。

「フランス人のイスラム過激派テロリストのほとんどは、判で押したように同じ四つの段階を踏んで凶行に至っている。まず社会文化の主流から失業や差別によって排除される。次に軽犯罪に手をそめ、それを重ねるうちに刑務所へ行く。出所すると再び犯罪、刑務所と行き来を繰り返す。そのうち刑務所でイスラムに目覚め、出所すると、シリアやアフガニスタン、イエメンの紛争地へ向かう。そこでジハード戦士の訓練が待っている……」

イスラム系住民はフランス総人口の七―一〇%でしかないというのに、刑務所では七万に近い受刑者総数の半分がムスリムという事実がある。その集積度の高さを考えれば、刑務所の管理体制次第ではイスラム過激派イデオロギーの教習所となりかねないのは素人にも想像できる。国家理念として「ライシテ(非宗教性、世俗主義)」を徹底するフランスでは「他人に信仰を訊ねない」のが原則であり、まして刑務所という特殊な環境では学術的調査でも困難を極める。だからこそ、これまでイスラム過激テロ犯と刑務所の深い関係性が明らかにされてこなかったのだろう。

「郊外」の現実

教授は今世紀に入ってすぐに刑務所のムスリム受刑者の実態調査を始めた。あしかけ六年間の長期調査で数多い受刑者とインタビューを重ねた。時系列でいえば、本書のフランス語版出版は『シャルリ・エブド』事件の直前だったので、世界中を震撼させた犯人たちの背景をえぐってはいない。その代わり、本書で示される通り、国内でそれまでに起きたイスラム過激テロ犯の家庭環境や足跡を細かく紹介している。

それを踏まえれば、『シャルリ・エブド』襲撃やその後のテロ事件犯人の背景もまた、それまでの若いテロ犯たちと重なることを冷静に見抜いていたともいえる。

過激なイスラム戦士を生み出す上で、フランスには特殊な社会状況があるとする教授の寄稿に、『ニューヨーク・タイムズ』紙編集者は「**イスラム過激主義を生み出すフランス工場**」という見出しを立てた。工場とはいうまでもなく、国内刑務所のことだ。テロリストたちは地中海のむこうから、あるいは戦乱のアフガニスタン山中からやってきていたわけではない。平和と繁栄を享受しているはずの自分たちの足元から、人知れず若者が牙をむき、社会に挑んできていることが明らかになった。

教授が指摘したもう一つが、パリを中心としたフランスの大都市「郊外」の今日的な現実である。近代的なベッドタウンとして都市人口を吸収してきたバンリュー（郊外地域）は、もともと労働者階層が多く住み、長い間、共産党の金城湯池とされた。共産主義イデオロギーが消滅すると、一部が移民家族の多い低所得者層のゲットーへと一変した。そこで育つ若者の多くが、マグレブ（北アフリカ）の旧仏植民地から移民としてやってきたイスラム系家族を出自としている。移民第二、第三世代の若者が普通のフランス人ともみられず、また親たちの出身国である、たとえばアルジェリアやチュニジア、モロッコなどイスラム諸国へ行ってみれば、「変なフランス人」扱いされ、自己確信を持てないまま、フランス社会からはじかれていく。そんな彼らの現状が本書で詳述されている。

＊全文は本書所収

（いけむら・としろう／帝京大学教授）

従来の歴史学を根本的に問い直す「岡田史学」とは何か？ 大激論の書。

モンゴルから世界史を問い直す

岡田英弘

清朝は、シナ王朝の一つではない

私と藤原社長との出会いは二〇〇九年に出版された『清朝とは何か』である。清朝は、これまで一般に「秦漢以来の中国王朝の伝統を引き継ぐ最後の中華王朝」と見なされてきた。しかし一九一二年に崩壊するまで二七六年間続いた清朝支配層の言葉はアルタイ系言語である満洲語であり、広大な領土の四分の三は漢字漢文を使用する土地ではなかった。**清朝統治下では、モンゴルやチベットや新疆などを含めた帝国全土に通用する言葉は満洲語のみで、清朝の公用文書の大部分は、満洲語か満漢合璧（並記）で書かれていたのである。**

中華民国成立後、ほとんど死語となってしまった満洲語が清朝史研究に大いに役立つことを発見し、熱心に研究を続けてきたのは、私を含めた日本人学者のグループだった。

従来のようなシナ王朝の一つとしての清代史ではなく、満洲人とモンゴル人と漢人の合同政権としての大清帝国、チベット・中央アジアを版図に入れた経緯、ロシア・日本・ヨーロッパとの関係までを視野に入れ、世界史のなかで清朝を理解することを目指したのが本書である。

東洋史・西洋史の二分を超えて

戦後の日本の世界史教育は、戦前の西洋史と東洋史を合体させたものだが、西洋史の基礎となった地中海文明における歴史の父ヘーロドトス著『ヒストリアイ（歴史）』と、東洋史の基となったシナ文明の最初の歴史書、司馬遷著『史記』の世界観はまったく異なる。ヘーロドトスが創り出した地中海型の歴史では、今は大きな国でもやがて弱小になり、今は小さな国でもやがて強大になることがある、**定めなき運命の変転を記述するのが歴史**だということになっている。これに対して司馬遷の『史記』は**皇帝という制度の歴史**であって、皇帝が「天下」つまり世界を統治する権限は「天命」すなわち最

▲岡田英弘氏（1931- ）

高神の命令によって与えられたものだということになっている。天命の正統に変化があっては皇帝の権力は維持できないから、シナ型の歴史では、現実の世界の変化はないことにする、つまり変化を無視して記述しない特徴がある。

同じ歴史といっても、文明によってじつは枠組みも世界観も異なる。そのために、世界史の総合的な理解が困難なのである。それで、**地中海世界とシナ世界を直接結びつけた十三世紀のモンゴル帝国から本当の意味の世界史が始まると、**私はかねてから提唱してきた。十五世紀からのヨーロッパの大航海時代は、モンゴル帝国時代の大々的な人と物の交流に刺激されて始まったと言える。

現代中国での注目

拙著『世界史の誕生』は、二〇〇二年にハングル版、二〇一二年にモンゴル語版、二〇一三年には台湾から繁体字漢語版が刊行された。

二〇一五年四月二十三日、中国の国家主席・習近平の側近の王岐山が、中国共産党指導部の招待で北京を訪問した、日系アメリカ人のフランシス・フクヤマと青木昌彦両氏に、私の学問について延々と語ったということで、中国のネットには「王岐山説的岡田英弘是誰？」という記事も流れた。王は二〇一三年に台湾で刊行された『世界史の誕生』を読んだのに違いなく、モンゴルから世界史が始まり、資本主義が始まったという言説を気に入って、私を激賞したという。

それ以来、日本で刊行された私の書籍はどれも中国の出版社から翻訳依頼が殺到している。藤原書店が刊行した全八冊の著作集まで中国語訳の出版が決まり、シナ式の歴史学に真っ向から挑んだ辛口の論考である私の清朝史研究や現代中国論に、これから先、中国人がどのように影響されるのかを想像すると、たいへん愉快な気分になる。

＊全文は本書所収

（おかだ・ひでひろ／歴史学者）

モンゴルから世界史を問い直す
岡田英弘編
M・エリオット／木村汎／倉山満／黄文雄／新保祐司／田中克彦／西尾幹二／福島香織／古田博司／三浦雅士／宮脇淳子／山口瑞鳳／楊海英 他多数
四六上製　三六〇頁　予三二〇〇円

破壊されたシリアの古都アレッポの、在りし日の姿を描いた名著、待望の新版！

〝世界最古のスーク〟アレッポの破壊

――『商人たちの共和国』新版刊行に寄せて――

黒田壽郎

「内戦」という呼称の虚偽

一般のマスメディアによればシリアの、特にアレッポ地域の周辺では、政府軍と反政府軍の間では激しい〈内戦〉が続き、市街地では大掛かりな破壊活動、民間人の殺傷が行われていると伝えられている。質さねばならないのは、報じられている紛争が、果たして〈内戦〉と規定されうるものか否か、という問題である。

多くのアラブの国々が、アメリカの援助を仰ぐイスラエルの攻勢に屈しているが、最後まで反シオニズムの旗を掲げ通したのはシリアのアサド政権であった。そして強大なアメリカと事を構えるに当たって、シリアが頼みにしたのはソ連であった。反アラブ、親イスラエルのアメリカに対する親アラブのソ連という構図は明白であり、誰の目にも疑いのない事実である。ところで現在のシリアにおける軋轢を〈内戦〉と報じることには、大きな虚偽が隠されているとはいえないであろうか。

シリアにおける三つの勢力

シリアにおける内紛は、大別して以下の三つの勢力によるものである。バアス社会主義を奉ずるアサド政権、それに対抗する反政府勢力、ならびにイラクから侵攻してきた通称イスラーム国である。

イスラーム国については、イラクにおけるこの運動の起源について一瞥しておく必要がある。大国アメリカは、大量破壊兵器を蓄えているという口実の下に、サッダーム・フセインのイラクに侵攻した。しかし米国の真の狙いは最初から、強い反米的姿勢をとり続けるイラク潰しに他ならなかったのである。ただし軍事的な進攻に成功を収め、フセイン大統領を葬り去った後の米軍司令官の無能ぶりは、極め付きのものであった。フセインの指揮下にあった全員を、十把一からげに旧支配者の残党として敵対視したのである。その結果彼らは、窮鼠却って猫を嚙むのたとえの如く、イラクの北部に勢力を蓄え、その余勢をかって隣接するシリア西部を版図に収めているのである。

つまり、イスラーム国のシリアへの登場は内発的なものではなく、米国の恣意によって生み出された外発的なものである。支援国イスラエル擁護のための、アラブ勢力の徹底的破壊こそが米国の戦略の根幹であり、イラクの攪乱のすぐ後で新たにターゲットとされたのが、まさにシリアに他ならないのである。

「植民地主義」の再来に抗して

旧態依然とした分断統治の産物に他ならないシリアの内紛は痛ましい限りであるが、これが端的に示しているのが植民地主義の形を変えた再来である。旧式の直接的な軍事的威圧でなく、善意を装った巧妙な圧力で仕掛けを作り、内戦という化粧で真相を隠蔽する手法が、未だに成功裏に遂行されている感は拭いがたい。

異質の文化、文明に対する非寛容は、それが示される地域全体でテロの温床を作り、返す刀で自分たちの懐そのものを脅かす状況をもたらしている。国連の機能不全、格差を生み出すだけの資本主義、現実にどこにも実例が見当たらない民主主義。こうしたスローガンの有効期限切れは明白であるが、近代文明の危機に直面するわれわれが真剣に模索しなければならないのは、それを乗り越えるための新たな視座の確立にあることは疑いない。

それに当たって最も信頼に値するものは、人々の社会的な、具体的生きざまである。固有な文化は、それぞれ長い伝統を通じて、固有の生きざまを紡ぎ出している。それこそは当の文化に属する民衆のアイデンティティーの証であり、彼らの集団的自己主張の根拠に他ならないが、それは優れた地方誌の中に最も良く映し出されるものである。本書『商人たちの共和国』は、アレッポのみでなく、アラブ全域の民衆の生きざまを生き生きと描き出すことによって、彼らの文化的力とその本性を明かしてくれることであろう。


（構成・編集部）

（くろだ・としお／イスラーム学）

▲黒田美代子氏

列島各地へ伸びた出雲文化の広がりを、現地取材で解き明かした異色の移住・文化史

海の道のフロンティア

――『出雲を原郷とする人たち』刊行に寄せて――

岡本雅享

私は二〇一〇年に、海でつながる多元的な世界(観)を、その拠点の一つ、出雲の視点から説いた論文「島国観再考」を発表した。その拙稿から派生したのが、二〇一一年春から今年の初めにかけ、『山陰中央新報』で全一〇四回にわたって連載した「出雲を原郷とする人たち」である。今年の春には、『新潟日報』からの依頼で、『山陰中央新報』の越後佐渡編を中心に、新潟の読者向けに書き下ろした連載「越佐と出雲」全七回を同紙で連載した。本書はそれらを一冊にまとめたものである。

地名に刻まれた移住者のルーツ

私が生まれた出雲市古志(こし)町は、七三三年の『出雲国風土記』が「古志(=越)の国人ら来到りて、堤をつくり、やがて宿居れりし所なり、故、古志と云ふ」と記す旧神門郡古志郷の地だ。ならば、その越(こし)(越前・加賀・能登・越中・越後・佐渡)の中の出雲――金沢市出雲町や新潟県出雲崎町など――も、出雲から移り住んだ人たちの地ではないか。二〇〇六年、生まれ育った出雲を、風土記ゆかりの地を辿りながら巡っている時、ふと閃いたことだ。

その後一年間滞在した米国西海岸にも、サンノゼやエンバルカデロといったスペイン語地名が多かった。移住者たちが自らのルーツを地名に刻むのは、洋の東西、同じらしい。米国には日系人建立の寺社も多い。人と共に、神仏も移動するのだ。希望と不安を抱えた新天地で、人々は故郷の神が自分たちを見守ってくれると信じたかったのだろう。

出雲という地名や出雲神社は、越だけでなく、列島各地にある。それは出雲を原郷とし、あるいは経由した人々による移住の足跡ではないか。私はその足跡を追って福井、石川、富山、新潟、福島、長野、埼玉、群馬、愛媛、香川、広島、福岡、長崎、山口、奈良、京都、兵庫へと、何度も足を運んだ。

海の道のフロンティア、出雲

　これまで様々な識者が、出雲世界の広がりを論じてきた。例えば歴史学者の水野祐早稲田大学名誉教授は、遺跡や出雲伝説、出雲系神社の分布をあわせ見ると、百済から瀬戸内海をへて大和へ入った文化とは別に、新羅から日本海をへて出雲に入った文化があり、それはさらに海路で能登から越へ伝播し、信州・北関東へ南下していくと説いた。五年近くに及ぶ新聞連載は、現地を巡って、それを確かめる旅でもあった。

　島根半島は縄文時代、大きな島で、今、出雲平野となっている地域は、本島との間の海峡（水道）だった。波静かな海峡の両岸は、舟を休めるのに格好の場所で、朝鮮半島東南部や九州北部を出航し本州北岸を航海する人々が流れ着き、逗留し、住み着き、あるいは旅立っていっただろう。私が生まれた古志の地名由来、また今住む福岡の博多湾沿岸で山陰系土器が多く出土していることは、越から出雲、出雲から筑紫へ、移住した人々がいたことも物語る。東西航路の交流点――それが古代、人々が早くから出雲に住みつき、また出雲文化が、海の道を通じて拡がっていったゆえんではないか。その意味で、出雲は日本列島における海の道の一つのフロンティアだったといえよう。

▲岡本雅享氏（1967-　）

海流が文化伝播の大動脈

　大和文化が畿内を中心とし放射線状に拡がったと言われてきたのと比べれば、出雲文化は海流の道に沿った一定の方向へ、顕著に伸びている。それは政治的統合による大和世界の広がりよりも古くからある、出雲を原郷とする人たちの移住がもたらしたものだろう。出雲が多くの人々を惹きつける一因に、そうした潜在的なルーツへの記憶があるのではないか。

　最近、『新潟日報』で私の連載記事を読んだという出雲崎の人が、出雲市の日御碕神社へ訪ねて来られたと伺った。出雲とゆかりのある地との、忘れられかけた、途絶えかけた縁を結びなおすことを願ってこの仕事に取り組んできた私には、何より嬉しいニュースだ。

（おかもと・まさたか／社会学）

漢詩の魅力を存分に語る、名随筆家の単行本未収録随筆集、第一弾！

自ら祭る文

――一周忌追悼出版『漢詩放談』より――

一海知義

一海さんが一九九四年、停年退職に当り作成した自らへの『生前弔辞』集。その中から「自ら祭る文」を再掲する。（構成・編集部）

わが生を閉じるに当たって、思い浮かぶのは、多くの人々の顔である。

中国の詩人陶淵明は、自らの死を想定して作った「挽歌詩」の中で、

但恨在世時
飲酒不得足
但ダ恨ムラクハ　世ニ在リシ時
酒ヲ飲ムコト　足ルヲ得ザリシヲ

とうたっている。しかし、若いころから浴びるほど酒を飲んできた私に、その恨みはない。思い浮かべるのは酒樽でなく、多くの人々の顔である。

私に愛と優しさと、逞しく生くべきことを、教えてくれた人々がいる。妻と二人の娘と、二人の孫たちである。

妻とは、二十歳のときに結婚し、二人の娘は、三十を過ぎて生まれ、孫たちとは、六十の坂を越して対面した。そしてそれぞれ、私に人生の節目への自覚を促してくれた。

私に、プラスとマイナスの遺伝形質を与え、晩年の私に、そのルーツ探訪を誘った二人の人がいた。父と母である。医師であった父は、私が小学六年のときに亡くなり、母は私が大学の教師になったことを悦びつつ、八十を過ぎて世を去った。

私は九人きょうだいの第八子で六男、おかげでにぎやかな（にぎやかすぎる？）子供時代をすごした。しかし、二人の兄はガダルカナルとビルマで戦死し、一人は内地で戦病死した。それぞれに個性的な兄弟姉妹の顔を思い浮かべながら、私は戦争を憎む。

私は傲慢な少年だった。小学校にあがる前から、将棋盤の前で大アグラを組み、大人たちを盤上でなぎ倒した。そして小学校に入ると、学業は他の追随をほとんど許さなかった。

その傲慢な少年が、中学校に入って驚いた。おのれを超える連中に出会ったのである。高校に入り、大学にゆき、そして社会人になるにつれて、その驚きはい

よいよ拡大した。

おのれを超えていたのは、もちろん将棋の腕前や学力だけではない。知的なまた感性的な関心の幅の広さや、人間としての奥行きの深さによって、彼ら彼女らは、私を圧倒した。

彼ら彼女らは、私に人間の面白さ、人生の楽しさ、学問の悦びを、味わわせてくれた。また、世の中の不条理や矛盾を見すごしてはならぬことを、教えてくれた。

私は、彼ら彼女らのうち、ある人々を終生の師とし、また多くの人々を友とすることによって、私の驚きをムダにせぬことに成功した。

▲一海知義氏（1929–2015）

私が今思い浮かべるのは、肉親たちと、そして彼ら彼女らの顔である。

ところで、思い浮かべるのは、現代の人々の顔だけではない。二千百年前の司馬遷、千六百年前の陶淵明、八百年前の陸游、五十年前の河上肇。このうち、顔写真があるのは、もちろん河上肇だけだが、私には他の三人の顔も、空想することができる。私はこの人たちと心の対話をくり返しつつ、人生の後半をすごしてきた。そして対話の結果を、時には論文や随筆に、また本にした。

河上肇に至っては、その人と詩をテーマとして、百篇を越す文章を書き、七冊の本を世に問うた。しかし、対話はまだ終っていない。

四十年以上も前から研究対象としてきた陶淵明との本当の対話は、最近ようやく始まったばかりのように思える。淵明が亡くなった六十三歳という年を私自身も迎えて、本格的な対話が始まり出したような気がするのである。この人たちとの対話を中断して、世を去るに忍びない。

淵明は「自ら祭る文」の末尾で、こういっている。

人生実難　人生ハ実ニ難シ
死如之何　死ハコレヲ如何ンセン
嗚呼哀哉　アア　哀シイカナ

いかんともしがたい死。私もまた思う。まこと人のいのちのむつかしさよ。そして、あらむつかしの人の世や。ああ、哀しいかな。

（いっかい・ともよし／中国文学）

リレー連載　近代日本を作った100人　32

成島柳北——幕末の将軍侍講、明治のジャーナリスト・実業家

楠木賢道

奥儒者から幕府陸軍の将校へ

成島柳北が近代日本で何をなしたか考えるとき、彼が発した「天地間無用の人」という言葉に惑わされてしまう。これこそが軽妙洒脱な文人、柳北の魅力である。

柳北は幕臣、松本治右衛門の三男として、天保八年（一八三七）江戸に生まれる。歳の離れた兄が二人おり、長兄孝一郎、次兄泰次郎は、それぞれ幕臣楠山家、森家の養子となった。柳北も非常に幼くして成島家の養子となったため、その事実すら知らず、兄弟の交流が始まるのは、柳北が家督を継いだ後のことである。

成島家は代々奥儒者として将軍家に仕え、柳北は養父の死去に伴い、安政元年（一八五五）に将軍侍講見習となり、安政三年将軍侍講に昇進した。ただ奥儒者はあくまでも、将軍の儒教的教養に資することを本分とし、幕政に干渉することは許されなかった。このため柳北は現実政治では無用の我が身を悲嘆し、狂詩を職場に大書したかどで、文久三年（一八六三）に免職、屏居を命じられた。するとその日のうちに長兄楠山孝一郎と蘭方の奥医師桂川甫周、洋学者宇都宮三郎が自由の身になったことを祝いに訪れている。以後、成島は洋学の修得に励むとともに、成島家、あるいは桂川家で、福澤諭吉、箕作秋坪ら少壮の洋学者・外交家と集い、洋学サロンが形成された。やがて彼らは多忙となり去って行ったが、このときの交友を柳北は終生大切にした。

柳北自身も、慶応元年（一八六五）幕府陸軍の歩兵頭並に推挙されて軍務に就き、三年には騎兵頭に昇進するが、大政奉還の報をうけ志を全うできないことを悟り、一旦辞職する。しかし、翌年一月に外国奉行、さらに会計副総裁に抜擢される。このとき柳北は次兄泰次郎に「因果である」と書き送っている。そして新政府軍が迫るなか、一戦交えるべしと主張するが通らず、江戸開城の日が迫ると、柳北は一切の職を辞し家督を養子に譲り隠居する。一方次兄森泰次郎は幕府外交の実務を担当した後、慶応四年三月目付に任じられ、四月徳川慶喜が彰義隊に利

用されることを避けるため、山岡鉄舟や高橋泥舟とともに水戸まで護衛し、最後まで徳川家に仕えた。徳川の世の幕引きに兄弟で示し合わせたのであろう。

「天地間無用の人」の実像

新政府からは再三、出仕を要請されるが固辞する。明治七年（一八七四）に『朝野新聞』社長に就任して健筆を振るい、政府の言論弾圧を批判する。明治九年官吏侮辱罪で禁獄四カ月に処されるが、これが逆に宣伝となり、『朝野新聞』は一挙に発行部数を伸ばしていく。

このころから柳北は実業界と交流するようになり、明治九年には安田善次郎らと実業家の親睦会、偕楽会を結成した。明治十一（一八七八）年に渋沢栄一を中心に結成された東京商法会議所でも、政府からの自主独立を唱え、中心的役割をはたした。十三年には、安田に協力し、日本最初の生命保険会社、共済五百名社を設立している。さらに大隈重信が福澤諭吉を介して会見を申し込むとこれに応じ、明治十五年の立憲改進党創設時には入党した。

このように晩年の柳北は、市井に身を置きながら、公器としての新聞社を育て（経営者としては失格であったが）、公益、互助を考え財界で活動し、民権思想にまでたどり着くのである。このような広範な活動を支えていたのは、柳北の文人としての生き方にひかれていった幕末以来の多様な人脈であったことは間違いない。また柳北を精神的に支えていたのは、二人の兄だったのではないかと、私は思っている。

（くすのき・よしみち／吉林師範大学教授）

▲成島柳北（1837-1884）
幕臣の三男として江戸に生まれ、奥儒者、成島稼堂の養子となる。将軍の侍講見習、侍講を勤めるが、1863年筆禍事件を起こして免職、屛居となる。65年に幕府陸軍の歩兵頭並に抜擢され、67年騎兵頭まで昇進するが辞職。1868年1月に外国奉行、会計副総裁に再度抜擢され、主戦論を唱えたが容れられず、江戸城開城を前にして辞職し、隠居。新政府からたびたび出仕を要請されるが固辞し、浅草本願寺に学舎を開き漢学を講じる。この縁で72-73年東本願寺法主大谷光瑩に随行して欧州歴訪。74年『朝野新聞』社長となり、新政府批判の論陣を張るが、76年讒謗律・新聞紙条例を起草した井上毅、尾崎三良を誹謗したかどで有罪となる。

連載　今、世界は（第Ⅲ期）8

似かよった言語でも一つになりにくい

田中克彦

どのような民族であれ、その民族が一つの国家としてまとまることができずに、二つあるいはそれ以上の国家の間で分断されているばあい、その統合を願わぬ民族はない。具体的な例をあげれば、モンゴル人がそれにあたる。

かれらは、独立国モンゴルのほかに、中国の内モンゴル自治区、ロシアのブリヤート共和国とカルムイク共和国というように三つの国家間に分断されている。それらを統合して一つの国家を作ろうというのは、かなわぬ永遠の夢であることは誰でも知っている。とすれば、政治的国境はそのままにしておき、せめて言語だけでも統一して、「国境をこえた統一モンゴル語」を作ろうというのならば、この方は、政治的統合よりは、はるかに実現に近いものとなろう。

しかしこの試みすら、中国、ロシアの二つの国家は注意ぶかく監視して許さない。言語的統一が進行すれば、容易に政治的統一への願望を刺戟しかねないからである。だから、言語と政治は別だという「純粋言語学」の主張は現実には成り立たないのである。

ロシアのブリヤートの例を見よう。ブリヤートの諸方言は二〇近くに分類されるが、その中で最もモンゴル語に近い方言を選んでブリヤートの標準語にし、ブリヤート語とモンゴル語の接近をはかった。この案の首唱者で、一九二〇年に初代の文部大臣となったバザル・バラーディンは、ソビエト当局によって一九三八年に逮捕され、二カ月のうちに銃殺された。モンゴル統一をそそのかす汎モンゴル主義者として断罪されたのである。

今日のブリヤート人がひたすらロシア語の学習に励むのは、ロシア国民として生活するための当然の便宜であるとともに、バラーディンの死後に定められた標準ブリヤート語の基礎とされた方言が、国内だけの一地域に限定されたあまりにも小さな流通域しかもたないからである。しかもそれがブリヤートのアイデンティティとなってしまえば、方言的な歩み寄りさえもむつかしい。

（たなか・かつひこ／言語学）

Le Monde

■連載・『ル・モンド』から世界を読む［第Ⅱ期］3

ティム・ケインに注目

加藤晴久

「ガラスの天井に、ついに、大きな一撃が加えられたのです！」

　七月二六日、フィラデルフィア市での民主党党大会で大統領候補に指名されたヒラリー・クリントンはこう叫んだ。

　ところが皮肉なことに、党大会はヒラリーの人柄の限界を露わにする場になってしまった。彼女を支持し称えるために演壇に上がったオバマ大統領、ミッチェル夫人、バイデン副大統領、夫のビル・クリントンなどが軽妙・快活かつ説得力のあるスピーチで五千人の代議員を湧かせたのだが、対比的に、ヒラリーの生真面目で融通の利かない硬直した性格、温かい人間味を欠いた「鉄の女」ぶりが際立ってしまったのだ。

　さらに、九・一一同時多発テロ追悼式典で彼女の健康問題が露呈した。会場から急遽退出したのをはじめ熱中症と説明したが、その後、肺炎のためと訂正し、メディア、敵陣営から激しく攻撃された。

　ここで注目され始めたのが七月二二日に副大統領候補に指名されたティム・ケイン。ハーバード大学ロー・スクールを出て社会派弁護士を一〇年あまり務めた後政界に進出したケインは選挙で負け知らず。ヴァージニア州の首都リッチモンド市長（一九九八―二〇〇一）、同州知事（二〇〇六―一〇）、上院議員（二〇一三―）と政治経験は豊かだ。すでに二〇〇八年、オバマ候補の副大統領候補に擬せられたが、この時は成就しなかった。熱心なカトリック信徒だが、個人的信条は別として、妊娠中絶、同性婚などについて、中道的な立場をとっている。英語と、学生時代、ホンジュラスでボランティア活動中にマスターしたスペイン語で演説してヒスパニック系市民の固い支持を得ている。

　ヒラリーはすでに六八歳だから二期は無理。健康問題があるから、一期中に五八歳のケインが代行になる可能性も排除できない。

　ワシントン駐在のジル・パリス記者の一連の記事（一〇月六日付まで）を紹介した。

　この稿の執筆は一〇月一〇日。ヒラリー当選を前提に書いた。よもやの事態はない、と思っているのだが……。

（かとう・はるひさ／東京大学名誉教授）

■〈連載〉沖縄からの声　［第Ⅱ期］5

沖縄に対する差別政策の根源を絶て

大田昌秀

最近沖縄では「構造的差別」がキーワードになっている。おそらくそれは、日本の面積の〇・六％しかない小さな島の沖縄に米軍の専用施設の七四％が集中していて、戦後七〇年余になっても未解決のままだからであろう。加えて日本の国会で衆議院で九割、参議院で八割が賛成して駐留軍特別措置法を沖縄を不利にする悪法に変えたことなども一因といえよう。

ともあれ、日米両政府が沖縄だけに在日米軍基地の過大な負担を今日まで強制して止まないのは、明らかに沖縄差別に他ならない。

沖縄はかつては、「守礼の邦」と称される平和な独立国家であった。それが明治の廃藩置県により軍事力で強制的に日本に併合され、文字通りの植民地にされてしまった。

そのことは米軍統治下の二七年間、沖縄には日本国憲法が適用されなかった事実からも明らかである。日本国憲法が適用されないことは人間が人間らしく生きていけないことを意味する。なぜなら現行憲法は、人間の基本的人権のほか、人間が人間らしく生きていく上で不可欠な諸々の権利を具体的に規定しているからだ。

沖縄の人々は憲法が適用されていなかったにもかかわらず殊の外憲法を大事にして日常の暮らしに生かす努力を積み重ねてきた。おそらく未曾有の惨憺たる沖縄戦を体験したことに起因するにちがいない。

最近日本の自衛隊が集団的自衛権の行使を容認され国外に出動するだけでなく、沖縄の宮古、八重山両群島に二千人ほどを派遣する事態となっている。しかもそれは両島住民の要望に基づくどころか、強い反対を無視して国の一方的な意思で強行されているのだ。

基地を作りそこに軍隊を置けば、戦争が起きれば真っ先に攻撃の的になり戦場と化してしまう。両島の市民たちはそのことをさる沖縄戦の悲惨きわまる経験を通して百も承知である。だからこそ反対しているのだ。にも拘わらず政府があえて強行するのは、政府による暴力の行使に他ならない。それは現行の平和憲法に違反するだけでなく沖縄戦で人口の三分の一近くを犠牲にした沖縄の人々を再び犠牲に供する差別政策と言わざるをえない。

（おおた・まさひで／元沖縄県知事）

■連載・花満径 8

象徴と国事行為

中西 進

beの天皇について、次のようなこともいわなければならないだろう。

別の条文の中に「任命する(appoint)」(第六条)「行ふ(perform)」(第七条)の文言があるからだ(他に第五条にも「行ふ」規定があるが、これは摂政規定なので問題にしない)。

右の二項は天皇のdoである。

しかし、まさにこれこそが「ここに定める国事に関することのみ」を行うとした第四条に該当するもので、広く天皇の自由な行為を求めるものではない。

だからこの「のみ」という限定はbeの例外規定なのではない。

第六条は内閣総理大臣の(国会の指名による)任命と最高裁判所長官の(内閣の指名による)任命であり、いわゆる三権分立の長を定めるものは、天皇でしかないだろう。

そして第七条の「行ふ」ことこそ、第四条に規定した限定された国事の行為としての十項をあげたものだ。のみならずここにおいて天皇は正当な行為者かというと、「内閣の助言と承認」が必要だという。天皇に主体性はない。

一体、なぜこのようにしてまで天皇の行為を求めるのか。憲法改正、法律・政令・条約の公布から最終規定の儀礼の施行まで、ひたすら事柄の壮麗化に天皇のパフォーマンスが規定されている。しいていえば重要性を示す役割しかここには感じられない。

まさにこれは国のかたちの美しき様式のための位置付けであろう。

もちろんわたしとて従来日本でも行われてきた栄典制度も、かつて物議をかもした天皇機関説も、心得た上で述べているのだが、立憲君主国という名の下に、新たに象徴としての姿を天皇像に求める上で、どれほどの正当性をもつか。

俗にいう権威づけもふくめて、国家の様式の整序の中にお出まし頂くことが、象徴であるという認識と一致するとは、わたしにはとても思えない。

今上陛下も、はたしてこのような国事の中に、象徴としての意義をお感じになっておられるであろうか。

(なかにし・すすむ/国文学者)

〈連載〉生きているを見つめ、生きるを考える ⑳

遺伝子決定論からの卒業を

中村桂子

生物学を専門としない方に研究の話をする難しさの一つに知識の問題があるのは確かだ。私が株の話を聞く時と同じである。ただこれはそれなりの理解があればよいと割り切れるが、面倒なのは思い込みである。たとえば、遺伝子決定論は、そろそろ卒業していただかないと困るのだが、かなり根強いものがあるようだ。

遺伝子とはなにか。研究が進めば進むほどこの問いへの答は難しくなり、遺伝子と生命現象との関わり合いの複雑さが見えてきている。病気も例外ではない。

結核、はしか、赤痢などの感染症が、公衆衛生、ワクチン、抗生物質などの効果で減り、浮び上ったのががん、糖尿病などのいわゆる生活習慣病である。感染症が外因性であるのに対してこちらは内因性、ここで遺伝子が浮び上る。

一九八〇年代、初めてがん遺伝子が見つかった時は、これでがんは治せると研究者は興奮した。しかし、がんに関わる遺伝子は多種多様、感染症とは話が違うことがわかってきた。そこで、細胞にあるDNAのすべて(ゲノム)を解析し、そこからがん遺伝子を探すほかないと考え、ヒトゲノム解析プロジェクトを始めたのである。全体を見なければダメだという生きものからのメッセージを受け止めたものと言える。そこで、目的の遺伝子を探す時はゲノム全体を見ることになった。確かにこれで研究は進んだが、その結果、遺伝子と病気の関わりはますます複雑になってきたのである。

たとえばアルツハイマー病を遺伝する家系で説明できるのは全体の一%、九九%は孤発性である。家系性では発症に関わる遺伝子が三つ発見されているが、その重要な遺伝子の変異が原因となるのは発症の一〇%程度なのだ。全体の〇・一%しかこれでは説明できないということである。孤発性の原因遺伝子はまだ見出されていない。ここで直接遺伝子を探すのではなく、発症すると蓄積するタンパク質(アミロイドβ)の分解酵素を見出すという実態からのアプローチで、治療への道が見えてきた。遺伝子万能という単純な話ではないという一つの例である。

(なかむら・けいこ/JT生命誌研究館館長)

連載　力ある存在としての女性 8

『女性の解放』の影響

メアリー・ビーアド『歴史における力としての女性』を読む

三砂ちづる

「女性は力ない存在である」という言説は、ブラックストーンの著作の誤読に始まり、メアリー・ウルストンクラフトによるさらなる誤読の強化に加え、ジョン・スチュアート・ミルの一八六九年の著作、『女性の解放』*の登場によって、すべての女性に適用されることになってしまった、とメアリーはいう。

本を読んで、ある考えに感銘を受けると、現実や日々の実践などは、簡単に見過ごされてしまう可能性がある。アジテーションっぽい物の言い方や、聞き心地の良いプロパガンダなど、ひどく単純化された考え方が登場すると、現実がどのようなものか、ということは忘れられてしまう可能性もある。たとえば、百の結婚のうち九十九の結婚がひどいものでなくても、百番目の結婚がひどければ、しかも法的にひどいものであると認められれば、それが「女性の抑圧」という言い方を正当化してしまうこともあるのだ、と。

ミルは、現実がブラックストーンのいう法的な理論とは異なることは認めていたものの、結果として、ミルの『女性の解放』は当時の中流階級のフェミニストにとって、女性の法的な地位、歴史的な状況、十九世紀社会の女性のあり方を考える上で、バイブルのように権威ある存在となっていく。

過去から現代に至る全ての女性の歴史に「抑圧」という言葉を冠するようになったことは、人類の知的な歴史において、実に極端なことであったと言わざるをえない、とメアリーは指摘する。女性の法的地位や女性の歴史に関するブラックストーンの考え方とその誤読、アメリカのフェミニストの活動、ウルストンクラフトやミルの著作、それらに加えてマルクス主義者が十九世紀半ばに〝新しい女性抑圧のバージョン〟を付け加えていく。ブラックストーンがイギリスの上流階級に影響を与え、ウルストンクラフトとミルが中産階級に影響を与えたのと同じように、マルクス主義者が法と歴史における女性の解釈について、労働者階級に影響を与えることになったのだ、とメアリーは議論してゆく。

＊J・S・ミル著、大内兵衛、大内節子訳『女性の解放』岩波文庫、一九五七年。（*The Subjection of Women*, 1869）

（みさご・ちづる／津田塾大学教授）

連載　女性雑誌を読む　103

『番紅花（サフラン）』——『番紅花』1

尾形明子

『番紅花（サフラン）』は、一九一四（大正三）年三月一日、日本画家・尾竹一枝（紅吉）を中心に発刊された同人誌である。同人は一枝の他に、神近市子、小笠原貞子、小林哥津子（かつこ）、原信子（オペラ歌手）、松井須磨子で六名。他に森林太郎（鷗外）、武者小路実篤、阿部次郎、青山（山川）菊栄、伊達虫子（だてむしこ）（岡田八千代）、佐藤春夫、田村俊子、与謝野晶子等々が執筆した。創刊号の表紙・裏絵は富本憲吉、扉絵・カットは小林徳三郎。表紙中央の黒い壺はシャープで気品があり、朱色で書かれた題字〈番紅花〉に調和する。月刊。菊判。編輯所は東京市下谷区下根岸八三番地、尾竹一枝の東京の家。発行所は東雲堂書店。定価三〇銭、本文は創刊号二二九頁。武者小路実篤から借りたロートレックの挿画が五葉入っている。

『青鞜』社員だった尾竹一枝（一八九三—一九六六）が新しい雑誌の創刊を決意したのは一九一三年暮、帝国劇場で「サロメ」を演じていた松井須磨子の楽屋だった。「五色の酒」「吉原登楼」事件等々、一枝の無邪気で奔放な言動がマスコミに面白おかしく書き立てられ、さらに同性愛の関係にあった平塚らいてうに若い恋人が出現したことをめぐって大騒ぎを起こして退社していた。退社から一年が経ち、一枝は「自分たちの成長の為に」雑誌をつくろうと思う。『青鞜』への対抗心もあったが、もっと芸術的な雑誌を目指したかった。一枝に同情的な『青鞜』社員も多く、正月に再び須磨子の楽屋に集まって、誌名を『番紅花』とした。

『番紅花』はサフラン。古代ギリシャを原産として、秋に六弁の淡紫色の花をつける。香辛料、染料、香料、鎮痛や鎮静の貴重薬として知られるが、スペインの炊き込みご飯パエリアの淡黄色と言った方がわかりやすいかもしれない。その芳香を愛し、鎮静に使っていた同人がいたのかもしれない。同年八月まで全六号。短くもはなやかな雑誌『番紅花』を追うことにする。それは同時に尾竹一枝と富本憲吉の愛を追うことにもなる。不二出版復刻『番紅花』の巻末には渡邊澄子によるていねいな解説がある。一枝とその一族の肖像を辻井喬が『終りなき祝祭』に描いた。（おがた・あきこ／近代日本文学研究家）

一〇月新刊

今こそ求められる「真のリベラリスト」の論考を精選

竹山道雄セレクション（全4巻）

発刊！　内容見本呈

平川祐弘編

Ⅰ 昭和の精神史

〈解説〉秦郁彦
〈竹山道雄を読む〉牛村圭

名著『ビルマの竪琴』の著者を貫いていた思想とは？　ナチズム・軍国主義から共産主義独裁体制まで、左右を問わず狂信的思想・政治を鋭く批判し続けた竹山道雄から、今、何を学ぶか。

口絵四頁
四六上製　五七六頁　四八〇〇円

プーチンはロシアをどう変えてきたか？

プーチン　内政的考察

木村 汎

言論弾圧、経済疲弊、頭脳流出――混迷のロシアは何処に向かうのか。ロシア史上、稀に見る長期政権を継続中のプーチン。「強いロシアの再建」を掲げ、国内には苛酷な圧政を敷く一方、経済は低迷、内政の矛盾は頂点に達している。ロシア研究の碩学が沈みゆく大国〝プーチンのロシア〟の舞台裏を詳細かつ多角的に検証する。

Ａ5上製　六二四頁　五五〇〇円

作家・詩人と植物生態学者の夢の対談！

水俣の海辺に「いのちの森」を

宮脇 昭
石牟礼道子

「私の夢は、『大廻り（うまわ）の塘（とも）』の再生です」――石牟礼道子の最後の夢、子ども時代に遊んだ、水俣の海岸の再生。そこは有機水銀などの毒に冒され、埋め立てられている。アコウや椿の木、魚たち……かつて美しい自然にあふれていたふるさととの再生はできるのか？　「森の匠」宮脇昭の提言とは？

Ｂ6変上製　二一六頁　二〇〇〇円

「常民」の主体性をいかにして作るか？

地域に根ざす民衆文化の創造

「常民大学」の総合的研究

北田耕也監修　地域文化研究会編

日本政治思想史の研究者、後藤総一郎により一九七〇年代後半に信州で始まり、市民が自主的に学び民衆文化を創造する場となってきた「常民大学」。明治以降の自主的な学習運動を源流とし、各地で行なわれた「常民大学」の実践を丹念に記録し、社会教育史上の意義を位置づける。

カラー口絵四頁
Ａ5上製　五七六頁　八八〇〇円

読者の声

まなざし■

▼「べ平連」活動にも特段の感銘を受けなかったし「九条の会」は今さらの思いで見ていました。同調圧力が身近に迫って、気付いたら、鶴見さんは突出した存在になっていました。今更ながらTVの再放送で鶴見さんの談話を熱心に拝聴する自分がいました。鶴見さんの死は戦後民主主義の終焉でなければよいと……

（宮城　教員　**高田春比古**　65歳）

苦海浄土■

▼私は、日本の戦後の文学・ルポルタージュ作品の中でもっともすぐれたものの一つが、石牟礼道子『苦海浄土』と思います。石牟礼道子「苦海浄土」の中で、交渉の場で患者たちに傲岸な態度で接する厚生政務次官橋本龍太郎に関する短い記述がある。産業の発展のためには貧しい漁民たちの健康や命などとるに足らないとする「強者」のメンタリティは行間からも明らかだ。そこには人間としての魂はない。

「……厚生省の中における橋本龍太郎厚生政務次官の、患者家族との会見記ほど、上出来の〝ノンフィクション〟はなかった。……政務次官の暴言によって患者たちの流した涙を、権力への屈服と思いちがえてはならない。患者・家族たちは涙を落したまなこでただちに見てとるのである」

「三十になるやならずでなあ。役人の飯食えば蛆になるちゅうが、蛆の魂ほどもなか男じゃったばい。あれほどにも人間のこころに暗かもんに、日本政府の高官がつとまるなら、日本ちゅう国も腐れたもんじゃ。日本ちゅう国ば、はじめてみた」

橋本龍太郎「政府が人命を大事にしなかったことがあるか。いまのことばを取り消してもらおう」

政務次官は「患者の言葉じりをつかまえては大声で逆につめ寄り、ある患者は口を閉ざし、婦人は泣き出してしまった」

同政務次官「補償処理委員会はいま微妙な時期にあり、訴訟派には会わない方がいいという意見もあったが、それでも会うことにしたのだ」

訴訟派患者坂本マスオ(46)「私たちいなか者は、厚生省は国民のことを考えてくれていると思っていた。次官さん、あなたのことばはひどすぎます。私たちは犠牲者です。やわらかいことばでしゃべって下さい」

（東京　**成瀬功**）

機 no. 142■

▼段ボール箱から一〇年以上前の月刊『機』二〇〇三年一一月号が出てきた。「繰り返される日本の過ち」二頁、「ありうべき社会の構築に向けて」四頁、「文化の大転換期」一二頁、「よりよく生きる」とは何か」一七頁。何が解決したのか、仮設住宅の仮の耐用年数が五年以上に伸びきった今、六〇年近くの人生でドラマを見て初めて具合が悪くなった『原発メルトダウン危機の88時間』。三月十三日NHK、字幕付きで原発ある国ない国に配信して、これを見てこれで大丈夫という人間の確率は七〇億分の一以下だろう。この一体感のない復興五年間は何だったのかと問い掛けているのは、実は安全安心が確立されていたはずだった高出力エネルギー箱としての原子力発電所の具合なのではないか。

（青森　地方公務員
レコルタン・マニピュラン　59歳）

※みなさまのご感想・お便りをお待ちしています。お気軽に小社「読者の声」係まで、お送り下さい。掲載の方には粗品を進呈いたします。

書評日誌（八・二五～一〇・九）

書 書評　紹 紹介　記 関連記事　TV テレビ　M メールマガジン

八・二五　紹中日新聞（夕刊）「幕末の女医、松岡小鶴」

八月号　紹月刊清流「ひとりヴァイオリンをめぐるフーガ」

紹サラサーテ「ひとりヴァイオリンをめぐるフーガ」（「News」／「アルバニアが生んだ鬼才ヴァイオリニスト　パパヴラミ自伝『ひとりヴァイオリンをめぐるフーガ』」）

夏号　書JAPANESE BOOKNEWS「ロンドン日本人村を作った男」（Yonahara）

九・三　記中日新聞「「フランスかぶれ」の誕生」（「編集局デスク」／「香しき日本語」／臼田信行）

九・四　書産経新聞「家族システムの起源Ⅰ　ユーラシア」（「「核家族」こそ最古の形態」／小浜逸郎）

書毎日新聞「時代区分は本当に必要か？」（「歴史記述はどうあるべきかを問う」／村上陽一郎）

書朝日新聞「心に刺青をするように」（「虚実の間　捉える言葉を探る」／蜂飼耳）

九・五　記読売新聞（夕刊）「レンズとマイク」（「永六輔さん　宮本常一の言葉胸に」／前田啓介）

記新潟日報「レンズとマイク」（「日報抄」）

紹公明新聞「『ル・モンド』から世界を読む　2001-2016」

九・一二　記現代女性文化研究所ニュース「幕末の女医、松岡小鶴」（「安政大地震から熊本地震まで」／門玲子）

紹日本経済新聞「絶滅鳥ドードーを追い求めた男」

記産経新聞「「海道東征」への道」（「論説委員　日曜に書く」／「日本人の音楽を取り戻したい」／河村直哉）

九・一五　記朝日新聞「苦海浄土（全三部）」（「「苦海浄土」今再び」／「水俣病　公式確認60年」／「新装版刊行・TV特集　現代を問う」／「不幸の種　尽きぬからか　作家の石牟礼道子さん」／上原佳久、柴田菜々子）

九・二〇　書日本医史学雑誌「米軍医が見た占領下京都の六〇〇日」（渡部幹夫）

九・二三　書日刊ゲンダイ「絶滅鳥ドードーを追い求めた男」（「人間が面白い」／「日本の上流社会からはみ出すコスモポリタン」）

九月二三日号　記週刊文春「『ル・モンド』から世界を読む　2001-2016」（「私の読書日記」／「正しく考える方法、『ル・モンド』を読む」／鹿島茂）

九・二五　記毎日新聞「レンズとマイク」（大石芳野）

九・二六　書朝日新聞（夕刊）「自分を信じて」（「初女さんと食事　わかちあう命」／「最晩年に寄り添った朴才暎さん」／「著書『自分を信じて』、伝える言葉」／成川彩）

九月号　記図書「家族システムの起源Ⅰ　ユーラシア」（「思想の散策⑬」／「続双系制」／柄谷行人）

書書道界「心に刺青をするように」（「書巻の気152」／「変幻自在な詩精神の躍動　書字をめぐる話柄も多く」／臼田捷治）

一〇・一　紹公衆衛生「米軍医が見た占領下京都の六〇〇日」

紹クレヨンハウス通信「真実の久女」（「Woman's EYE」）

一〇・二　書北海道新聞「苦海浄土（全三部）」（「7人の解説も読みごたえ」／髙山文彦）

一〇・九　書産経新聞「絶滅鳥ドードーを追い求めた男」（「徳川慶喜の孫の波乱の生涯」／北上次郎）

十二月新刊予定

*タイトルは仮題

元水保市長による回顧と展望

「じゃなかしゃば」をつくろい

「新しい水俣」創造の軌跡と展望

吉井正澄　水俣病公式発見六十周年記念

〝「じゃなか娑婆（しゃば）」（＝これまでの社会システムとは違う世の中）を作ろう〟――一九八九年、想像を超える被害をもたらした水俣での国際会議で、力強い提唱がなされた。水俣病患者の救済とともに、「環境都市」としての新たな水俣の町づくりに生涯を賭けてきた元水俣市長の渾身の書。

スパイの見た街「東京」を現代に再現！

東京を愛したスパイ 1907-1985

A・クラーノフ　村野克明訳

サンボの創始者オシチェプコフ、ソ連の探偵小説の先駆者ロマン・キム、そしてリヒャルト・ゾルゲ……二十世紀前半の東京を跋扈した、個性溢れるロシア／ソ連の諜報員たち。情報公開（グラスノスチ）による最新の資料を駆使して、高度に知的な彼らの実像と、その東京における足跡を辿り直した異色のドキュメント。

時流に流されない筆を支えた文明史的視点

竹山道雄セレクション（全4巻）内容見本呈

平川祐弘編　口絵二頁

II 西欧一神教の世界 〔第2回配本〕

〈解説〉佐瀬昌盛　〈寄稿〉苅部直

戦前は日本軍部を、戦中はナチス・ドイツを批判した竹山道雄（1903-83）。戦後、社会主義体制の実態が不透明な時代に、ソ連・旧東独社会を自ら歩いてその実像を確かめると共に、根底にあるキリスト教文明を見通して提起した、批判的言論を集成。

日本が発信する「世界思想」とは？

日本発の「世界」思想

東郷和彦・森哲郎・中谷真憲＝編

中国の巨大な影が兆し、米国の影が薄れる今、日本の根底を問う。「無からの包摂」としての哲学、「間（あわい）」としての公共、「和らぎ」としての外交を軸に、日本を世界に呈示する。

モーセはなぜ「ヘブライ人」と記されるか

エジプト人モーセ

ある記憶痕跡の解読

J・アスマン　安川晴基訳

イスラエルの民を約束の地へ導いた〝ヘブライ人〟モーセ。事実史に対する〝記憶史〟を説く著者が、邪・異・偽のイメージを押しつけられた〝エジプト人〟としてのモーセ像を歴史の中に丹念にたどり、排他性を特徴とする一神教の誕生の瞬間を明かす。

11月の新刊

タイトルは仮題、定価は予価。

男らしさの歴史（全3巻）
A・コルバン＋J-J・クルティーヌ＋G・ヴィガレロ監修
Ⅰ **男らしさの創出** ＊
古代から啓蒙時代まで
G・ヴィガレロ編　鷲見洋一 監訳
小川直之・片木智年・後平澪子・篠原洋治・寺田元一 訳
A5上製　七九二頁　八八〇〇円
カラー口絵48頁

世界はなぜ過激化（ラディカリザシオン）するのか？ ＊
歴史・現在・未来
F・コスロカヴァール
池村俊郎・山田寛 訳
四六上製　二七二頁　二八〇〇円

商人たちの共和国〈新版〉 ＊
世界最古のスーク、アレッポ
黒田美代子　新版序文＝黒田壽郎
四六上製　二五六頁　三〇〇〇円
カラー口絵8頁／モノクロ16頁

出雲を原郷とする人たち ＊
岡本雅享
四六判　三五二頁　二八〇〇円

漢詩放談 ＊
一海知義
四六上製　三六八頁　三六〇〇円
一周忌

モンゴルから世界史を問い直す ＊
岡田英弘編
四六上製　三六〇頁　予三二〇〇円

12月刊予定

「じゃなかしゃば」をつくろい ＊
「新しい水俣」創造の軌跡と展望
吉井正澄

日本発の「世界」思想 ＊
東郷和彦・森哲郎・中谷真憲＝編

東京を愛したスパイ 1907-1985 ＊
A・クラーノフ　村野克明 訳

エジプト人モーセ ＊
ある記憶痕跡の解説
J・アスマン　安川晴基 訳

水俣の海辺に「いのちの森」を ＊
宮脇昭・石牟礼道子
B6変上製　二一六頁　二〇〇〇円

地域に根ざす民衆文化の創造 ＊
「常民大学」の総合的研究
北田耕也監修　地域文化研究会編
A5上製　五七六頁　八八〇〇円
カラー口絵四頁

ひとなる
ちがう・かかわる・かわる
大田堯・山本昌知
B6変上製　二八八頁　二二〇〇円

好評既刊書

竹山道雄セレクション（全4巻）
Ⅱ **西欧一神教の世界** ＊ ［第2回配本］
平川祐弘編
解説＝佐瀬昌盛　寄稿＝苅部直
口絵二頁

竹山道雄セレクション（全4巻）
Ⅰ **昭和の精神史** ＊ ［第1回配本］
平川祐弘編
解説＝秦郁彦　寄稿＝牛村圭
四六上製　五七六頁　四八〇〇円
発刊
口絵四頁

プーチン 内政的考察 ＊
木村汎
A5上製　六二四頁　五五〇〇円

作られた不平等
日本、中国、アメリカ、そしてヨーロッパ
R・ボワイエ
山田鋭夫＝監修　横田宏樹＝訳
四六上製　三二八頁　三〇〇〇円

待つ女
M・ダリュセック　高頭麻子訳
四六上製　二七二頁　二四〇〇円

ドストエフスキーとキリスト教
イエス主義・大地信仰・社会主義
清眞人
A5上製　四八〇頁　五五〇〇円

真実の久女
悲劇の天才俳人 1890-1946
坂本宮尾
四六上製　三九二頁　三二〇〇円
口絵四頁

＊の商品は今号に紹介記事を掲載しております。併せてご覧戴ければ幸いです。

書店様へ

▼9月のNHK―Eテレ「100分de名著」で1カ月間『**苦海浄土**』特集。9／15(木)『朝日』では「『苦海浄土』今再び」と今回の大きな反響を伝え、9／6(火)『毎日』「火論」欄での玉木研二さん、9／21(水)『毎日』(夕)「田中優子の江戸から見ると」欄での田中優子さん、10／15(土)『朝日』別刷「Be on Sunday」「作家の口福」欄での赤坂真理さん絶賛紹介や、10／16(日)『北海道』と『西日本』での髙山文彦さん大書評などまだまだ大反響が続いてます！▼9／4(日)『毎日』での村上陽一郎さん書評に続き、10／23(日)『朝日』でも**ジャック・ル＝ゴフ**『**時代区分は本当に必要か？**』が五十嵐太郎さんに大書評！▼10／9(日)『産経』での北上次郎さん紹介に続き、10／16(日)『読売』でも**村上紀史郎**『**絶滅鳥ドードーを追い求めた男**』が牧原出さんによる大書評！▼『週刊文春』9／22号での鹿島茂さん紹介に続き、『週刊東洋経済』10／22号で『**ル・モンド」から世界を読む**』の**加藤晴久**さんインタビューが大きく掲載！▼各書引き続き大きくご展開ください！　（営業部）

新保祐司さんの新著を祝う集い

今夏『「海道東征」への道』を出版された新保祐司さん、新著『散文詩集 鬼火』との合同出版記念の集いです。

【日時】11月17日(木)18時半開会
【場所】音楽ビヤプラザライオン(東京・銀座)
【会費】七千円(食事含)

山田登世子さんお別れ会

昨年、生前最後の『「フランスかぶれ」の誕生』を出版、『バルザック「人間喜劇」セレクション』編集委員を務めた山田登世子さんが、八月に急逝されました。

【日時】11月25日(金)18時半開会
【場所】山の上ホテル(東京・御茶ノ水)
【会費】五千円(食事含)

＊お申込み・お問合せは藤原書店「係」まで

出版随想

▼驚いた。ある日突然、全国紙の一面に、一斉に大見出しで〝生前退位〟という言葉が並んだ。こんな大事なことは、天皇から国民に緊急発表があって翌日の新聞に報道されるものだろうが、今回はニュース源が不明なままに、突然の報道がなされたことにいささかの不安を感じた。いずれ天皇ご自身が国民の前で話をされるだろうと思っていた。

その日が訪れた。しかし予期していたように、天皇は放送で、「生前退位」という言葉は使われなかった。ただ、年々公務が増え、今の躰ではその仕事を全うできなくなるかもしれない不安は話された。これは、以前からお話しされていることであり、自分の体調は自分にしかわからないのだから至極当り前のことだ。今もこの新聞の「生前退位」という一斉報道が、誰が、どういう力でなされたのかは明らかでない。

そんな時に、一〇月二〇日の皇后様のお誕生日のメッセージの全文が朝刊で掲載された。その中に二五行に亘るそれに触れる文章があった。拙が懸念していたことについて様々なことに配慮された御文章である。

「新聞の一面に『生前退位』という大きな活字を見た時の衝撃は大きなものでした。それまで私は、歴史の書物の中でもこうした表現に接したことが一度もなかったので、一瞬驚きと共に痛みを覚えたのかもしれません。私の感じ過ぎであったかもしれません。」(傍点筆者)

その日の夕刻のお誕生会には、各界の名士、日野原重明、ドナルド・キーン、緒方貞子、内田光子、安野光雅ら各氏が出席されていたが、全くそのことは噂にもならず淡々と会は進んでいった。皇后様のピアノ演奏はすばらしいものであった。

▼オバマ氏に代わるアメリカの大統領選挙で、トランプ氏という過激な発言で注目されているこれまで政治家経験のない男が選ばれた。近年の選挙で、これ程世界の耳目を集めたことはないのではないか。

今世界は、二極の時代は終わりを告げ、多極の時代の到来である。その時に、〝強いアメリカを作ろう〟のスローガンの男が選ばれた。世界は、難民・移民で溢れ、底上げされた豊かな社会の中で、格差がどんどん拡がり、新たな貧困の問題——今世紀最大の問題、核の問題は措くとして——が浮上してきている。さてこの問題に、新大統領はどんな政策で切り抜けようとするのか？　勿論、わが国のリーダーにも同じことが問われているのだが……。　(亮)